KB210565

나이 들수록 행복해지는
인생의 태도에 관하여

글래디스 맥게리 Gladys McGarey

전인의학holistic medicine의 어머니로 불리는 세계적으로 저명한 의사이자 의료 운동가다. 의료 활동, 연설, 저서를 통해 질병과 건강에 대한 새로운 사고방식을 개척해 전 세계의 건강 관리와 자기 관리 방식을 변화시켰다. 어린 시절 난독증으로 인한 학습 장애, 여성이 자기 은행 계좌조차 갖지 못하던 시절에 겪은 성차별, 두 차례의 암 투병, 딸의 죽음, 이혼 등 많은 시련과 좌절을 겪었다. 하지만 이에 굴하지 않고 질병만이 아니라 환자 전체를 치료하고, 신체만이 아니라 마음과 영혼까지 치료한다는 전인의학의 접근 방식을 평생 의료철학이자 인생철학으로 삼아 무수한 환자를 돌보고 치유하는 의사, 여섯 자녀를 낳고 길러낸 어머니, 5대에 이르는 대가족의 어른으로서 열정적인 삶을 살았다. 은퇴 이후에도 만년까지 전화 상담 등 생활 코치 일을 계속했으며, '하루 9시간 수면 취하기' '사랑하는 사람들과 함께 시간을 보내고 커뮤니티 구축하기' '100세 이후에도 10년 계획 세우기' '매일 3800보 걷기' '성인용 세발자전거 타기' '흡연과 음주 피하기'를 실천하며 전인의학의 산 증인 역할을 했다. 1920년 인도에서 의사이자 의료 선교사인 부모 밑에서 글래디스 루이즈 테일러Gladys Louise Taylor로 태어났다. 청소년 시절 히말라야산맥 중턱 마을에 살면서 부모님의 의료 캠프 활동에 함께하며 의사로서 꿈을 키웠다. 1941년 필라델피아의 펜실베이니아여자의과대학에 입학해 의학 학위를 받았다. 전공의를 마친 후 병원을 개업해 80년간 의사로 활동하면서 예방과 건강에 중점을 두고 몸 치료뿐 아니라 마음과 정신 치유, 기도와 명상 접근법 등을 도입하고 확신시켰다. 미국전인의학협회 공동 설립자 겸 회장, 생활의학재단 설립자, 초심리학의학아카데미 공동 설립자, 애리조나동종요법의학심사위원회 회장을 지냈다. 여든이 넘은 2004년 아프가니스탄 여성의 출산 건강 개선 프로젝트, 2009년 오바마 대통령의 의료 시스템 개선 정책에 참여했고, 2021년 100세 때 TEDx 강연을 하기도 했다. 2024년 세상을 떠났다. 저서로《나이 들수록 행복해지는 인생의 태도에 관하여The Well-Lived Life》외에《생활의학: 전인의학을 넘어서Living Medicine: Beyond Holistic Medicine》(공저),《세상은 나이 든 여성이 필요하다The World Needs Old Ladies》(공저),《살기 위해 태어났다Born to Live》,《당신 안의 의사The Physician Within You》(공저)가 있다.

The Well-Lived Life

나이 들수록 행복해지는
인생의 태도에 관하여

글래디스 맥게리 지음 · 이주만 옮김

103세
할머니 의사의
인생 수업

부·키

옮긴이 이주만

서강대학교 대학원 영어영문학과를 졸업했다. 현재 번역가들의 모임인 (주)바른번역의 회원으로 활동 중이다. 옮긴 책으로 《강인함의 힘》《밥 프록터 부란 무엇인가》《폴리매스》《미라클 모닝 밀리어네어》《아이를 위한 돈의 감각》《힘이 되는 말, 독이 되는 말》《끌림》《삶이 괴롭냐고 심리학이 물었다》《성격을 팝니다》《사장의 질문》《다시 집으로》《경제학은 어떻게 내 삶을 움직이는가》《나는 즐라탄이다》《모방의 경제학》《케인스를 위한 변명》《그리스 신화: 신, 여신, 영웅 핸드북》《스카우트 마인드셋》등이 있다.

나이 들수록 행복해지는 인생의 태도에 관하여

초판 1쇄 발행 2025년 6월 20일

지은이 글래디스 맥게리
옮긴이 이주만
발행인 박윤우
편집 김송은 김유진 박영서 박혜민 백은영 성한경 장미숙
마케팅 박서연 정미진 정시원 함석영
디자인 박아형 이세연
경영지원 이지영 주진호
발행처 부키(주)
출판신고 2012년 9월 27일
주소 서울시 마포구 양화로 125 경남관광빌딩 7층
전화 02-325-0846 팩스 02-325-0841
이메일 webmaster@bookie.co.kr
ISBN 979-11-93528-72-3 03100

만든 사람들 편집 성한경 · 디자인 박아형

5대에 걸친 우리 가족과 독자에게 이 책을 바친다.

이 책이 당신의 몸을 치유하고

영혼을 인도하는 데 도움이 되기를 바란다.

당신이 이 세상에 태어난 데는 이유가 있다.

나태주

·

시인

《마흔에게》《꽃을 보듯 너를 본다》 저자

나는 20년 전 죽을병에 걸렸다가 구사일생으로 살아 나와 오늘날까지 살고 있는 사람입니다. 하루하루, 순간순간이 감동이고 세상에서 만나는 모든 것들이 기쁨이고 감사이지요. 나의 생각, 나의 삶이 바뀌니 세상으로부터 오는 대접이 달라졌습니다. 나의 환대에 세상이 환대로 응답하는 것입니다.

그렇습니다. 나는 젊은 시절 이런 말을 들은 적이 있습니다. "살아난다는 보장만 있다면 젊어서 죽을병에 한번 걸려보는 것도 나쁘지 않겠다." 고난의 축복이고 결핍의 축복입니다. 갑자기 만나게 된 이 책의 저자 글래디스 맥게리 박사님도 마찬가지입니다. 고난과 질병과 실패를 미리 힘들게 겪었기에 그 누구도 따라올 수 없는 인간의 깊이와 지혜를 얻으신 것입니다. 빌릴 수 없는 지혜! 우리가 이 책으로 빌린다면 얼마나 좋을까요!

나이 들수록 행복해지는 인생의 태도에 관하여

이재성

·

한의사

유튜브 〈이재성 박사의 식탁보감〉 운영자

"내가 102년을 살아오면서 인생에서 배운 가장 소중한 가르침을 이 책에 담았다. 이 가르침을 당신에게 선물하니 기쁜 마음으로 받아주기 바란다." 책을 마무리하며 저자 글래디스 박사가 한 말이다. 그러고는 지난해(2024년) 103년의 인생을 마치고 돌아가셨다. 이제는 천만금을 들여도 만날 수 없는 현자를 책 한 권으로 마주할 수 있다니, 이 얼마나 큰 복인가.

유튜브와 방송에서 나는 기껏 "뭘 많이 먹어라, 뭘 덜 먹어라, 어떤 운동이 좋다, 어떤 습관을 가져라"라는 말을 주로 해왔다. 그런데 102세로 현역을 뛰던 대선배가 조곤조곤 일러준 건강과 행복의 비결 6가지, 거기엔 어떤 특별한 식단도, 운동법도, 꿀팁도 없다. 게다가 그녀는 케이크를 엄청 사랑한다고 했다.

글래디스 박사는 인간이라는 생물을 그저 생물학 교과서가 말하는 세포, 조직, 기관의 합으로만 보지 않았다. 대신 사람은 감각, 감정, 생각, 신념으로 이루어진 생태계라 여겼다. 그녀가 품은 의학은 생물학에서 시작하지 않고 사람 존재에 대한 철학에서부터 시작하는 듯하다. 건강은 진정 그저 육체에 국한된 문제가 아니지 않은가. 우리는 '몸이 건강하려고' 사는 건 아니다. 사람은 생기가 돌아야 건강하고 행복한 거라며, 글래디스 박사는 사람의 몸과 마음이 왜 시들시들해지는지를 영혼의 관점에서 알려준다(그렇다고 종교적이지는 않으니 염려 마시라).

축 처진 영혼의 가슴에서 어떻게 하면 다시 노래가 나오고 생명력이 살아나는지, 그걸 찾는 것으로 첫 번째 비밀이 시작된다. 책을 읽는 내내 나는 백발의 선생님 앞에 앉아 연신 고개를 끄덕였다. 한 챕터를 읽고 나면 가슴이 벅찼고 다음 챕터를 앞두고는 가슴이 설레었다. '나 이제 100살까지 44년이나 남았는데, 이대로 정체하지 않고, 앞으로 어떻게, 어디에 내 에너지를 투자하며 살까?' 이 울림이 다시 생겼다. 20세 청년부터 80세 노인까지 누구에게나 선생님이 되는 102세 글래디스 박사, 그녀를 만나면 당신도 '생기juice'를 찾아 나서게 될 것이다. 건강과 행복으로 이끄는 그 생기, 여기에 나온다.

나이 들수록 행복해지는 인생의 태도에 관하여

조승우

·

〈예방원 한약국〉원장, 한약사

《채소과일식》《나를 살리는 습관, 죽이는 습관》저자

30대 초반 협심증 진단으로 시한부 삶의 고통 속에 몸부림치고 있을 때 전인의학이라는 것을 처음 접하게 되었다. 질병의 원인을 몸에서 나타 내는 증상에만 국한하지 않고 몸과 마음, 영혼까지 모두 함께 바라볼 때 진정한 치유가 된다는 의학이다. 무수히 많은 검사와 약물 복용에 도 통증을 없애지 못해 불안과 공포 속에서 살고 있던 내게 전혀 다른 관점으로 인간의 몸과 질병을 보게 해준 학문이었다. 이를 더 공부하기 위해 나는 약대에 진학했고 그중에서도 전인의학과 관점이 비슷한 한 약학을 전공했다. 전인의학의 핵심은 바로 자연치유력이다.

죽음의 두려움을 극복하고 40대 중반이 된 지금 내가 하는 일은 한약의 우수성보다는 자연치유력에 대해 알리는 것이다. 그런 점에서 전인의 학의 어머니인 글래디스 박사가 100여 년에 걸쳐 완성한 책에 추천사 를 쓰게 되어 너무나 영광스럽게 생각한다. 그녀에게 얻은 깨달음을 근 거로 공부하며 임상 경험을 통해 인간의 삶에서 가장 중요한 것이 무엇 인지 전파하고 있기 때문이다. 자연치유력을 회복하는 하나의 방법으 로 자연으로 돌아가는 식생활습관인 채소과일식을 강조하고 있으나 결 국에 가장 중요한 것은 어떠한 태도로 매 순간을 살 것인가이다. 이 책 에서 여러분은 그 답을 분명 찾게 될 것이다.

전인의학과 통합의학이라는 용어 자체도 여전히 생소하고, 특히나 양

방과 한방이 분리되어 있는 우리나라 의료 산업에서 자연치유력은 민간요법이나 비과학적인 것으로 치부되곤 한다. 이 책은 그런 고정관념과 선입견에서 벗어나 진정한 내 몸의 주인으로서 질병을 바라보게 해주리라 생각한다. 환자들은 이 책을 통해 진정한 건강과 완전 치유의 길로 가는 실질적인 방법을 얻을 것이다. 질병을 예방하고 행복한 삶을 살아가길 원하는 많은 이들이 소중하고 위대한 자신의 가치와 존재를 깨닫게 되리라 장담한다. 이 책에 나오는 기적 같은 사례들처럼 우리나라에서도 많은 이들이 자연치유력을 회복하며 전인의학을 경험하고 있다.

대한민국의 모든 여성이 이 책을 읽어보길 감히 권하고 싶다. 특히 갱년기 장애부터 각종 진단명에 사로잡혀 자연치유력을 잃어가고 있는 4050세대 여성들, 그리고 결혼과 임신 출산에 대한 공포를 갖고 있는 2030세대 여성들이 꼭 읽어보길 바란다. 동시에 이제는 늙고 병들어 삶의 목표가 없다고 느끼는 6070세대에게는 진정으로 행복한 인생의 의미를 깨닫고 실천하게 해줄 것이다. 아울러 일선 현장에서 환자를 행복한 방향으로 치유하고자 하는 의료인들도 반드시 읽어보기를 간절히 바란다.

이 책은 단순히 건강해지는 방법론을 넘어 진정한 건강과 행복한 삶에 대한 기준을 세워주는 인생 지침서이자 실천법을 알려주는 실용서다. 나의 영적 스승인 글래디스 박사의 영원한 안식을 바라며 나 역시 그녀의 삶을 조금이라도 따라가다 어느 날 지구를 떠나 우주 어딘가로 새로운 여행을 떠날 수 있기를 소망해본다. 이 책을 읽는 모든 이들의 마음에서 괴로움이 사라지고 평온이 자리하기를 진심으로 기원한다. 특히 절망과 포기에 둘러싸인 이들에게 빛이 되기를 바란다.

글래디스 박사는 86세에 은퇴했지만 전화 상담은 계속하고 있으며, 우리와의 인터뷰가 끝난 후에도 약속이 잡혀 있다. 더 이상 의사 면허를 가지고 있지는 않지만 그녀는 이렇게 말한다. "아무도 내가 그만 말해야 한다고 이야기하지 않았어요." 실제로 100세가 되던 해에 그녀는 전인의학에 관한 TedX 강연을 통해 "내가 다른 부분을 치료하듯 환자 한 사람 한 사람 안에 치유를 하는 동료가 있으며, 이것이 바로 내가 의학 분야에서 알고 이해하는 것입니다"라고 자신의 핵심 신념을 전했다. 그녀가 최근 출간한 건강한 삶을 위한 지침을 제공하는 책에 담긴 내용이 바로 이것이다. 40대 이후 한 번도 자르지 않은 머리를 하얀 왕관처럼 단정하게 땋아 올린 채 그녀는 언제나 출근할 준비가 되어 있다.

: 《가디언The Guardian》

글래디스 맥게리 박사는 102세의 의사로 "생활의학"에 대한 열정을 가지고 있다. 그녀는 환자들에게 "질병과 고통을 스승처럼" 바라보면서 질병이 자신의 몸에 대해 무엇을 보여주고 있는지 이해하고 치유를 위한 최선의 방법을 찾도록 격려한다. "전인의학 분야에서 수십 년의 경험을 통해 오래 행복하게 목적 있는 삶을 사는 방법에 대해 많은 것을 배웠습니다"라고 그녀는 말한다. 글래디스 박사가 일상에서 실천하는 몇 가지 방법은 다음과 같다. '하루 9시간 수면 취하기' '사랑하는 사람들과 함께 시간을 보내고 커뮤니티 구축하기' '100세 이후에도 자신의 목적에 따라 계속 살기' '매일 3800보 걷기' '흡연과 음주 피하기'. 글래디스 박사는 매일 실천하는 것 외에도 이 책에서 소개하는 장수와 행복에 기여하는 일련의 원칙을 가지고 있다. 그녀는 이를 "5가지 L"이라고 부른다. "삶은 살기 위해 존재하는 것임을 느끼고 알아야 합니다. 그리고 살아내야 합니다"라고 그녀는 말한다.

⠇ CNBC

글래디스 맥게리 박사는 젊은 사람을 99세 이하의 사람으로 정의한다. 102세인 그녀는 나이가 조금 많지만 여전히 자문 의사로 일하며 매일 운동을 하고 애리조나주 스코츠데일의 자택에서 대부분 독립적으로 생활하고 있다. 의사이자 전인의학의 선구자인 그녀는 많은 기쁨도 있었지만 많은 좌절도 겪은 긴 인생에서 얻은 지혜를 나눌 수 있는 풍부한 경험의 소유자다. 그녀는 암 생존자이며, 딸의 죽음을 견뎌냈고, 거의 70세에 이혼을 겪었다. 사람들은 어떻게 이런 좌절을 극복할 수 있을까? "좌절에 갇히지 않는 것입니다. 선택의 문제입니다. 무엇을 선택할 것인가? 나는 고통과 괴로움에 갇히지 않기로 선택했습니다. 아프고 싫었죠"라고 그녀는 TODAY.com에 말한다. "더 이상 그런 일에 에너지를 쏟을 가치가 없는 시점이 왔습니다. 나는 거기서 벗어나 창의적인 일을 하고 앞으로 나아갈 수 있는 에너지가 생겼습니다."

"모든 것이 스승이다." 이 철학은 글래디스 박사의 주요 생활 팁 중 하나다.

: NBC 〈투데이Today〉

커리어의 성공에도 불구하고 글래디스 박사는 항상 자신을 표현할 수 있다고 생각하지는 못했다. "93세가 되어서야 내 목소리를 찾았습니다"라면서 그녀는 초등학교 시절 난독증으로 인해 글쓰기에 어려움을 겪으며 '반의 바보'로 불렸던 시절을 회상한다. 하지만 그녀의 꿈은 나무 꼭대기에서 소리를 지르거나 마음에서 우러나오는 지혜를 글로 쓰기에는 결코 늦지 않았다는 것을 일깨워주었다. 100세가 되던 해 그녀는 이 책을 집필하기 시작했다. 그리고 이 책에서 목적을 찾고 가꾸는 방법을 탐구하고 건강과 행복을 누리기 위한 6가지 비밀을 독자들과 함께 나눈다.

: 《포천Fortune》

올해 102세인 글래디스 맥게리 박사는 수많은 생명의 시작과 끝을 지켜보았다. 숙련된 의사이자 출산 전문가인 그녀는 전 세계에서 수천 명의 아기가 태어나는 것을 목격했다. 또한 전남편의 죽음을 겪었고, 자신의 여섯 자녀 중 일부도 사망했다. 현재 딸의 뒷마당에 있는 햇살 가득한 집에서 사는 그녀는 자신의 10년 계획을 달성하는 데 도움이 될 수 있는 실천법을 개발했다. 그 결과물이 바로 이 책이다.

: 《비즈니스인사이더Business Insider》

90대에 글을 쓰기 시작한 글래디스 박사는 102세에 출간한 이 책에서 우리 모두를 위한 더 건강하고 즐거운 미래에 관해 영감을 주는 비전을 공유한다. 최근 박사와 대화를 나누는 모든 순간에 그 기쁨이 느껴졌다. 우리는 그녀의 매혹적인 생애에서부터 삶의 철학, 향후 목표(10년 계획)와 2024년을 시작하는 우리 세계의 상황에 대처하는 법까지 다양한 주제에 관해 이야기를 나누었다. 여성이 자신의 은행 계좌를 갖기도 전에 커리어를 시작한 여전히 실천하는 전문가인 글래디스 박사는 모든 인류(특히 여성과 어린이)를 위한 관점과 모든 인류를 아우르는 공감에 바탕을 둔 지혜를 나누었다. "모든 것의 가장 위대한 치유자는 사랑입니다"라고 그녀는 역설했다. "전 세계의 많은 사람이 우리의 진정한 인간성을 찾고 있습니다. 그런 감정을 느끼게 하는 뭔가를 발견할 때 우리는 사랑과 연민, 기쁨으로 성장합니다." 그녀는 특유의 유머 감각으로 말했다. "빛을 찾아보세요. 빛은 아무 데도 가지 않으니까요."

: 《사이콜로지투데이Psychology Today》

글래디스 맥게리 박사는 전인의학의 장점을 가장 잘 아는 전문가다. 글래디스 박사는 동종요법 및 전인의학 운동의 선구자이며 100세가 넘은 지금까지도 의술을 펼치고 있다. 그녀는 전 세계 수천 명의 환자와 출생부터 사망에 이르는 모든 생애 단계의 사람들을 돌보면서 이른바 "생활의학"에 영감을 불어넣고 있다. 글래디스 박사는 환자에게 힘을 실어주고, 환자와 소통하며, 건강을 개선할 수 있는 도구를 제공해야 한다고 믿는다. 글래디스 박사는 모든 사람이 자신의 '생기'를 알아차리기를 원하는데, 이는 삶의 이유, 기쁨과 목적의 원천, 그리고 아침에 침대에서 일어나게 하는 원동력을 가리키는 용어다.

: 메이오 클리닉 프레스Mayo Clinic Press

우리 몸은 우리에게 말을 걸지만 실제로 귀를 기울이는 경우는 거의 없다. 대부분의 사람은 근육이 손상되거나 뼈가 부러지기 전까지는 마음과 몸 사이의 소통을 차단한다. 하지만 글래디스 맥게리 박사는 사지의 언어를 배우면 건강, 수명, 삶의 질에 대해 우리가 생각하는 것보다 더 많은 힘을 얻을 수 있다고 말한다. 전인의학의 어머니라 불리는 그녀는 이 책에서 우리 몸이 어떻게 끊임없이 메시지를 보내는지 설명한다. 두통, 근육통, 질병은 모두 우리가 뭔가를 소홀히 하고 있다는 신호다. 모든 통증이 긍정적인 결과를 가져온다는 것이 아니라, 우리 몸에 귀를 기울이면 전반적인 건강과 행복에 대한 통찰력을 얻을 수 있다는 것이다. 바쁜 세상에서는 일반적으로 그렇게 살지 않지만, 글래디스 박사는 그렇게 살아야 한다고 생각한다. 보충제를 믿고 통증을 참는 대신 생활 방식과 습관이 보내는 신호에 주의를 기울이면 불편함의 근본 원인을 파악할 수 있다.

: 《아웃사이드Outside》

삶의 기쁨을 받아들이고 슬픔에 맞서도록 돕는 인생 지침서다. 동기부여와 영감을 원하는 모든 연령대의 독자에게 추천한다.

: 《라이브러리저널Library Journal》

이 책은 참신하면서 간단명료하고 실용적이다. 훌륭한 의사가 들려주는 이 바람직한 조언은 누구나 해낼 수 있어 보이며, 독자들은 큰 영감과 에너지를 얻을 것이다.

: 《북리스트Booklist》

글래디스 박사는 건강과 치유에 대한 우리의 정의를 바꾸는 데 기여한 세계적인 선구자다. 그녀의 이 특별한 책은 수백만 명의 독자에게 어떤 나이에서든 진정한 건강과 행복을 발견하는 간단하면서도 혁신적인 비밀을 알려줄 것이다.

∴ 마크 하이먼Mark Hyman, 내과 의사, 기능의학연구소 이사장, 《ADHD 우울증 치매 이렇게 고쳐라The UltraMind Solution》 저자

당신은 이 책에 담긴 이야기를 좋아하고, 건강과 몸을 존중하는 방법을 배우고, 결국에는 삶을 훨씬 더 사랑하게 될 것이다. 글래디스 박사의 삶과 업적은 우리가 영혼의 진정한 목적을 향해 계속 배우고, 나이 들면서 더 큰 기쁨과 성취감을 얻는 놀라운 본보기다. 그녀는 영감만큼이나 많은 것을 가르쳐주는 진귀한 보석 같은 이야기를 써내려간다.

∴ 에디트 에거Edith Eger, 심리학자, 《마음 감옥에서 탈출했습니다The Choice and The Gift》 저자

글래디스 맥게리 박사는 전인의학의 진정한 어머니이자 102세의 나이에도 여전히 우리 모두와 지혜를 나누고 있는 선각자이자 선구자다. 미국전인의학협회 창립자인 그녀는 임상의들에게 다양하고 강력한 치유 방법을 가르쳤다. 나는 모든 곳에서 그녀의 인류에 대한 사랑을 목격하고 있으며, 그녀가 세상을 더 나은 곳으로 만드는 것을 지켜볼 수 있어서 너무나 영광스럽다.

∴ 미미 구아르네리Mimi Guarneri, 심혈관질환 전문의, 《기분 좋은 심장이 수명을 늘린다The Heart Speaks》 저자

삶의 문제에 대한 빠른 해결책과 단순한 해결책이 난무하는 이 시대에 글래디스 맥게리 박사의 접근 방식은 정확히 우리에게 필요한 바로 그 것이다. 글래디스 박사는 독자들의 마음과 정신을 울리는 풍부하고 오묘한 진실을 이야기한다. 그녀는 몸과 두뇌, 정신이 분리될 수 없는 진짜 세계에서 살고 있으며, 그녀의 세기에 걸친 지혜에는 과학, 의학, 영혼이 하나로 녹아 있다.

: 로버트 월딩거Robert Waldinger, 하버드대학교 의과대학 정신과 교수,《세상에서 가장 긴 행복 탐구 보고서The Good Life》저자

글래디스 박사는 매혹적이면서 깨달음으로 가득한 이야기를 들려준다. 박사의 연구는 우리 각자가 진정한 목적과 연결되어 가장 건강하고 행복한 삶을 살 수 있는 방법을 보여준다. 그녀의 의학 지식과 생생한 경험의 결합은 수많은 이들에게 살아갈 힘을 주는 지침이 될 것이다.

: 새라 고트프리드Sara Gottfried, 토머스제퍼슨대학교 시드니키멜의과대학 임상 조교수,《기적의 호르몬 다이어트Women, Food, and Hormones》저자

이 책을 꼭 사서 읽어보라. 어떻게 하면 최고로 만족스러운 인생을 살 수 있는지 영감을 얻을 것이다.

: 디팩 초프라Deepak Chopra, 의사, 영성철학자, 대체의학 전문가,《바라는 대로 이루어진다The Spontaneous Fulfillment of Desire》저자

의료계에서 80년을 일하고

지구상에서 100년을 살아오면서 나는 수많은 사람을 만났다.

그들의 이야기를 내가 기억하는 한 최대한 많이 이 책에 담았다.

개인 정보 보호를 위해 대부분 이름을 바꾸고

그들의 이야기에서 중요한 세부 사항을 변경했다.

때로는 여러 사람의 경험을 하나로 합치기도 했다.

그러나 내가 이 사람들에게서 목격한 심오한 영혼의 변화,

그리고 그들 각자가 똑같이 내 영혼의 길에 미친 심오한 영향만큼은

하나도 바꾸지 않고 있는 그대로 실었다.

생이 끝날 때 진정으로 잘 살았다 말하기

마크 하이먼

내과 의사, 기능의학연구소 이사장

글래디스 박사를 처음 만난 순간 나는 그녀가 우리 시대의 훌륭한 의사이자 지혜로운 어른임을 바로 알아보았다. 글래디스 박사를 만난 수많은 사람이 나와 같은 반응을 보였다. 어떤 이는 그녀가 기쁨과 슬픔, 피할 수 없는 고난과 만끽하는 즐거움 같은 인간 조건을 깊이 이해하는 인물이라고 느꼈다. 글래디스 박사는 힘들게 얻은 지혜와 보기 드문 다정함을 지닌 의사로서 자연적인 방법으로 몸과 마음을 치유하고자 한다. 글래디스 박사에 관한 이러한 설명이 틀리지 않았음을 이 책에서 확인하게 될 것이다. 그녀가 처음으로 쓴 대중서인 이 책이 나오기까지

100년이 넘는 세월이 걸렸지만 기다릴 만한 가치가 있었다. 글 래디스 박사는 건강과 치유를 바라보는 전통적인 시각을 바꾸 는 데 기여한 세계적인 선구자다. 이 특별한 책은 독자에게 어 떤 나이에서든 진정한 건강과 행복을 발견할 수 있는 비밀을 들려준다. 이 비밀은 단순하면서도 혁신적이다.

글래디스 박사는 의료계에 80여 년간 몸담았다. 부모님 은 인도에서 가장 취약하고 소외된 환자들을 치료하는 의료 선 교 활동을 펼쳤는데 이때 부모님 곁에서 받은 비공식 훈련까 지 포함한다면 의료계 종사 기간은 더 늘어날 것이다. 글래디 스 박사는 전인의학holistic medicine의 어머니로 오랫동안 알려 져왔지만 이제는 "할머니" 또는 "증조할머니"라고 부르는 것 이 더 정확할지 모른다. 2차 세계대전 기간에 의사 교육을 받 으며 여성으로서 의료계에 뛰어든 선구적 인물 가운데 한 사람 이었지만 심한 성차별을 경험했다. 1978년 미국전인의학협회 American Holistic Medical Association를 설립한 창립 멤버 중에 는 유일한 여성이었다. 효과적인 대체 치료 방법에 무한한 호 기심을 느꼈던 글래디스 박사는 서양과 동양을 비롯해 원주민 문화까지 치유 방법을 폭넓게 연구했고, 여느 의사들이 이 방 법론을 적용하기 오래전부터 자신의 진료에 적용해왔다. 어머 니의 역할을 중요하게 여기고 분만 과정에서 의료 개입을 삼가야 한다는 신념에 따라 1960년대와 1970년대 내내 병원이 아닌 가정에서 분만하는 문화를 지지하고 전파했다. 또 우리가 먹는 음식이 우리 몸의 모든 세포에 영향을 미친다는 사실을 깨닫고 의학 분야에서 영양의 중요성을 일찍부터 강조했다. 이러한 인식은 후대 의료인들에게 중대한 영향을 끼쳤다. 마지막으로 글래디스 박사는 우리가 겪는 질병이 우리 인생과 영혼의 성장에 통찰력을 제공한다는 신념을 지녔는데, 이러한 사상은 의료계에서 여전히 혁신적으로 여겨진다.

이 책은 환자들과 의료 종사자들뿐 아니라 더 풍요롭고 행복한 삶을 갈망하는 보통 사람들에게도 두고두고 유익한 고전이 될 것이다. 이 책은 몸의 고통만이 아니라 영혼의 고통까지 다룬다. 이 책은 몸의 질병과 건강, 마음의 불편함과 편안함이 어디에서 비롯되는지 근본 원인을 탐구한다. 글래디스 박사는 몸의 치유만큼이나 영혼의 치유를 중요하게 여긴다. 진정으로 건강하게 살려면 우리가 삶에서 불가피하게 겪는 역경과 고통, 병을 바라보는 부정적인 관점을 긍정적인 관점으로 바꿔 기쁘고 활기차게 사는 것이 중요하다고 설명한다.

글래디스 박사는 우리가 삶 속에서 모든 것을 풍성하게 경험하는 로드맵을 제공할뿐더러 자신이 가르치는 모든 것에 스스로 본을 보인다. 삶이란 좋은 일이든 나쁜 일이든 전부 경험해봐야 하는 법이라는 의미에서 빛나는 인생의 사례를 몸소 선보인다. 즉 삶이란 우리가 거침없이 에너지를 사용하며 "건강하게 나이 들어가는" 감동적인 진화의 과정이다. 항노화에 매달리는 세상에서 글래디스 박사는 거스를 수 없는 세월의 흐름을 긍정적으로 바라보는 비전을 제시한다. 우리 영혼의 진정한 목적을 끊임없이 배우고 성취할 때 세월의 흐름은 더 큰 기쁨과 만족의 원천이 된다. 다시 말해 이 책은 어떻게 하면 매 순간 최선을 다해 살 수 있는지, 그리하여 마침내 생이 끝날 때 어떻게 하면 진정으로 잘 살았다고 할 수 있는지를 알려준다.

글래디스 박사는 자신의 개인 이야기와 기적 같은 치유를 경험한 수많은 환자의 이야기로 건강한 삶에 이르는 6가지 비밀을 생생히 전한다. 이 환자들은 단순히 질병만 치유한 것이 아니라 삶 자체를 치유한다. 이 책은 글래디스 박사가 한 세기를 살면서 배우고 가르친 모든 것의 정화다. 그녀가 인생을 잘 살았다고 생각할 사람이 많겠지만, 그녀의 삶이 아직 끝나지 않았다는 사실에 우리는 주목할 필요가 있다. 글래디스 박사는 그녀의 절반 나이인 많은 사람보다 더 활기차게 살고 있다. 그리고 여전히 10년 계획을 세우고 있다. 글래디스 박사는 지금 102세지만 자랑스럽게 말한다.

"이제 겨우 시작인걸요."

나이 들수록 행복해지는 인생의 태도에 관하여

†

당신에게 필요한
삶의 태도

올해로 102세가 되었다. 의사인 내가 100년을 넘게 살아서인지 건강하고 행복하게 장수하는 비밀이 무엇인지 사람들이 자주 묻는다. "조깅을 하세요?" "필라테스를 하세요?" "케이크를 즐겨 드시나요?"

나는 조깅을 하지 않는다. 필라테스는 이따금 한다. 그리고 케이크를 먹는다. 그냥 먹는 정도가 아니라 정말 좋아한다. 심지어 95번째 생일에는 거대한 케이크 속에서 깜짝 등장하는 이벤트를 벌이기도 했다.

80년 가까이 의사 생활을 하면서 수많은 환자를 만났다.

완벽한 식단을 찾느라 너무 애쓰다가 건강을 해친 사람들도 보았고, 죽는 게 너무 두려워 삶을 전혀 즐기지 못하는 사람들도 보았다. 내가 만난 환자들은 대부분 오래오래 살려면, 또는 다만 몇 년이라도 더 살려면 어떤 재료로 스무디를 만들어 먹어야 하는지 내가 가르쳐주기를 바랐다.

이 지구상에서 지낸 지가 100년이 넘었지만 애석하게도 지금까지 나는 건강과 장수를 보장하는 비법 성분이 무엇인지 알아내지 못했다.

하지만 진정한 건강과 행복을 누리는 비밀을 찾는 일이라면 내가 도울 수 있다. 이 비밀은 비타민이나 보충제와는 아무 관련이 없다. 대신에 간단한 관점 전환에서부터 시작한다.

오랫동안 의사 생활을 하면서 나는 의학의 목적과 삶의 본질이 의대에서 배운 것과 상당히 다르다는 사실을 깨달았다. 사람들은 대부분 의학의 역할을 단순히 우리를 괴롭히는 질병을 치료해 몸을 편안하게 하는 것으로만 여긴다. 하지만 의학의 더 큰 목표는 우리 영혼이 추구하는 목적을 이룰 수 있는 적절하고 건강한 신체 환경을 만드는 것이다.

우리는 저마다 사명을 안고 이 세상에 태어났다. 내가 보기에 진정한 의미의 건강은 질병을 진단하거나 그저 수명을 연장하는 것과는 관련이 없다. 그보다는 자신이 누구인지 알아내고, 어떻게 성장하고 변화해야 하는지 알아차리고, 무슨 일을 할 때 가슴이 뛰는지 귀 기울이는 것과 관련이 있다.

나는 우리 자아가 거대한 전체와 연결되어 있다는 관점에서 건강을 생각한다. 우리 몸의 모든 세포가 협력해 생명을 유지하듯 모든 생명체는 서로 협력해 우리가 사는 우주를 창조한다. 그러므로 우리 각자는 모두 유일무이한 존재이자 필수불가결한 존재다.

이렇게 넓은 관점에서 질병과 치료, 삶의 본질을 이해하려면 건강한 삶이 실제로 어떻게 작동하는지 이해해야 한다. 의료계는 의사가 환자를 치료한다고 믿고 있지만, 병을 치료하는 것은 환자 자신이다. 우리 의사들은 그동안 익힌 기술과 지식 그리고 머리를 써서 환자의 병을 다룬다. 의사들은 사람을 아끼고 의술을 써서 그 마음을 표현한다. 이것이 의사들이 지상에서 맡은 숭고한 역할이다. 하지만 뛰어난 의사들은 치유의 힘이 환자 내면에서 나온다는 사실을 안다.

나 같은 의사가 이렇게 말한다는 사실이 놀라울지 모른다. 나는 어려서부터 주류 의학과는 다른 관점에서 생각하는 일에 익숙했다. 부모님은 두 분 다 정골整骨, osteopathic 의사였다. 어머니는 최초로 정골의학 박사Doctor of Osteopathic Medicine, DO 학위를 취득한 여성 중 한 사람이었고. 아버지는 정골의학 박사

학위와 일반 의학 박사Doctor of Medicine, MD 학위를 모두 취득한 분이었다(정골의학은 19세기 말 미국의 앤드루 테일러 스틸Andrew Taylor Still이 기존 의학에 반발해 창시했는데 다음과 같은 원칙을 따른다. 몸은 하나의 단위며, 사람은 몸과 마음과 영혼으로 이루어진 하나의 단위다. 신체는 자기 조절, 자가 치유 및 건강 유지 능력이 있다. 구조와 기능은 상호 연관되어 있다. 합리적 치료는 신체의 통일성, 자기 조절, 구조와 기능의 상관성 같은 원칙의 이해에 근거한다―옮긴이). 인도에서 자란 나는 그곳에서 의대 동기생들보다 더 다양하고 폭넓은 경험을 쌓았다. 남편 빌 맥게리Bill McGarey도 의사다. 1950년대부터 나와 남편은 당시 새롭게 떠오른 사상을 함께 연구하고 토론했다. 이 사상에 따르면 우리는 영적 존재로서 이 세상에서 인간의 삶을 경험한다. 아울러 우리는 서로 연결되어 있으며, 우리가 이 세상에 존재하는 이유는 개인으로서 또 공동체로서 성장과 치유를 실현할 사명이 있기 때문이다. 이런 전인적holistic 관점에서 인간을 이해하는 소모임의 일원이었던 빌과 나는 1978년에 미국전인의학협회를 설립하고, 인간의 육체와 정신과 영혼을 하나로 통합하는 관점을 서양 의학에 소개했다.

　　무엇보다 전인의학holistic medicine이 이른바 대체의학alternative medicine과 동의어가 아니라는 점을 짚고 넘어가야겠다. 전인의학은 많은 이들이 현대 의학 또는 서양 의학으로 알고 있는 대증요법allopathic treatment을 비롯해 다양한 치료법을 모두 포괄한다.

전인의학이라는 용어는 전략이 아니라 접근 방식을 가리킨다. 전인의학은 질병만 치료하는 것이 아니라 환자 전체를 치료한다. 전인의학에서는 개인을 저마다 고유한 신체와 정신과 영혼의 특성이 통합된 존재, 일생 동안 각자 달성해갈 목표가 있는 존재, 완전하고 복합적인 존재로 본다. 'holistic'(전인적)이라는 말은 'whole'(전체)과 'holy'(신성한)가 결합한 단어지만 종교적 의미를 담고 있지는 않다. 그보다는 인간 영혼의 완벽함을 깊이 존중하고, 몸은 영혼이 하는 일을 돕는 도구라고 인식하는 관점에 따른 표현이다. 가벼운 통증에서부터 극심한 고통, 전이성 암에 이르기까지 각종 질병과 증상 역시 이 완벽한 설계의 일부다. 신체의 어느 부위가 아픈지 보여줌으로써 우리 영혼이 다음에 어떤 일을 해야 하는지 정확하게 안내한다.

바로 이런 이유로 나는 두통을 겪는 환자가 찾아오면 이루고 싶은 꿈이 무엇인지 묻고, 만성질환을 앓는 환자와는 어린 시절에 무슨 일을 겪었는지 대화를 나눈다. 그래서 나를 찾는 환자 중에는 신체 문제뿐 아니라 심리 문제나 영적 문제를 문의하려고 오는 이들이 많다. 각 개인은 생각, 감정, 신념, 감각으로 이루어진 복합적 생태계며, 이 모두가 건강에 영향을 미친다. 나는 환자들의 증상을 완화하는 일뿐 아니라, 그들의 영혼이 수행하는 더 중대한 여정이라는 맥락 안에서 현재 겪는 고통을 볼 수 있도록 돕는 일에 신경을 쏟는다.

우리가 살면서 겪는 아픔과 어려움은 우리 영혼이 변화할 준비가 되었다는 신호다. 극심한 고통은 우리에게 주의를 기울이라고 촉구하는 요란한 사이렌 소리와 같다. "정신 차려! 여길 봐! 할 일이 있어!"라고 우리 몸이 외치는 것이다. 물론 우리는 고통을 예방할 수 있고 마땅히 그래야 한다. 하지만 우리가 어째서 아픔을 겪는지 들여다보고 그 고통이 우리에게 무엇을 가르치는지 물을 때 우리는 새로운 의미를 발견하게 된다. 이는 신체적 고통과 심리적 고통, 영적 고통 모두에 해당하는 말이다.

인간의 마음이 몸에 영향을 미친다고 전인의학 전문가들이 말하면, 질병을 환자 탓으로 돌리는 것 아니냐고 우려하는 이들이 있다. 우리가 고통에서 배울 것이 있다고 하면, 고통을 당해도 좋다는 뜻이냐고 받아들이는 이들이 있다. 이렇게 전인의학의 관점을 오해할 수 있으므로 여기서 분명히 해둘 것이 있다. 나는 순교자의 자세로 고통을 수용하라고 독려하거나 고통을 당해도 좋다고 주장하는 것이 아니다. 관점을 바꾸기만 하면 문제가 저절로 해결된다고 말하는 것도 아니다. 뼈가 부러지면 다시 똑바로 붙여야 한다. 사회에 중대한 문제가 발생하면 전면 개혁이 필요할 수도 있다. 그러나 우리가 몸과 세상이라는 물리적 현실에 아무리 열심히 주의를 기울이며 신경 쓰더라도 어느 정도의 고통은 피할 수 없다. 그러므로 우리는 이를 성장할 기회로 삼아야 한다.

우리가 겪는 어려운 문제가 건강한 삶에 '영향을 끼치는' 것은 맞지만 건강한 삶을 '결정짓는' 것은 아니기 때문이다. 몸이 아픈 사람들, 심지어 극심한 고통에 시달리는 이들 중에도 삶의 목표를 향해 나아가며 기쁨을 느끼는 사람들이 많다. 그런가 하면 아픈 곳은 전혀 없지만 살아갈 의욕 없이 매일 아침 눈을 뜨는 이들도 있다. 아무 문제 없이 인생을 사는 것만이 행복을 의미하지 않듯, 우리 몸에 아무 문제 없이 살아가는 것만이 건강을 의미하지도 않는다. 건강과 행복은 우리를 둘러싼 세상과 어우러져 살아갈 때 느끼는 생명력과 직결되어 있다.

진정한 의미에서 건강은 우리를 둘러싼 세상에 참여하고 교류하며 '더불어' 살아가는 것이 관건이다. 건강한 삶에서 중요한 열쇠는 우리 안의 생명력과 협력하는 것, 즉 매 순간 삶에 충실하며 자신의 재능을 세상과 공유하려는 의지와 욕구를 따르는 것이다. 이렇게 살고자 하는 마음이 목적의식으로 확장할 때 우리 영혼은 어떤 상태에 처하든 건강할 수 있다.

나는 당신이 이 책을 읽고 내면의 치유력과 학습 능력을 깨우고 활성화함으로써 하루하루 가장 충만한 삶을 누리기를 바란다. 나는 이 과정을 "삶을 긍정하고 앞으로 나아가기"라고 부른다. 그리고 이 일에 유용한 6가지 비밀을 이 책에서 공유한다. 하지만 삶을 긍정하고 앞으로 나아가는 일은 결국 당신에게 달렸다. 삶을 살아갈 주체는 당신이고, 삶을 치유할 수 있는 사람도 당신이기 때문이다. 인생의 목표와 행복뿐 아니라 건강과 활력을 찾는 길은 자기 몸을 고치는 의사로서 자신과 관계를 형성하고, 자신에게 기쁨과 양식을 주는 것이 무엇인지 스스로 진단해 가장 필요한 치료법을 처방하는 데 달렸다.

만약 내가 평생 해온 일을 요약하자면, 그리고 이 책을 쓴 목적을 한 문장으로 말하면 이렇다.

"진정으로 살아 있기 위해 내면의 생명력을 찾아 거기에 에너지를 집중하기."

이를 위해 우리는 관점을 전환하고 삶에서 마주하는 모든 것을 직시하며 적극적으로 삶에 참여해야 한다. 이렇게 생각하는 이도 있을 것이다. '무슨 소리야. 나는 삶에 참여하고 있어! 이 인생을 사는 게 바로 나잖아!' 하지만 내가 말하는 것은 삶의 모든 순간마다, 숨 쉬는 순간마다 적극적으로 참여하고 기쁘게 살아가는 것을 가리킨다. 인생 자체와 손을 맞잡고 발을 맞추어 춤추라는 이야기다. 무슨 일이 닥치든 기꺼이 해내려는 의지와 긍정적인 자세로 계속 춤추라. 인생이 힘들어질 때 뒤로 물러날 것이 아니라 그 의미를 깊이 탐구하고 더욱 적극적으로 삶에 임해야 한다. 아무리 힘든 난관이 닥쳐도 감사할 일은 있기 마련이다.

이 책에서 나는 참으로 놀라운 일을 경험한 환자들을 소개한다. 이들이 영혼의 목소리를 이해하고 삶의 목적을 찾고, 더 온전한 기쁨을 누리고, 때로는 생각지도 못한 곳에서 다가온 사랑과 보살핌을 받는 법을 배우기까지 나는 곁에서 이들을 돕는 특권을 누렸다. 몇몇 사례에서 환자가 경험한 치유는 기적 같았다. 하지만 기적처럼 보이는 일 뒤에는 과학적 근거가 있었다. 이들은 자기 내면의 생명력과 조화를 이룰 때 치유를 경험했다.

사례를 보면 알겠지만 이 환자들은 모두 자신을 치유하는 일에 능동적으로 참여했다. 이들은 기꺼이 관점을 전환하고, 자기 안에서 발견한 생명력을 남김없이 동원했다. 나는 환자들 모두를 사랑으로 대했고 이들이 자신이 처한 문제를 똑바로 보도록 도왔다. 병이 나은 환자도 있었고 만성질환을 안고 살아가는 법을 배운 이들도 있었다. 죽음을 맞은 이들도 있었고 나처럼 오래 장수한 이들도 있었다. 이들은 모두 내면의 자아와 건강한 관계를 맺게 되었다. 이들은 살아갈 이유를 되찾았고, 그리고 행복하게 살았다.

나는 이 책에서 의사로서 환자를 치료한 경험 외에 병원 밖에서 경험한 이야기도 나눌 생각이다. 세계 각지를 돌아다니며 꽤 오래 남다른 시간을 보냈던 터라 좋은 이야깃거리를 많이 얻었다. 나는 의사 역할 못지않게 엄마로 할머니로 증조할머니로 지금은 고조할머니로 살면서 다양한 삶의 의미를 찾았다. 그래서 이 이야기도 조금 나눌까 한다. 나는 매일 새로운 것을 배웠고 내가 배운 것을 실천할 기회를 얻었다.

나는 특별한 사람들에게 좋은 영향을 받는 축복을 누렸다. 의사였던 아버지 존 테일러Dr. John Taylor와 어머니 매그덜린 엘리자베스 '베스' 시엘 테일러Dr. Magdelene Elizabeth 'Beth' Siehl Taylor를 소개하고 싶다. 두 분은 정골의학을 선도했고 신앙심이 깊었다. 두 분은 인도의 소외 계층을 치료하는 데 평생 헌신했고, 1차 세계대전과 2차 세계대전 사이에 나를 포함해 자녀 다섯을 인도에서 키웠다. 의사였던 오빠 칼 테일러Dr. Carl Taylor와 언니 마거릿 테일러 코트라이트Margaret Taylor Courtwright도 소개하고 싶다. 두 사람은 죽는 날까지 매 순간을 기쁘게 살았다. 초지일관한 고모 벨Belle과 소중한 우리 보모였던 하데이

Harday 이야기도 하고 싶다. 우리는 하데이를 '아야Ayah'라고 불렀다(아야는 힌디어로 가정부라는 뜻이다—옮긴이). 참고로 하데이의 남편 다르Dar는 우리 집 요리사였고 두 사람 모두 우리에게는 가족이었다. 지금 같았으면 하데이를 아야로 부르지는 않았을 터다. 뜻밖의 행운으로 만나 인연을 맺은 몇몇 유명한 선각자도 이 책에 등장한다.

우리 부모님과 내가 살아온 이야기를 읽으면서 당신이 자신을 더 깊이 이해하는 시간을 갖기를 바란다. 당신이 어려움을 겪고 있다면 당신에게 무슨 일이 벌어지고 있는지 그 의미를 탐구하도록 돕고, 당신 몸과 영혼의 고유성을 이해함으로써 내면의 치유력을 깨우고 삶을 주도할 수 있도록 돕는 것, 이것이 내가 이 책을 쓴 이유다. 나는 지금까지 수많은 환자를 치료했지만 똑같은 사례는 한 번도 없었다. 우리는 각자 자신만의 길을 걷는다. 당신의 영혼은 특별하고 고유한 당신의 육신에 기거하며 신성한 사명을 수행하고 있으며 그 과정을 다스릴 수 있는 주체는 당신 자신뿐이다.

내가 이 책에서 하는 이야기를 보면 나의 장수 비밀 6가지를 알게 될 것이다. 내가 주장하는 철학은 그동안 대부분 변방의학으로 여겨졌다. 하지만 이제는 과학으로 속속 입증되고 있다! 우리가 과학을 수용하는 것이 중요하다고 나는 늘 생각해왔다. 과학은 우리에게 세상을 이해할 수 있는 명쾌하고 확고한 방법을 제공하기 때문이다. 나는 질문하기를 좋아하는 사람, 사물을 탐구하고 그 이치를 따져보기를 좋아하는 사람으로서 과학을 지지한다. 질문하기를 좋아한다는 것은 과학이 아직 설명하지 못하는 영역이 많다는 사실을 인정한다는 의미이기도 하다. 질문을 던지는 것은 설령 답을 얻지 못하더라도 가치 있는 일이다.

이 책에서 나는 당신이 6가지 비밀을 몸과 마음으로 체화할 수 있도록 각각에 어울리는 간단한 수련법을 함께 제시한다. 여기에는 복잡하지 않은 명상 수행 프로그램도 포함된다. 명상은 산책 중에 해도 좋고, 종이와 펜을 활용해도 좋다. 무엇이든 자신에게 맞는 방법을 이용하면 된다. 모든 사람에게 통하는 만병통치약 같은 것은 없다. 우리 어머니가 자주 말씀하신 대로 그때그때 주어진 여건을 최대한 활용해 "시의적절 make-do"하게 처리하면 된다. 내가 제시하는 명상 수행은 숙제가 아니다. 난 어려서부터 숙제를 무척 싫어했기 때문이다! 전인적 관점에서 인생을 잘 사는 법이 무엇인지 깨닫는 데 도움이 되는 간단한 수련법이다.

이 수련이 일상에서 습관으로 자리 잡을 만큼 자주 수련 시간을 가졌으면 하는 바람이다. 내가 소개하는 방법을 그대로 따르지 않고 필요에 따라 자유롭게 응용해도 좋다. 이 책에서 한 가지 얻어야 할 것이 있다면 그것은 바로 자신의 삶과 배움뿐 아니라 건강과 치유까지 스스로 주도하는 능력을 갖추는 것이다. 이런 생각을 이야기하는 것만으로는 부족하며, 일상에서 몸으로 느끼며 현실로 만들어야 한다. 그래서 나는 당신이 이 주제를 구체적인 연습을 통해 몸으로 느끼고 행동으로 옮길 수 있도록 간단한 길을 제시했다.

이 책을 집어 들었다면 이미 당신은 영혼과 발을 맞추고 삶의 목적과 하나가 되는 여정에 오른 셈이다. 하지만 이 일을 혼자서, 더구나 당장 할 수 있는 사람은 아무도 없다.

수많은 사람이 평생에 걸쳐 끊임없이 던지는 질문이 있다. "나는 누구인가?" "나는 왜 태어났는가?" "어떻게 살아야 하는가?" "누구와 함께 무슨 일을 해야 하는가?" "이 삶은 언제 끝나는가?" "무엇이 삶을 가치 있게 만드는가?" 사방에서 불확실성과 마주하는 오늘날 이러한 질문들에 답을 찾는 일은 그 어느 때보다 시급해 보인다.

나는 당신이 너무 성급하게 답을 찾으려 하지 말고 이 질문들을 즐기면서 깊은 내면의 지혜에 찬찬히 다가가기를 바란다. 남들이 뭐라고 말하든 당신 안에서 스스로 진리와 만날 때 어떤 놀라운 일이 벌어지는지 보도록 나는 돕고 싶다.

들어가며

본격적으로 시작하기 전에 들려주고 싶은 이야기가 하나 있다.

1930년대 초에 나는 가족과 함께 델리에서 봄베이(현재 뭄바이)로 가는 기차에 올랐다. 미국으로 가는 길이었다. 그곳에 가서 반듯하게 다림질한 옷을 갖춰 입고 얌전하게 굴면서 지킬 것들을 생각하니 내 자유로운 영혼이 견뎌낼 수 있을지 생각만 해도 서글펐다. 학교에서 드디어 마음에 드는 선생님을 만났던 터라 인도를 떠나자니 너무 속상했지만, 부모님은 곧 다시 돌아올 거라고 약속하며 안심시켜주었다. 휴가를 얻은 부모님은 미국 캔자스주에 가서 친가가 경영하는 밀 농장 근처에서 지낼 예정이었다. 미국에 머무는 동안 대공황이 터져 2년 넘게 우리 발목을 잡으리라고는 그때는 꿈에도 몰랐다. 아홉 살짜리 아이는 그 상황을 전혀 이해할 수 없었다. 내가 아는 것은 아야와 다르랑 작별하고 인도를 떠난다는 것, 그리고 단 한 번 가본 적 있을 뿐 기억조차 나지 않는 머나먼 나라 미국으로 간다는 사실뿐이었다.

침울한 얼굴로 창가에 기대어 내가 태어난 땅이 점점 멀어져가는 모습을 지켜보고 있을 때였다. 기차가 속도를 늦추기 시작했다. 철길을 따라 긴 행렬을 이루어 행진하는 군중이 눈에 들어왔다. 여성들은 가장 좋은 옷을 차려입었고 아이들은 춤을 추며 꽃을 던지고 있었다. 열차 앞쪽 1등 칸 손님들은 주변에서 아무 일도 일어나지 않은 것처럼 가만히 앉아 있었다. 하지만 우리가 탄 3등 칸에서는 사람들이 창문 밖으로 뛰어내려 행진에 가세하는가 하면, 기차 지붕 위로 올라가기도 했다. 천장에서는 기차 지붕 위를 달리는 사람들의 발소리가 천둥 치듯 요란했다.

기차가 행렬을 따라잡자 앞쪽에서 행진하던 사람들이 시야에 들어오기 시작했다. 흰색 도티dhoti(허리에 둘러 허벅지까지 감싸는 인도 전통 남성 의상)를 입은 왜소한 남성이 라르티larthi(나무 지팡이)를 짚으며 선두에서 걸어가고 있었다. 자신의 삶과 목적에 온전히 집중한 채 느릿느릿 걷는 그는 뙤약볕 아래서도 환한 얼굴이었다. 사람들이 그의 이름을 연호했다. 부모님이 깊은 존경심을 보이며 설명한 적이 있었기에 나는 그 이름을 알아들었다. 그 사람은 바로 압제에 시달리던 민중을 해방의 길로 인도한 전설적 인물 '간디'였다.

이윽고 기차가 완전히 멈춰 섰다. 몇 시간 동안 일정하고 단조로운 진동에 온몸을 내맡기고 있었는데, 한순간 정적이 전기처럼 몸을 꿰뚫고 지나갔다.

그때 한 아이가 꽃 한 송이를 들고 간디에게 달려갔다. 간디는 걸음을 멈추고 허리를 굽혀 꽃을 받았다. 그 순간 나는 간디의 온몸에서 사랑이 퍼져나가는 것을 보았다. 꽃을 받은 간디는 다시 몸을 일으켜 행진을 계속하며 군중 쪽으로 시선을 돌렸다. 길가에 서 있는 사람들과 기차 지붕에 올라선 사람들뿐 아니라 창문 밖으로 얼굴을 내밀고 자신을 바라보는 사람들까지 두루 쳐다보았다. 맹세코 그 순간 간디는 잠깐이지만 내 얼굴을 똑바로 바라보았다.

지금까지 살면서 나는 여러 번 사랑을 경험했다. 하지만 그때 간디가 발산한 사랑은 너무나 강렬하고 깊어서 지금도 내 안에 생생하게 살아 있다. 인도를 떠나면서 내가 느낀 슬픔과 두려움, 다시 돌아올 희망까지 모두 간디가 껴안아주는 기분이었다. 간디는 내 영혼을 알아보았고 조건 없는 사랑으로 나를 바라보았다.

그날 나는 그 유명한 소금 사탸그라하Salt Satyagraha, 즉 소금 행진을 목격했다. 간디는 영국이 소금에 과중한 세금을 부과한 것에 저항해 비폭력 시민 불복종 운동을 이끌었다.

만약 내가 이 순간 당신에게 한 가지를 줄 수 있다면 내가 간디에게서 느낀 것과 똑같은 사랑을 주고 싶다. 당신의 모든 것을 있는 그대로 받아들이고 인정하는 조건 없는 사랑. 이 사랑은 미래를 향한 희망을 담고 있다. 많은 의미심장한 가르침을 전하는 이 사랑은 불가능해 보이는 싸움에 목적을 부여해주고, 우리 안의 생명력이 부풀어 넘쳐 새로운 패러다임으로 전환해야 하는 때를 알려준다.

이 책을 읽는 당신이 누구든, 나는 당신이 이 땅에 태어나 해야 하는 일을 깊이 존중한다. 나는 당신이 겪은 모든 일을 세심히 받아들이고, 장차 당신에게 일어날 일을 그리며 희망에 부푼다. 나는 당신에게 6가지 비밀을 안내하고, 조건 없이 무한한 사랑을 주려고 한다.

나머지는 당신에게 달려 있다.

당신은
이 세상에 태어난
이유가 있다

The Well-Lived Life

‡

Chapter I

당신만의
생기를 찾아라

내 안에서 처음으로 '생기juice'가 솟구쳤던 순간을 나는 똑똑히 기억한다('juice'는 '생기' '활력' '생명력' '창조력' '원동력' '연료' 등의 뜻이 있다—옮긴이).

부모님은 인도 히말라야산맥 중턱에 있는 무수리Mussoorie 인근에서 선교사로 일했다. 다섯 살 때부터 나는 오빠, 언니와 함께 이 지역에서 유일하게 영어로 수업하는 학교에 다녔다. 학생들은 대부분 선교사나 정부 관리, 영국군 장교의 자녀들이 었다. 나는 꼬질꼬질한 아이였다. 어머니와 보모인 아야는 언제나 나를 단정하고 깔끔하게 입혔지만 내게는 그분들의 수고를 수포로 돌리는 재주가 있었다. 나는 책 읽기나 인형 놀이보다는 흙장난과 나무 타기를 더 좋아했다. 이야기를 듣는 것은 좋아했지만 책 읽기는 좋아하지 않았다. 책을 볼 때마다 종이 위에서 글자들이 꿈틀꿈틀 움직여 철자가 무엇을 의미하는지 이해할 수 없었다.

당시에는 이 문제를 지칭하는 용어조차 없었다. 오늘날에는 이 문제를 난독증이라 한다. 학교에 들어가고 나서 처음에는 내가 멍청하다고 생각했는데, 1학년 때 툭하면 나를 꼭 집어서 실수를 지적했던 선생님 때문이었다. 성적이 형편없어서 1학년 수업만 두 번 들어야 했다. 그 선생님이 나를 평가했던 말들은 내 자존감에 깊은 흉터를 남겼다.

지금 돌아보면 달콤한 시련처럼 느껴진다. 내가 지금까지 의사로 경력을 쌓았다는 사실은 어린 시절에 겪은 난독증을 오래지 않아 극복했음을 의미하기 때문이다. 하지만 당시에는 얼마나 힘들었는지 모른다. 나는 진심으로 내가 멍청한 아이라고 믿었다. 물론 그 선생님이 나보다 더 멍청한 사람이라고 생각하긴 했어도, 만약 내가 책 읽기처럼 간단한 것조차 배우지 못하면 세상에서 뭘 해낼 수 있을지 걱정이 이만저만이 아니었다. 무엇보다 나는 부모님처럼 의사가 되지 못할까봐 염려스러웠다. 내가 가장 바라는 꿈은 의사가 되는 것이었다.

나이 들수록 행복해지는 인생의 태도에 관하여

친구를 사귀는 데도 애를 먹었다. 나는 외톨이였고, 학교가 파하면 매일 집까지 홀로 언덕길을 오르며 발걸음 수를 세곤 했다. 집에 도착하면 아야의 품에 안겨 울음을 터뜨릴 때가 많았다.

1학년 수업만 두 차례 듣는 동안 나는 겨울이 오기만을 학수고대했다. 겨울이 되면 우리 가족은 짐을 꾸려 이동식 주택 caravan에 싣고 평지로 내려갔다. 부모님이 이동 캠프에서 환자들을 치료하는 이때가 나는 가장 좋았다. 우리가 캠프에 머물 때면 치료를 받으려고 인도 전역에서 사람들이 몰려들어 임시로 마을이 형성되었다. 이들 가운데 대다수가 인도의 카스트 제도에서 가장 낮은 신분에 속한 사람들이었다. 신분을 차별하는 카스트 제도에 따르면 이 사람들은 '불가촉천민'으로 불렸는데 부모님은 이 말이 틀린 표현이며 참 가슴 아픈 말이라고 설명했다. 나는 이 말이 무슨 뜻인지 이해하지 못했다. 아야가 '불가촉천민'이라고? 아야가 안아주면 얼마나 좋은데 신체를 접촉해서는 안 된다니 도무지 모를 일이었다. 어째서 다르나 아야가, 아니 다른 누구라도 불가촉천민이 될 수 있다는 건지 이해할 수 없었다. 부모님은 오늘날 한센병으로 알려진 나병 환자들도 치료했고, 아무 곳에서도 치료받지 못했던 여성들도 치료했다. 부모님을 찾는 환자들 대다수가 살면서 의사를 구경

해본 적도 없고, 돈도 없는 사람들이었다.

부모님의 봉사 활동으로 우리 캠프는 의료 시설만 있는 곳이 아니라 사람들이 모여 사랑과 친절을 나누고 공동체 의식을 느낄 수 있는 곳이 되었다. 우리는 이른 아침부터 정오까지 일하고, 뜨거운 한낮에는 잠깐 쉬다가 해가 질 때까지 다시 일했다. 그러다가 어둠이 내리고 별빛이 환하게 비추면 모닥불 주위에 모여 앉아 이야기를 나누곤 했다.

우리 캠프에 모여드는 사람들은 우리 가족이 언제 이곳에 오는지 알고, 도움이 필요한 환자라면 우리 부모님이 누구든 치료해준다는 사실도 아는 모양이었다. 하루는 아버지가 오빠들을 데리고 사냥을 떠났다. 그러니까 나와 마거릿 언니, 동생 고든Gordon이 의료 캠프에서 어머니를 돕는 날이었다. 각종 감염증과 만성질환, 골절 환자들을 어머니가 치료할 때마다 곁에서 보조하는 일을 나는 좋아했다. 어머니가 의사라는 사실이 자랑스러웠다. 세상에 태어난 지 여덟 해밖에 되지 않았지만 수많은 환자를 목격했고 세상을 거의 다 경험한 기분이었다. 하지만 그날 어머니와 나는 상상도 못 한 환자를 만났다.

정오 즈음 주변이 술렁거리기 시작했다. 한 청년이 다친 코끼리를 끌고 캠프를 찾아왔다! 어머니는 그 청년과 인사를 나누고 자신은 수의사가 아니라고 설명했다. 그 청년은 코끼리가 보통 코끼리가 아니라 영주가 사냥 나갈 때 즐겨 타는 특별한 코끼리라고 설명했다. 얼마 전에 코끼리가 대나무 그루터기를 밟아 발을 다쳤는데 좀처럼 상처가 낫지 않는다고 했다. 영주는 평소 관리인들에게 동물들 치료를 맡기는데 우리 부모님이 가까이 와 있다는 사실을 알고 코끼리 조련사인 청년을 불러 우리 부모님이 직접 코끼리를 치료하기 전에는 돌아오지 말라고 지시했다.

어머니는 코끼리를 치료해본 적이 없었지만 어려운 문제에 직면했을 때 쉽게 물러서는 분이 아니었다. 어머니는 여느 환자를 대하듯이 부드러우면서도 여유만만하게 코끼리에게 말을 걸었다. "어디 좀 볼까? 살살 할게. 많이 아프겠네." 어머니는 코끼리의 왼쪽 앞발을 살펴보며 발바닥을 조심스럽게 만졌다. 발바닥 감염이 꽤 심각한 것으로 보아 대나무 조각이 아직 살 속에 박혀 있으리라고 어머니는 추정했다. 그렇게 큰 동물을 가까이서 마주하니 나는 흥분되면서도 조금 무서웠다. 그런데 코끼리의 주름진 살가죽과 매끄러운 상아를 손으로 어루만지자 코끼리가 흘려보내는 다정한 기운이 느껴져 나는 깜짝 놀랐다.

코끼리를 도와주고 싶은 내 바람을 읽은 어머니는 내게 가위 집게와 과망가니즈산 칼륨, 커다란 구리 주사기를 가져오라고 심부름을 시켰다. 나는 의료 도구함에서 집게와 가장 큰 주사기를 먼저 가져왔다. 어머니는 계속 다정하게 코끼리에게 말을 걸었다. "그래, 그래. 잘하고 있어." 코끼리는 가만히 서서 눈을 껌뻑거렸다.

나는 의료 텐트로 돌아가서 소독 용액을 준비했다. 우리 의료 텐트에는 모든 물품이 꼼꼼하게 정리되어 있었다. 나는 큰 병에 담긴 과망가니즈 칼륨을 선반에서 내려 물 항아리 옆에 두었다. 희석되지 않은 독한 용액이 내 피부에 닿으면 데일 수 있기에 보라색 용액을 조심스럽게 바닥이 납작한 용기에 채우며 눈금을 살폈다. 나는 무거운 용기를 손에 들고 천천히 텐트 밖으로 나와 용액을 흘리지 않으려고 울퉁불퉁한 땅바닥에 잔뜩 주의를 기울이며 걸었다. 돌아와보니 어머니는 코끼리 앞발바닥에 깊숙이 박힌 대나무 조각을 찾아내는 중이었고 코끼리는 얌전히 그 모습을 지켜보고 있었다. 어머니가 기다란 대나무 조각을 제거하고 감염 부위를 소독하기까지 코끼리는 진득하게 기다렸다. 영주가 어째서 그 코끼리를 몹시 아끼는지 알 만했다. 치료하는 내내 코끼리는 꼼짝도 하지 않을 만큼 의젓했다.

어머니는 코끼리의 상처 부위를 소독하고 연고를 바르는 것으로 치료를 마쳤다. 코끼리는 감정 표현이 풍부한 동물인데 치료를 마치자 기분이 좋아 보였다. 얼마나 기분이 좋았던지 조련사 청년이 더위를 식혀주려고 갠지스강으로 데려갈 시간이 되자 코끼리가 코로 마거릿 언니를 공중 높이 들어 올렸다. 언니는 즐거움과 두려움이 뒤섞인 비명을 내질렀다. 우리는 숨을 죽이고 그 광경을 지켜보았다. 코끼리가 언니를 자기 등에 살포시 내려놓았을 때 우리는 안도의 숨을 내쉬었다. 그런 다음 코끼리는 내게 다가왔다.

마거릿 언니에게 어떻게 하는지 지켜본 터라 나는 하나도 두렵지 않았다. 뱀처럼 내 몸을 돌돌 감싸는 코끼리 코의 튼튼한 근육을 느끼며 내 코랑 코끼리 코는 무척 다르다고 생각했다. 이전에도 여러 코끼리를 보았고, 코로 높은 나뭇가지의 잎을 따 먹거나 어린 새끼를 들어 올리는 장면도 보았다. 하지만 그토록 가까이서 코끼리를 만져본 것은 처음이고, 코끼리가 코로 내 몸을 감싸면 어떤 느낌일지는 생각해본 적조차 없었다. 그리 오래 생각에 잠길 사이도 없이 나는 어느새 널따란 코끼리 등에 올라 언니 뒤에 앉게 되었다. 그러더니 코끼리는 남동생 고든까지 등에 태웠다. 고든은 내 뒤에 앉아 자그만 손으로 내 허리를 꼭 껴안았다. 그렇게 우리는 출발했다! 우리가 강가로 내려가니 캠프에 있던 다른 아이들도 따라왔다. 갠지스강에 도착하자 코끼리는 우리에게 물을 뿌리며 장난을 쳤다. 어른들은 보통 뱀과 악어 때문에 아이들이 강에 내려가지 못하게 막았지만, 코끼리와 함께라면 뱀과 악어가 접근하지 못하리라는 것을 알았다. 우리는 오후 내내 강가에서 코끼리와 재미있게 놀았다.

이튿날 조련사가 감염 부위를 점검하려고 다시 어머니에게 코끼리를 데려왔다. 코끼리는 곧바로 어머니에게 다가오더니 전날 우리 남매에게 했던 것처럼 코로 어머니 허리를 감싸서 들어 올렸다. 코끼리는 주말 전까지 매일 캠프를 방문했고 그때마다 고마움을 표현하듯 커다란 코로 어머니를 껴안아 들어 올렸다. 어머니는 언제나처럼 유머를 잃지 않고 웃으며 말했다. "이제 착하게 굴어야지. 날 내려줘." 진찰이 끝나면 우리는 갠지스강으로 가서 놀았다. 코끼리를 타고 얕은 물을 건너기도 하고 코끼리가 뿌린 물줄기를 맞으며 환호성을 지르기도 했다.

이때가 내 인생에서는 중요한 전환점이었다. 이듬해에 새 학기가 시작되었을 때 더는 학교 다니기가 싫지 않다는 사실을 깨닫고 나는 기뻤다.

코끼리를 치료하는 어머니를 도우면서 나는 의사가 되려고 태어났음을 깨달았다. 난독증 때문에 학교생활이 쉽지는 않았지만 내 지능에는 아무 문제가 없었다. 새로 만난 선생님은

나이 들수록 행복해지는 인생의 태도에 관하여

내 고민을 이해하고 내게 책 읽기를 가르칠 방법을 알아냈고, 의대를 가려면 독서 능력을 반드시 익혀야 했기에 나 역시 용기를 내어 선생님의 가르침을 따랐다. 나는 서서히 자신감을 찾았다. 내가 무슨 일을 하고 싶은지 깨달은 덕분에 나는 학교 생활을 무사히 마치고 대학에 들어가 의대생이 되었다.

부모님이 그랬듯이 사람들을 치유하는 일은 내게 긍정적이면서도 가치 있는 방식으로 세상과 상호작용할 기회를 주었다. 그날 코끼리에게 보라색 용액을 전달했을 때 내 안에서 커다란 기쁨이 샘솟는 것을 느꼈고 앞으로 학교에서 겪을 문제가 내 꿈을 가로막지 못하리라는 사실을 알아차렸다. 나는 어떤 어려움이든 이겨낼 방법을 찾을 터였다. 내가 사람들에게 도움을 줄 수 있는 중요한 존재라는 사실을 그때 깨달았다. 나는 세상과 하나가 된 기분을 느꼈다.

사람은 누구나 이처럼 자신의 가치를 깨닫는 순간을 누려야 한다. 우리는 모두 이 땅에 태어난 이유가 있으며 배우고 성장해 자신의 재능을 세상에서 발휘해야 한다. 그렇게 살아갈 수 있을 때 우리 안에서 창조적인 생명력이 넘친다. 이 힘을 나는 '생기'라고 부른다.

이 생기가 바로 우리가 살아갈 이유다. 여기서 우리는 충만함과 기쁨을 얻는다. 사랑이 삶을 움직일 때 우리는 생기를 얻는다. 생기란 우리 삶에서 가치 있고 중요한 것들에서 얻는 에너지다. 부모님은 소외된 사람들을 돌보는 일에서 생기를 얻었다.

"누구나 이 세상에 태어난 이유가 있다."

이것이 내가 당신에게 공유하는 첫 번째 비밀이다.

우리가 이 세상에 존재하는 이유는 고유한 재능과 연결하기 위해서다. 이 재능과 연결될 때 삶의 의욕이 솟는다. 하지만 이 재능과 반드시 연결해야만 의미가 있는 것은 아니다. 탐색 과정 자체에 더 중요한 가치가 있다.

"자신의 생기를 찾는 과정" 자체가 우리를 생명력 넘치게 만든다.

이는 새로운 개념이 아니며 생기가 건강과 관련이 있다는 사실은 이미 널리 알려져 있다. 여러 동양 철학에서는 건강한 삶과 관련된 에너지가 존재한다고 말한다. 인도 철학에서는 프라나prana라고 부르고 중국에서는 기氣라고 부른다. 서양 철학자들이라면 이 에너지를 삶의 동기나 삶의 목적처럼 추상적인 용어로 설명할 것이다. 응급 의료 종사자들과 호스피스(임종 간호) 전문가들은 대체로 생기를 삶의 의지로 설명하는데 생기를 잃기 시작할 때 사람은 죽음에 가까워지기 때문이다. 생기가 완벽한 건강을 보장해주는 것은 아니다. 하지만 생기가

나이 들수록 행복해지는 인생의 태도에 관하여

부족해지거나 생기를 잃게 되면 행복한 삶을 유지하는 데 심각한 장애를 겪는다.

우리는 날마다 세상에 기여하는 일을 통해 생기를 얻도록 부름받았다. 우리에게 더 많은 생기를 주는 일은 따로 있으며, 어떤 일이 생기를 주는지는 사람마다 다르다. 어떤 이들은 자신에게 딱 맞는 천직을 찾아 신나게 즐기며 일하고 그 일로 평생 생계를 유지하면서 이렇게 생각한다. '이 일을 하며 돈까지 벌다니 믿을 수가 없어!' 생업으로 삼은 일은 수익성과 즐거움이 덜하지만, 업무가 끝난 후 자신이 좋아하는 일을 하며 열정을 펼치는 이들도 있다. 또한 자원봉사 간병인처럼 다른 귀한 방식으로 사회에 이바지하면서 자기만의 목적의식과 연결하는 사람들도 있다.

인생에서 생기를 찾을 수 있는 유일한 방법, 유일한 분야 같은 것은 없다. 그렇지만 우리는 모두 생기를 찾아야 한다. 생기는 우리 생명력에 없어서는 안 되는 중요한 요소다. 생기가 없으면 기쁨을 누리기가 어렵고, 몸과 마음의 건강도 시들어가기 시작한다. 그래서 나는 환자들에게 무엇을 위해 사는지 흔히 묻는다. 환자들이 이 질문에 답하지 못하면 잠깐 증상을 완화하는 데 그칠 때가 많기 때문이다. 잘못된 것을 일시적으로 고칠 수는 있지만 문제를 완전히 해결할 수는 없다.

운이 좋다면 살면서 생기를 여러 번 찾는 경험을 할 것이
다. 하지만 인생에서 생기가 다 사라져버린 것 같은 경험을 하
는 사람 역시 많다. 이럴 경우 심각한 충격과 이상 증상을 겪을
수 있다. 반면에 자동차가 빌빌대고 털털거리다가 연료가 바닥
나는 것처럼 더 미묘하게 증상을 겪는 이들도 있다.

Chapter 2

‡

나는 왜 이 세상에
태어났을까

모든 사람이 나처럼 어려서부터 자신의 길을 찾는 것은 아니
다. 자신이 진정 누구인지, 무엇이 자신에게 생기를 주는지 발
견하는 데 어려움을 겪는 이들이 많다. 해답은 바로 가까이 자
기 안에 존재하는데 영영 닿을 수 없는 곳에 있는 것처럼 느껴
지기도 한다. 제임스가 그랬다.

　제임스는 컴퓨터과학을 전공했는데 졸업하고 나서도 무
엇을 하며 살아야 할지 갈피를 잡지 못했다. 나는 제임스와 그
의 부모를 오랫동안 치료했다. 제임스는 어머니 설득에 못 이
겨 나를 찾아왔는데 병력과 신체 상태로 봤을 때 적어도 몸에

는 아무 이상이 없었다. 청바지에 워크맨을 차고(맞다, 오래전 이야기다) 목에 헤드폰을 두른 제임스는 두리번거리며 초조하게 진료실을 살폈다.

"뭐가 고민인가요, 제임스?"

"앞으로 어떻게 살아야 할지 모르겠어요. 대학을 졸업했고 학자금도 갚아야 하는데 관심 가는 직업이 하나도 없어요."

"컴퓨터를 좋아해요?"

"별로 좋아하지 않지만 컴퓨터가 대세라는 건 알아요. 아버지는 기술자여서 이쪽 일이 안전한 직종이라고 생각하세요. 근데 세상이 돌아가는 걸 보면 어떤 자리도 안전하다는 생각이 들지 않아요."

"무슨 일을 하고 싶어요?"

"모르겠어요."

하지만 나는 제임스의 무의식 한편에서는 답을 알고 있으리라는 의구심이 들었다. 답을 알면서도 스스로에게조차 인정하기가 불안했던 것뿐이다.

"기억나는 꿈이 있나요?"

제임스는 꿈에서 커다란 선인장 한 그루를 이따금 보지만 다른 것은 기억나지 않는다고 했다. 이에 나는 시각화 visualization를 해보자고 제안했고 제임스도 동의했다. 내가 말했다.

"눈을 감고 주변을 둘러봐요. 길이 보이나요? 자갈길일 수도 있고 흙길일 수도 있고 포장도로일 수도 있고, 아니면 보행로일 수도 있어요."

미간에 잔뜩 주름이 잡히는가 싶더니 곧 주름이 사라지며 제임스가 가만히 말했다.

"보여요."

"그 길을 따라 걸어봐요. 한 걸음, 또 한 걸음, 다시 한 걸음. 이제 주변을 둘러봐요. 당신이 갈 길입니다. 길에서 무엇이 보이나요?"

1분쯤 지나고 제임스가 나직이 말했다.

"고원에 올라와 있어요."

"멀리 앞을 바라봐요. 뭐가 보이나요?"

제임스가 다시 미간을 찌푸렸다.

"그 선인장이 보여요. 북소리가 들리고요. 모르겠어요."

제임스가 눈을 떴다.

"글래디스 선생님, 진짜 모르겠어요. 어떻게 해야 하는지 생각할 게 너무 많아요. 내가 고원에 올라가 혼자 야영해도 되는지 부모님께 여쭤본 적이 있는데 두 분이 걱정하세요. 내가 약을 하는 건 아닌지 궁금해하시더군요. 난 그저 혼자 있으면서 자연과 하나가 되고 싶은 것뿐이에요."

"거기 가는 게 좋겠어요. 만약 부모님이랑 문제가 생기면 내게 연락해요."

몇 주가 지난 어느 날 나는 슈퍼마켓에서 제임스를 만났다. 제임스는 혼자서 고원에 올라갔노라고 말했다. 그리고 자신에게는 그 시간이 비전 퀘스트vision quest였다고 했다. 비전 퀘스트는 아메리카 원주민의 풍습으로 일종의 성인식이다. 제임스는 홀로 그곳에 머무는 내내 머릿속에서 북소리를 들었고 자신이 무엇을 하고 싶은지 깨달았다고 했다. 제임스는 뮤지션이 되고 싶고 대학원에 들어가 음악 제작을 공부할 것이라고 말했다. 제임스의 눈이 초롱초롱 빛났다. 이때 제임스는 생기가 넘쳤다.

"부모님은 뭐라고 하시나요?"

"학자금 대출도 갚아야 하는 내가 뮤지션으로 가난하게 살까봐 걱정하시죠. 하지만 1년 동안 공부해보고 음악으로 성공할 수 있을지 알아보라고 하셨어요."

제임스의 이야기에서 알 수 있듯이 자신의 생기를 찾게 되면 인생의 전환점을 맞이한다. 이 과정에서 우리는 진정한 내가 누구인지 발견한다. 새로운 일에 도전하거나 오랫동안 해오던 일을 중단하고 변화를 단행해야 할지도 모른다.

겉으로는 거의 변화가 일어나지 않는 사례도 있다.

릴리언은 모든 것을 가진 사람이자 아무것도 없는 사람이었다. 릴리언은 내 옆에 앉아 자기 문제를 말하면서도 마음은 멀리 다른 곳에 있는 듯했다.

"뭔지는 몰라도 나한테 문제가 있는 것만은 확실해요."

오랜 세월 릴리언의 주치의로 지낸 나는 그녀 가족도 함께 담당했는데, 내 눈에 그 가정은 별문제 없이 행복해 보였다. 자녀들은 모두 성공한 모범 시민이었으며 결혼생활은 견고했다. 릴리언은 이웃과 좋은 관계를 유지했고 저소득층 아이들을 지원하는 자선 단체에서 즐겁게 자원봉사를 했다.

과거에 이런저런 증상이 있었어도 이미 해결했기에 당시 릴리언에게는 이렇다 할 증상이 없었다. 하지만 릴리언은 자기 몸에 병이 생겼거나 아니면 우리가 발견하지 못한 종양이 있는 게 아닌가 싶다고 했다. 자가면역질환 초기 단계거나 호르몬 불균형 상태일지도 모른다고 의심했다. 릴리언은 틀림없이 자기 몸이 아프다고 믿었고, 그 원인을 찾아내는 데 내가 도움이 되리라 믿었다.

나는 릴리언의 증상을 구체적으로 점검했다. 두통이 있는가? 없었다. 소화 기능은 어떤가? 별문제 없었다. 정상이었다. 통증을 느끼는 부위가 있는가? 딱히 없었다. 나이가 들어 몸이 예전 같지 않고 이따금 여기저기 쑤시는 느낌은 있어도 특별한 것은 아니었다. 그다음으로 심리적 증상을 살폈다. 잠은 잘 자는가? 수면에 문제는 없었다. 공황발작이나 우울증 증상이 있는가? 없었다. 하지만 릴리언은 뭔가 '잘못된' 기분을 느꼈다.

"무슨 일을 해도 기운이 나질 않아요."

릴리언은 이렇게 설명했다.

"아동협회Children's Society 기금 마련 행사를 매년 책임지고 있는데 그 일을 마무리하기가 너무 힘들어요. 마지못해서 하는 기분이 들어요."

이런 경험을 호소하는 환자가 릴리언만은 아니었다. 이들은 증상이 매일 달라지거나 일정하지 않아서 자신의 증상을 제대로 설명하지 못한다. 어떨 때는 몇 주간이나 통증과 고통이 나타나 삶 전체에 영향을 미치는 것으로 보인다. 그저 기운이 없는 것처럼 느끼는 사람이 있는가 하면, 아무 일에도 흥미를 느끼지 못하는 사람도 있다. 릴리언은 이런 증상들을 경험한다고 언급하지는 않았지만 내가 보기에는 3가지 증상 모두 겪는 듯했다.

마지막으로 나는 릴리언에게 직접 의중을 묻기로 했다. 나는 부드럽게 물었다.

"릴리언, '당신' 생각에는 뭐가 문제인가요?"

릴리언은 매니큐어 칠한 자신의 매끄러운 손톱을 내려다보았다. 대답하기까지 한참 시간이 걸렸다. 정확히 규정할 수는 없지만 그래도 적당한 말을 찾으려고 릴리언이 자신의 내면을 들여다보고 있음을 알 수 있었다. 나는 릴리언과 함께 그 시간을 기다렸다.

이윽고 릴리언이 말했다.

"더는 살아갈 이유가 없는 것 같아요."

릴리언과 나는 그 말이 방 안을 무겁게 내리누르는 것을 느꼈다.

몇 초간 침묵하던 릴리언이 뭔가를 더 설명하려고 입을 열었다.

"내가 원한 것들은 다 이뤘어요. 내 인생이 마음에 들어요. 불만도 전혀 없고요. 하지만…"

릴리언은 말을 멈추고 불만의 본질이 무엇인지 생각해내려는 듯 은은하고 섬세한 그녀의 목걸이를 만지작거리며 방 안을 두리번거렸다.

릴리언이 이윽고 말을 이었다.

"난 아무에게도 쓸모가 없어요. 내 인생이 아무 의미가 없는 것 같아요."

그 말을 하는 릴리언은 목소리가 떨리고 눈물이 뺨을 타고 흘러내렸다.

"아들들은 이제 독립해서 함께 살지 않아요. 남편은 직장이 있어요. 게다가 내가 협회에서 아이들을 위해 하는 일들이 별로 소용이 없는 것 같아요. 이 아이들의 문제는 사라지지 않으니까요. 내가 뭘 하든 헛수고라는 생각이 들어 우울하기만 해요. 내가 살아야 하는 이유가 뭘까요? 내가 할 일은 다 했으니 이제는 살아야 할 이유가 없어요."

불안감이 고조되자 릴리언은 연거푸 목걸이를 잡아당겼다.

"이제 뭘 할지 모르겠어요. 더는 할 일이 없는 것 같아요. 어쩌면 난 끝난 게 아닐까요."

모든 것을 가진 삶인 듯해도 생기를 잃게 되면 아무것도 없는 삶이나 마찬가지다. 생기를 잃은 삶은 공허하고 무기력하다. 엄밀히 말해 우울증 환자는 아니지만 살아 있다고 말할 수도 없다. 릴리언이 말했듯이 뭔가 '잘못된' 것처럼 느껴진다.

이 책에서 나는 삶을 긍정하고 앞으로 나아가기까지 극적인 변화를 겪은 사람들의 특별한 이야기를 여럿 소개한다. 하지만 릴리언의 이야기가 언제나 내 마음을 울린다. 왜일까? 릴리언의 삶처럼 사람들의 인생은 대부분 극적이지 않고 평범하기 때문이다. 인생은 특별한 사건을 겪기보다는 하루하루 매순간 자신을 둘러싼 세상 속에서 열심히 일상을 일구어가는 경우가 더 일반적이다. 이런 릴리언 같은 사람들이 흔히 삶에서 엄청나게 중요한 변화를 겪곤 한다.

나는 릴리언을 꼭 껴안아주며 말없이 그녀의 용기를 칭찬했다. 의대에서 포옹하는 법을 배운 적은 없지만, 아마 요즘은 그러지 말라고 가르칠 가능성이 크지만, 어쨌거나 나는 지금도 환자들을 안아준다.

그런 다음 나는 릴리언에게 무슨 일이 일어났는지 내가 아는 대로 설명했다.

"릴리언, 당신은 소중한 존재예요. 단지 그 사실을 잊고 있을 뿐이죠. 당신은 당신 자신보다 더 큰 뭔가의 일부예요. 아들들의 인생, 남편의 인생, 친구들의 인생에서 당신은 중요한 자리를 차지하고 있어요. 당신은 거대한 인생 자체의 일부예요. 당신은 끝난 게 아닙니다. 당신의 삶은 끝나지 않았어요. 그 인생은 지금 이 순간 여기에서 당신이 함께하기를 바라며 기다리고 있어요."

나는 릴리언이라는 사람과 릴리언의 인생, 이 2가지가 내 마음의 눈에 어떻게 보이는지 이야기했다. 각각을 원으로 그렸을 때 이 두 원은 따로 분리되어 있었다. 릴리언과 그녀의 인생은 별개였다. 이렇게 단절되어 있다면 릴리언이 어떻게 삶에서 생기를 얻고, 또 어떻게 그 대가로 세상에 일조할 수 있겠는가?

우리 두 사람은 지역 사회에서 릴리언이 맡은 역할이 무엇인지 더 깊이 이야기를 나누었고, 릴리언은 조금 기분이 나아진 듯 보였다. 릴리언은 내가 한 이야기를 머리로는 이해한 듯했지만 몸으로는 여전히 따라잡지 못한 상태였다.

며칠 뒤 릴리언은 크게 다쳤다. 테라스에서 내려오다 발목이 삐끗하는 바람에 넘어져 오른쪽 고관절에 골절상을 입었다.

낙상 소식을 들은 나는 입원해 있는 릴리언에게 병문안을 갔다. 사고가 일어난 지 2주가 지난 시점이었지만 릴리언은 몹시 침울해했다. 나를 보고 얼굴이 밝아졌다가 이내 다시 우울해졌다.

나는 릴리언을 한참 동안 꼭 껴안아주고 나서 물었다.

"릴리언, 여기서는 어떻게 시간을 보내나요?"

릴리언이 대답했다.

"아무것도 하지 않아요. 아니 아무것도 할 수 없어요. 침대에 꼼짝없이 누워 있어야 하거든요."

"팔은 정상이군요. 머리도 잘 돌아가고요. 뭐든 할 수 있겠어요. 이렇게 아무것도 안 하고 지내면 생기를 다 잃어버릴 테니 뭐라도 해야 해요."

릴리언은 나를 이상하다는 듯 쳐다보며 물었다.

"병실에서 내가 뭘 할 수 있겠어요?"

내가 물었다.

"아동협회 기금 마련 행사는 누가 기획하나요?"

릴리언은 자신이 없는 동안 협회에서 다른 직원에게 일을 맡겼지만 처리할 업무가 너무 많아 모금 행사 일은 전혀 진척이 없다고 했다. 그 직원에게 전화를 걸어 일부 업무라도 다시 찾아와서 처리하면 어떻겠냐고 나는 릴리언에게 조언했다.

"당신 생명력을 되찾아야 해요. 그러려면 바쁘게 사는 게 좋아요. 이렇게 의기소침하게 지내다가는 고관절 회복 속도도 더 더뎌져요."

릴리언은 내 말을 마음에 새겼다. 릴리언은 병실 침대에서 기금 마련 행사를 기획하기 시작했다. 행사장을 장식할 물품을 고르고, 강연자의 일정을 조율하고, 음식 메뉴를 결정하면서 릴리언은 차츰 활기를 되찾았다. 두 달 후 나는 릴리언이 기획한 모금 행사에 참석했다. 지금껏 참석한 행사 중에서도 특히 기억에 남는 아름다운 행사였다. 릴리언은 모금한 돈으로 불우 아동을 돕는 방과 후 프로그램을 새로 마련했다.

릴리언과 제임스는 올해 102번째 내 생일 파티에 참석했다. 이들이 내 생일을 축하해주니 더할 나위 없이 기뻤고, 나 역시 생기 넘치는 삶을 창조해낸 두 사람을 축하했다. 릴리언은 전과 다름없이 매년 열리는 아동협회 기금 마련 행사를 책임지고 있다. 수십 년 전 자신의 꿈을 찾으려고 고원에 올랐던 제임스는 성공한 뮤지션으로 활동하고 있을 뿐 아니라 아메리카 원주민 사회에서 인정받고 있으며 비전 퀘스트 의식으로 다른 사람들이 꿈을 찾도록 돕는다.

두 사람이 충만한 삶을 사는 모습을 지켜보면서 자신의 생기를 찾는 일이 자신이 이 세상에 태어난 이유를 찾는 과정과 이어져 있다는 사실을 깨달았다. 우리 중에는 영적인 가치를 추구하는 사람도 있고, 종교인도 있고, 우주의 무작위성을 믿는 사람도 있다. 하지만 우주 창조가 이루어진 '방식'을 어떻게 이해하든 그와 별개로 생기는 우리가 세상에 태어난 '이유'가 무엇인지 말해준다. 생기란 우리가 삶(생명)을 향해 손을 뻗어 거기에 닿았을 때 우리에게 즉각 나타나는 결과다.

생기를 찾아 나서는 일을 시작하는 것이 중요하다. 일단 찾게 되면 한 번 흐르기 시작한 생기는 계속해서 흐르게 된다. 그리하여 더 원대한 삶의 목적과 연결될 때까지 확장된다.

생기로 넘치는 삶은 목적의식이 충만한 인생으로 바뀐다. 목적의식은 정신 건강은 물론 신체 건강에도 깊은 영향을 미친다. 미시간대학교에서 진행하는 대규모 프로젝트인 건강 은퇴 연구Health and Retirement Study에서 실시한 50대 이상 성인의 사망률 분석에 따르면 뚜렷한 목적의식과 사망률 감소 사이에 연관성이 있는 것으로 드러났다.[1] 목적의식은 심혈관질환 발생 위험을 줄이고,[2] 알츠하이머의 병증이 악화하는 것을 방지한다.[3] 또 자원봉사 활동은 사망 위험 감소는 물론 행복감 향상과 연관성이 있다는 연구 결과도 있다.[4] 이는 목적의식을 지닌 삶이 더 오래, 더 건강하게 사는 데 실제로 긍정적인 영향을 준다는 것을 의미한다.

목적의식이 우리 삶에 제공하는 기쁨은 우리를 둘러싼 세상으로 퍼져나간다. 전인의학에서는 건강한 몸이 건강한 영혼과 상호 연결되어 있으며, 나아가 건강한 영혼은 건강한 세상과 상호 연결되어 있다고 본다. 영혼과 마음을 건강하게 돌볼 때 세상도 건강해진다. 우리는 모두 서로 연결되어 있고 서로 잘 통하고 서로 잘 어울리기 때문이다.

‡

Chapter 3

당신은
이 세상에 단 하나뿐인
퍼즐 조각이다

어머니는 세 집 건너 살던 김블 할머니Mrs. Gimble가 아니었다면 의대에 진학하지 않았을지도 모른다. 이 괴팍한 할머니는 심하게 다리를 절며 걸었고 늘 허리가 아팠는데 의사들이 고치지도 못한다고 쉬지 않고 불평을 쏟았다. 1910년 어느 날 어머니는 현관에 있다가 김블 할머니가 미소 띤 얼굴로 멀쩡하게 걸어 내려오는 것을 보았다.

똑같은 사람인지 도저히 믿기지 않을 정도였다.

김블 할머니의 걸음걸이며 자세가 그토록 달라진 이유는 무엇이었을까?

김블 할머니는 정골 의사에게 치료를 받았노라고 어머니에게 설명했다. 그 의사는 할머니 몸을 식탁 위의 프레첼 과자처럼 비틀었는데 그러고 나자 통증이 완전히 사라졌다는 것이다. 김블 할머니 말에 따르면 앤드루 스틸 박사Dr. Andrew Still는 정골의학을 창시하고 의과대학을 설립했으며 여자들이 입학하는 것도 허용할 정도로 진보주의자였다.

어머니는 정골 의사라는 말을 들어본 적이 없었지만 괴팍한 사람에게 미소를 되찾아주는 일이라면 자신도 해보고 싶다는 생각이 들었다. 어머니는 스틸 박사 밑에서 의학을 배울 수 있다는 생각에 가슴이 뛰었다. 그때부터 어머니는 의대에 지원하려면 어떻게 해야 하는지 알아보기 시작했다.

그해에 어머니는 미국에서 최초로 생긴 남녀 공학 의대에 입학했다. 어머니는 거기서 아버지를 만났고 1913년 졸업한 이후로 고통에 시달리는 사람들을 치료하는 일에 평생 헌신했다. 부모님은 인도의 루르키Rourkee에 여성 병원을 개원하고 수많은 환자를 치료했다. 매년 겨울이면 야외에 의료 캠프를 세우고 환자들을 치료했고, 대공황 시기에는 미국 캔자스주의 작은 마을에서 지내며 환자들을 돌봤다. 부모님은 대체로 환자들에게 치료비를 조금만 받거나 아니면 한 푼도 받지 않았다. 수많은 환자에게 어머니는 태어나서 처음 만난 여성 의사로서 단순한 의사가 아니라 영감을 주는 분이었다.

김블 할머니는 어머니가 삶의 목적을 찾도록 도움을 주어 어머니를 변화시켰고, 어머니는 치료 활동을 하며 인도 등지에서 수많은 사람의 삶을 바꿔놓았다. 생기는 이런 방식으로 사람들의 삶을 바꾼다. 삶의 목적을 발견하도록 개인을 이끌 뿐 아니라 개인과 개인을 연결해 공동의 목적 아래 우리를 하나로 묶는다.

여기서 공동의 목적이란 우리 모두가 '똑같은' 목적을 갖는다는 의미가 아니다. 우리가 생기를 찾으면 주변 사람들과 공동체로 이 열정과 생명력이 퍼져나가 더 큰 목적의식을 형성하게 된다는 뜻이다. 각각의 영혼은 거대한 그림 퍼즐에서 하나의 조각과 같다. 거대한 목적 안에서 우리는 하나로 결합하며 혼자일 때보다 훨씬 크고 아름다운 결과를 창출한다.

나는 개개인을 퍼즐 조각으로 비유하기를 좋아한다. 퍼즐 조각은 각각 고유한 특성을 유지하기 때문이다. '나' 아닌 다른 모습으로 바뀔 필요 없이 자신의 본래 모습 그대로 어우러져 하나의 퍼즐을 완성할 수 있기 때문이다. 다른 사람의 조각이 어떻든 그 모양이 이러니저러니 재단할 일이 없다. 마찬가지로 다른 사람과 똑같아지려고 애쓸 일도 없고 남들이 자신의 모양을 이러쿵저러쿵 재단할까 염려할 일도 없다. 각 개인이 자신의 영혼과 어울리는 삶을 사는 일도, 또 이렇게 살 수 있도록 다른 사람들을 돕는 일도 각자에게 달렸다. 그림 퍼즐이라는 관점에서 보면 한 사람 한 사람 모두가 없어서는 안 되는 존재임을 이해하기 쉽다. 그림 퍼즐을 거의 다 맞추었는데 조각 하나를 못 찾은 경험이 있는가? 절체절명의 고비가 아닌가!

우리 각자가 퍼즐 조각이라고 할 때 전체 그림 안에서 제자리를 찾지 못한다면 자신의 생김새가 고르지 못하거나 잘못된 것 같은 느낌을 받는다. '나'는 어째서 이렇게 생겨 먹었는지 고민하기도 하고, 다른 사람과 자신을 비교하거나 남들만큼 아름답지 않다고 느낄지도 모른다. 전체 그림 안에서 자기 자리를 보지 못할 때 우리는 무기력하고 의기소침해지고 소외감을 느낀다. 왜소하고 하찮은 존재로 느껴질 때 우리는 자신의 삶을 제어할 힘이 사라지고 살아갈 이유가 없는 것처럼 여긴다.

전체 그림 안에서 자기에게 딱 맞는 자리를 찾을 때 우리는 삶이라는 퍼즐을 맞춘 기분이 든다. 이때 우리는 자신을 둘러싼 세상과 생기를 나누고, 공동체 안에서 우리의 생기가 막힘 없이 흐르면 내면에서 더 많은 생기가 솟는다.

사람들은 각자 자신의 퍼즐 조각이 어떤 모양인지 발견하는 데 평생을 보낸다.

내가 어머니의 대를 이어 의대에 진학했을 때 여성을 동등하게 인정하는 대학은 손에 꼽을 정도로 적었다. 나는 필라델피아에 있는 펜실베이니아여자의과대학에 입학했다. 이 학교는 입학생들에게 졸업 후 살아남으려면 더 똑똑하고, 더 강인하고, 더 뛰어난 의사가 되어야 한다고 강조했다. 나는 1939년, 그러니까 2차 세계대전이 일어난 해에 학교생활을 시작했다.

나는 사람들을 사랑하고 치유하고 싶어서 의대에 들어갔다. 하지만 나라 전체가 전쟁에 관심이 쏠려서인지 의학계에도 전쟁의 살기가 느껴지는 듯했다. 아니 어쩌면 항상 그래왔는데 내가 알아차리지 못했던 것인지도 모른다. 나는 부모님이 걸었던 길을 따랐으며 신체 건강만이 아니라 전체 생태계 관점에서 몸을 돌보는 일이 중요하다고 여겼다. 그래서 질병을 제거하는 일보다 질병이 발생하는 원인에 더 큰 흥미를 느꼈다. 이 생각은 의대에서 가르치는 제도권 의학과 상충했다. 나는 해부학과 생물학을 비롯해 실험과 관찰에 기반한 자연과학을 신봉하면서도 의대에서 배우는 진단과 치료에 대한 접근법을 수용하는 데 어려움을 겪었다.

더욱이 나는 강의 시간에 산만한 정신을 가라앉히려고 뜨개질을 하며 수업을 듣곤 했던 터라 엄격한 메리언 페이Marion Fay 학장 눈 밖에 나고 말았다. 학장은 초등학교 1학년 때 선생님처럼 나를 문제아로 취급했고 그 사실을 숨기지 않았다.

하루는 페이 학장이 나를 호출했다. 전에도 학장실에 불려가 잔소리를 듣거나 무시당한 적이 많았다. 학장은 꼿꼿한 자세로 앉아 있었고 빳빳한 흰색 블라우스 위로 걸친 안경걸이에는 안경이 걸려 있었다. 자상함은 눈 씻고 찾아볼 수가 없었다. 학장이 말했다.

"테일러 양, 내가 의뢰서를 써줄 테니 정신과 의사를 만나봐요."

"정신과 의사요?"

나는 어이가 없어 웃음이 터져 나오고 말았다.

"나는 학생이 지극히 정상이라고 확신할 수가 없어요."

학장은 '지극히 정상'이라는 말을 언급할 때 연필로 자신의 관자놀이를 툭툭 치며 말을 이어갔다.

"학생은 의학의 본질을 이해하지 못하는 것으로 보여요. 강의 중에도 뜨개질만 하잖아요. 아무래도 학생은 의사가 될 소질이 없지 싶어요. 내 말이 맞는지 그른지 정신과 의사가 진단할 겁니다."

"학장님, 외람된 생각입니다만 학생이 주도적으로 학습해야 마땅한 것 아닌가요?"

나는 학장에게 되물었다.

"배움의 과정이 끝나면 크든 작든 병원에 배치될 사람은 저희입니다. 이론의 바탕에 있는 개념이 무엇인지 이해하는 것이 중요하다고 생각해요. 하지만 여기서는 온통 제거하고 죽여 없애는 이야기만 할 뿐이고, 사랑이 치유력을 발휘한다는 이야기는 하지 않아요."

"내가 염려하는 지점이 바로 학생이 지닌 그런 관념이에요."

총장은 연필을 단단히 쥐며 말했다.

"의학에서는 질병을 제거하는 것이 핵심입니다. 질병이 사람을 죽이기 때문이죠. 사람을 살리는 것이 우리 일이에요. 사랑과 치유라니 그게 무슨 말이죠? 간호사라면 모를까, 테일러 양은 의사가 되기에는 너무 물러요. 의사가 되려면 강해져야 해요. 이런 식이라면 전공의 과정을 통과할 리가 없어요."

하고 싶은 말이 목 끝까지 치밀어 올랐지만 나는 꾹 참고 한마디만 건넸다.

"감사합니다."

그런 후에 그 끔찍한 진료 의견서를 손에 들고 서둘러 학장실을 빠져나왔다.

학장이 말한 정신과 의사를 찾아갔더니 의사는 내가 멀쩡하다고 진단했다. 그러나 이때의 경험은 나를 뿌리째 흔들어놓았다. 기존 의학계는 결코 나를 있는 그대로 받아들이지 못하리라는 사실을 깨달았다. 돌이켜보면 내가 믿는 방식을 실천해 의학 분야에 발자취를 남겨야겠다는 목적의식을 새긴 것이 바로 그때였다.

당시 의학계의 가르침대로만 4년을 보냈다면 나는 생기를 잃고 의기소침해졌을 것이다. 하지만 나는 의대를 졸업해야 한다는 목표에 집중했다. 목표를 달성하려면 일단은 질병을 죽여 없애는 일에 집중해야겠지만, 의사가 되고 나면 사랑과 치료에 집중할 수 있을 것이었다. 이 목표는 내게 생기를 주었다. 이 목표 못지않게 내게 힘을 준 것은 남자친구인 빌 맥게리Bill McGarey와 주고받는 편지였다. 빌은 당시 신시내티에 있는 의대에 다녔다.

나는 학업에 매진했고 졸업해 어엿한 의사면허증을 얻었다. 의료계의 일원으로서 일할 자격을 얻은 것이다. 나는 1943년 빌과 결혼했고 졸업 후 함께 전공의 과정을 거쳤다.

사람을 치유하는 일이 무엇인지 해가 지날수록 나는 깊이 이해하게 되었으며 윤회 사상을 믿게 되었다. 이는 내가 어려서 배운 기독교 신학과 정면으로 배치하는 개념이었다. 내 곁에 있는 빌과 함께 나는 여태껏 주입받은 신념의 경계를 하나둘 넘어서기 시작했다. 알고 보니 인간의 의식이 무엇이고 어디서 생기는지 과학계에는 아직 일치된 견해가 없었다. 이 덕분에 나는 인간의 정신이 생사를 되풀이하며 배움을 지속한다는 개념을 어렵지 않게 받아들였다.

의료인들 사이에서 인간의 정신과 영혼까지 고려하는 새로운 운동이 일어났고, 빌과 나는 그 중심에 서게 되었다. 오늘날 의사이자 엄마로서 할머니로서 또 한 인간으로서 내가 하는 일은 대부분 윤회 사상에 기반한다. 우리 모두에게는 이 세상에 존재하는 목적이 있으며 우리 영혼이 여러 생을 거치며 다른 영혼과 교류할 때 각자의 목적이 서로 연결된다고 나는 믿고 있으며 윤회 사상으로 이 믿음은 더욱 확고해졌다.

이 세상에서 내게 딱 맞는 자리를 찾는 일도 덕분에 수월했다. 오랜 시간이 지나면서 나 자신이 어떤 모양의 퍼즐 조각인지 더 명확히 이해하게 되었고 나를 생기로 넘치게 하는 일에 더욱 헌신하게 되었다. 나는 이 세상에 태어난 이유를 분명히 이해하게 되었다. 내게는 의사이자 엄마로서 맡은 역할이 있었다. 아울러 몸뿐 아니라 '영혼' 차원에서 사람을 치유하는 일이 무엇인지 전인적 관점에서 의학을 다시 부흥시킬 역할도 부여받았음을 깨달았다. 나는 부모님이 강조한 의학을 더 깊이 이해하게 되었고 이에 따라 질병 제거에 치중하는 기존 의학계에 동의하지 않는 내 신념은 확고해졌다.

우리가 살면서 겪는 건강 문제는 다른 문제 못지않게 영혼의 여정에서 중요한 역할을 담당한다는 사실을 나는 깨달았다. 따라서 우리는 질병이나 고통을 제거하는 데 그칠 것이 아니라 이를 계기로 배우고 성장하는 것을 목표로 삼아야 한다.

영성과 의학의 교차점을 탐구하는 것이 내가 맡은 중요한 역할이다. 그런데 자신이 맡은 역할이 무엇인지 모르거나, 새로운 역할을 맡게 되었음에도 그 소명을 어떻게 따라가야 하는지 모른다면 어떻게 해야 할까? 또는 다양한 분야에서 너무 많은 역할에 소명감을 느낀다면 어떻게 해야 할까?

‡

Chapter 4

무슨 일에 내 생기를
쏟아야 할까

얼마 전 앤이라는 젊은 여성을 만났다. 앤은 1년이 채 안 되는 기간에 기관지염을 세 차례나 심하게 앓는 중이었다. 연신 기침을 하며 진료실로 들어오는 앤을 보니 무척 괴로워 보였다. 나는 먼저 앤의 생활양식을 점검했다. 담배를 피우는지, 공기가 나쁜 곳에서 일하는지 물었다. 앤은 그렇지 않다고 대답했다. 이어서 병력을 점검했다. 알레르기가 있는지, 호흡기질환을 앓은 적이 있는지 물었다.

앤은 쉰 목소리로 대답했다.

"아뇨. 없어요."

"목을 많이 사용하나요?"

"상황에 따라 달라요."

앤은 웃으면서 대답했고, 웃음은 곧 기침으로 바뀌었다. 앤은 기침이 잠잠해지자 농담을 건넸다.

"하루 24시간이면 너무 많은가요?"

앤은 자신이 하는 영화 제작 일을 참 좋아하지만 워낙 회의가 많아 수요일쯤에는 목소리가 쉰다고 설명했다. 퇴근하면 앤은 곧장 요가 학원으로 가서 또 다른 업무에 열정을 쏟았다. 앤은 일주일에 나흘은 저녁 시간에 요가 강사로 일했다.

앤이 하는 이야기를 들어보면 2가지 일 모두 신나게 하는 것이 분명했다. 하지만 일하는 시간을 줄여야 한다는 사실을 모르지 않았다. 솔직히 말해 요가를 가르치는 일은 애정이 다소 식었지만 그동안 쏟은 시간과 에너지를 생각할 때 여기서 접는다면 실패한 기분이 들 것이라고 앤은 말했다. 요가 강사 일을 그만두면 자신의 정체성을 잃을 것 같아 앤은 두렵기까지 했다. 하지만 과거와 똑같이 요가 수업을 진행하는 것은 몸을 혹사하는 일정이라 건강을 챙기기가 그만큼 어렵다는 사실도 수긍했다.

대화를 마친 후 앤은 요가 강습을 일주일에 1회만 하기로 일정을 조정했다. 앤은 이후에도 저녁 시간에는 대체로 요가 학원에서 시간을 보냈는데 강사로서가 아니라 학생으로서 요가를 배우기 위해서였다. 한 달 뒤 다시 나를 찾은 앤을 보니 몸이 좋아진 게 한눈에 보였다. 목소리는 맑았고 기침도 별로 하지 않았다. 청진기로 폐에서 나는 소리를 들어보니 과연 증세가 호전된 것으로 보였다.

"일정을 조정하니까 어떻던가요?"

"재밌어요. 요가 강습을 열심히 할 때를 그리워할 줄 알았는데 학생 신분으로 수업 듣는 게 훨씬 편해요. 밤늦은 시간대 수업을 듣고 있는데 내가 가르쳤던 초저녁 수업보다 동작을 더 천천히 하고 강도가 약해서 좋아요. 일정을 바꾸니 저녁을 해 먹고 소화할 시간도 생기네요. 예전에는 저녁 늦게 밥을 먹고 배가 부른 상태에서 잠자리에 들었거든요."

앤은 기침도 덜하고 숨쉬기도 훨씬 편해졌다고 했다.

"영적 수련이 퇴보한 것 같아서 기분이 조금 이상한 것만 빼고요."

나는 어리둥절했다.

"어째서 현재 상태가 영적 수련에서 퇴보했다고 생각하죠?"

"전에는 잘 나가는 요가 강사였고 지금은 그저 학생 신분이잖아요."

나는 빙긋이 미소를 지었다. 그렇게 말하는 앤은 사랑스러웠지만, 그 대답은 완전히 틀렸다. 나는 이렇게 설명했다.

"앤, 당신은 비로소 자신의 가르침대로 살고 있어요. 우리 내면에서 일어나는 일을 이해하는 데 도움이 되는 것은 학위나 직함이 아니에요. 직업이 영적 수준을 결정하지도 않지요."

앤은 가만히 웃으며 내 말을 인정했다.

"내가 손에 꼽을 정도로 똑똑한 사람들이 있는데 직업이 이발사나 주방 노동자예요."

이 말을 할 때 나는 글을 읽지도 쓰지도 못하던 유모 아야를 떠올렸다.

"마음이 바라는 일이라도 지나치게 무리했기 때문에 당신 몸이 그 사실을 알려준 거예요. 그 신호에 감사해야죠. 몸이 아픈 이유는 당신이 살필 곳이 있음을 보여주기 위해서예요."

"이제 알겠어요."

앤이 생각을 정리하며 천천히 말을 이었다.

"남들 눈에는 활동이 주춤해졌다고 보일 테지만 다 잘하려고 애쓸 필요 없으니 지금이 훨씬 좋아요."

앤은 이후로 꾸준히 몸이 좋아졌다. 너무 많은 것을 하려던 욕심을 내려놓으면서 건강과 행복을 되찾았다.

바쁜 것이 미덕인 현대 사회에서는 자신만의 올바른 길을 찾기가 쉽지 않다. 하는 일마다 성공하기를 꿈꾸고 세상이 정한 기준에 따라 자신의 성공 여부를 판단한다. 남들이 보는 업무 실력이라든지 그 일로 얻는 돈이나 특권에 따라 성공을 판단한다. 사실 행복이란 그런 것들보다 자기 자신이 어떻게 느끼는지가 훨씬 중요하다. 남들이 하는 것을 좇아가려 하고, '의무감'에서 일을 하고, 자기에게 맞지 않는 옷을 억지로 입을 때 우리는 고통받는다.

부모 역할을 하면서 이 교훈을 어렵게 배우는 이들이 많다. 부모 역할을 좋아하는 사람이 있는가 하면 부모 역할을 하면서 에너지가 고갈되는 사람도 있다.

내게는 부모 역할이 생기를 얻는 원천이었다. 아이를 6명 낳는 것은 내 오랜 꿈이었고 빌과 연애할 때부터 우리는 이 자녀 계획에 서로 합의했다. 여성이 집 밖에서 일하는 것이 일반적이지 않던 시대에 나는 의사로 돈을 벌었다. 2차 세계대전 당시 미국에서 일하는 여성을 대표하는 아이콘으로 리벳공 로지Rosie the Riveter가 등장했을 때 나는 의대에서 한창 수련 중이었다. 나는 의사로 일하면서 4년 동안 네 아이를 낳았기에 가족 계획에 관한 질문을 자주 받았다. 언젠가 한 여성 환자는 내게 불만이 있었는지 이렇게 쏘아붙였다.

"당신 정도 되면 누구보다 피임하는 법을 잘 알 텐데요."

그 환자는 자신을 치료하는 의사가 여자라는 사실에 적잖이 실망했고, 이 편견 때문에 나에게 제대로 치료를 받지 못할까봐 염려했다. 그때 나는 지역에서 몇 안 되는 일반의로 일하면서 곡예를 하듯 아이들을 키우고 있었다. 나는 그 여성의 말을 듣고 충격을 받았다. 순전히 내 선택으로 네 아이를 낳았고 앞으로 두 아이를 더 기쁜 마음으로 낳을 계획이라는 사실을 그 여성은 상상도 하지 못했을 것이다. 나는 의사이자 엄마였고, 동네에서 항상 친절한 보모를 구할 수 있었다. 나보다 윗세대 여성 중에는 자식들이 성장해서 집을 떠나고 나면 대체로 생기를 잃은 이들이 많았기에 나는 이들을 고용해 내가 일하는 동안 아이들을 돌보게 했다.

내게 생기를 주는 두 역할은 항상 나를 잡아당기며 주도권 다툼을 하는 듯했다. 직장에 있을 때는 집에 무슨 일이 있는지 걱정했고, 집에 있을 때는 환자들을 걱정했다.

많은 이들이 비슷한 고민을 한다. 삶에 흥미를 느끼고 적극적으로 참여하다보면 여러 관심사에 이끌려 각기 다른 방향에서 자신을 끌어당기는 느낌을 종종 받는다. 어떤 일에 열정을 품는다는 것은 자신의 시간과 주의력과 생명력을 쏟아붓는 일이므로 이때 우리는 갈등을 겪게 된다. 어디에 내 생기를 쏟아 넣어야 하는가? 결단을 내려 하나만 선택해야 할 것 같지만 인간은 복잡한 존재고 그 복잡성을 수용하는 편이 좋다. 지금까지 내 경험으로 보면 가장 행복한 사람은 다양한 관심사를 채우며 사는 사람이다.

아들 존John은 목사지만 첨단 기술에 관심이 많아서 내 영상 통화와 인터뷰는 물론 교회에서 쓰는 각종 시청각 장비 설치를 도맡아 한다. 이름이 같은 내 동기인 존은 목사이자 사냥꾼이자 치과 의사였는데 미국에서 은퇴한 뒤 인도로 돌아가 사람들의 치아를 뽑고 농양을 치료했다. 한 친구는 전업 작가인데 말을 기르며 교감을 나누고, 채소를 재배하고, 성가대에서 노래한다. 이들은 모두 자신의 관심사 가운데 하나로 충분한 소득을 창출하고 다른 관심사도 돌보며 만족스럽고 균형 잡힌 삶을 누렸다.

내게는 엄마와 의사 두 역할이 서로 보완하는 관계였다. 과거에는 양육비가 제법 들기는 해도 지금처럼 큰돈이 들지는 않았다. 많은 이들은 그때 내가 일하는 여성으로서 엄마 역할을 제대로 하지 못할 것이라 여겼고, 또 병원에서는 남성 의사들, 심지어 여성 간호사들까지 내가 자녀가 많아 의사 역할을 제대로 하지 못할 것이라 여기는 듯했다. 나는 그런 시선에 개의치 않고 내가 생각하기에 옳은 일을 계속 해나갔으며 직장과 가정생활에서 똑같이 생기를 얻었다. 집에 돌아와 아이들의

나이 들수록 행복해지는 인생의 태도에 관하여

다정한 미소를 보면 생기가 샘솟아 다음 날 아침 병원으로 출근할 힘이 생겼고, 환자들과 교류하면 새로운 생기를 얻어 내가 지닌 모든 것을 아이들에게 주고 싶은 마음이 솟았다. 나중에는 강연과 집필 그리고 새로운 시각을 제시하는 일까지 내가 하는 역할이 더 늘어났지만, 그럴수록 생기가 고갈되기보다 더 많이 샘솟는 것 같았다.

육아와 마찬가지로 '돈벌이'와 상관없는 정원 가꾸기나 스포츠, 야외 활동, 예술, 사회 운동 등 다양한 활동에서 생기를 얻을 수 있다. 내가 젊었을 때는 사람들이 취미가 많았다. 요즘에는 오락entertainment이라고 하면 이를 제공하는 산업이 따로 있지만, 예전에는 대체로 집 밖에서 즐기는 특별한 행사를 가리켰고 사람들은 스스로 즐길 방법을 찾아냈다. 우리 세대에는 재료를 하나하나 준비해 요리하고, 주택이나 자동차를 직접 정비하고, 정원을 가꾸고, 소설을 썼다. 노래를 부르고, 악기를 연주하고, 뜨개질이나 십자수를 하거나 그림을 그리며 솜씨를 발휘했다. 새로운 것을 창조할 때 우리는 내면의 생명력과 만난다. 이런 일들을 즐기면서 하면 실력이 좋고 나쁘고는 별로 중요하지 않았다.

수십 년이 흐른 요즘 사람들은 이런 취미 활동에 관심이 점점 사그라드는 것 같다. 각종 오락 산업과 첨단 기기에 쉽게 접근할 수 있어서인지 다양하게 취미를 배우고 발전시키는 일이 어려워졌다. 바쁜 현대인이 느끼는 압박감을 생각할 때 큰돈이 된다든지 사람들이 흔히 겪는 문제를 해결하는 활동이 아닌 이상 아무런 가치를 찾지 못할 때가 많다. 별 소득 없이 어떤 일을 한다는 것 자체를 이해하지 못하는 사람이 많다. 코로나 팬데믹 시기에 여러 취미 활동에 관심 두는 젊은 세대에게서 나는 다시 희망을 보았다.

젊은 사람들, 내 기준으로는 99세 이하면 모두 젊은 사람이지만, 특히 10대와 20대 젊은이에게는 스트레스를 풀 수 있는 취미 활동이 필요하다. 요즘 사람들은 전 세계에서 발생하는 온갖 위기에 실시간으로 노출되고 있기 때문이다. 사회 불균형과 불공정 문제, 인간이 지구에서 살아가는 방식이 초래한 환경 문제과 임박한 위험까지 우리는 그 어느 때보다 심각한 위기를 느끼고 있다. 이 위기감은 한편으로는 우리에게 매우 유용한 정보지만 이 정보를 사용하지 않는다면 아무 쓸모 없다. 이 위기감에 얼어붙어버리거나 자신에게 즐거움을 주는 활동을 배우고 발전시키지 않는다면 우리는 생명력을 잃게 되고, 세상에 도움이 되는 사람으로 살아갈 가능성도 줄어든다.

사람은 여러 관심사를 즐기며 생기를 얻을 때 삶다운 삶을 살아갈 수 있다. 퍼즐 조각은 어느 한 면만 맞으면 되는 것이 아니라 나머지 면까지 모두 맞물려야 맞춰진다. 그 모양은 사람마다 다를 것이다. 이번 장 첫머리에서 소개한 앤의 사례에서 알 수 있듯이, 자신이 좋아하는 일을 내려놓으면 때로 정체성이 흔들릴 수 있지만 그렇게 하는 것만이 균형을 찾는 길일 때도 있다. 배우고 성장하면 알게 되는 사실이지만 우리가 생기 넘치는 삶을 살아가는 일은 학위나 직함 따위가 아니라 일상의 삶에서 참여하는 여러 활동에 달렸다.

앤도 그랬지만 생기를 얻는 원천은 세월이 지나면 바뀌기도 한다. 이런 경험은 특이한 것이 아니다. 어떤 일을 한동안 즐기다가 다른 일에 관심을 빼앗기고 그 일에 매진할 때도 많다. 삶은 직선으로만 가지 않고 방향을 틀기도 하며, 나이가 들면 신체 능력도 변하고 관심사도 바뀐다.

목적의식에 따라 자기답게 살아가는 사람은 생기를 얻는 원천도 진화한다. 때로는 자신을 생기 넘치게 하는 일을 찾으려고 고군분투하는 과정에서 기존과는 전혀 다른 분야로 이끌리기도 한다. 예컨대 한 전기 기술자는 장애를 얻어 일찍 은퇴하게 되었을 때 정원을 가꾸는 일에서 생기를 되찾았다. 한 영화 제작자는 코로나가 유행하던 초기에 영화 제작을 하지 못하게 되자 지역 복지관에서 자원봉사에 전념했다. 당시에는 이들 모두 자신에게 재앙이 닥쳤다고 생각했다. 하지만 나중에 돌이켜보니 삶 자체가 자신들을 이끌어 생기를 얻을 새로운 원천으로 인도했고, 이들은 새로 시작한 두 번째 활동 덕분에 활력을 되찾았다.

이들이 자기다운 삶을 다시 찾은 것은 자신을 생기 넘치게 하는 일을 하기로 했기 때문이다. 다시 말해 내면의 목소리 또는 내면의 욕구를 따르기로 결단했기 때문이다.

Chapter 5

‡

간절한 바람이
살아갈 힘을 준다

생기 넘치는 삶을 살려면 자신이 원하는 것이 무엇인지 이름을 붙일 수 있어야 한다. 하지만 사람들은 삶을 향해 나아가는 첫발을 내딛을 때 자신이 무엇을 원하는지 분명히 밝히는 일은 고사하고 그것이 무엇인지 '아는' 일조차 겁내곤 한다.

자신이 너무 많은 것을 원하는 게 아닌지 겁내기도 하고, 아무것도 바라서는 안 된다고 여기기도 한다. 자신이 진짜로 무엇을 원하는지 판단하지 못하기도 하고, 설령 무엇을 원하는지 알아도 그것이 어리석은 목표 또는 이루지 못할 목표라고 치부하기도 한다. 너무 상처받고 혼란스러워서 아무것도 원하는 것이 없다고 자신을 설득하기도 한다.

당신이 방금 내가 든 사례에 해당한다면 잠시 눈을 감아보자. 그리고 내면의 욕구를 자신에게 허락하자. 자기 자신과 자신의 인생에서 바라는 게 있다면 무엇이든 간절히 빌어보자. 겁이 나서 누군가에게 차마 하지 못한 말, 자신이 결코 손에 넣지 못하리라 생각한 직업, 되찾고 싶은 그리운 친구들과 웃음, 하다못해 고급 초콜릿이라도 좋다.

그저 간절히 '욕구'를 느껴보자.

우리가 바라는 욕구는 우리를 살게 하는 생명과 같다. 삶은 우리에게 바라는 것이 있다. 삶은 손짓하고, 열망하고, 갈망한다. 우리는 이 사실을 먼저 받아들여야 한다. 그때 비로소 우리 마음은 무엇을 간절히 바라는지 우리에게 속삭인다.

돌이켜보면 나는 어렸을 때 글자를 못 읽고 놀이터에서 괴롭힘을 당하던 아이였다. 그때 나는 소박한 소원이 몇 가지 있었다. 새로운 선생님, 글자를 읽을 줄 아는 새로운 눈 그리고 속내를 털어놓을 학교 친구가 딱 한 명만 있었으면 하고 바랐다. 거창한 소원도 있었다. 나는 사회에 도움을 줄 수 있는 사람이 되고 싶었다. 나는 학교생활에서 겪는 어려움이 내 인생에서 두고두고 걸림돌이 되지 않기를 원했다. 아무리 상황이 나빠져도 어떻게든 이 모든 것이 나아지기를 소망했다.

1장에서 말했듯이 학교가 파하면 나는 매일 언덕을 올라 집까지 걸어갔다. 길은 가파르고 거리는 1.6킬로미터쯤 되었다. 언덕을 오르면 현관에 앉아 나를 기다리는 아야가 보였다. 나는 아야의 품에 꼭 안기고 싶은 마음이 간절했다. 아야가 두른 숄에 머리를 묻고 학교에서 따돌림당해서 아프고 외로웠던 마음을 울면서 토해내고 싶었다. 아야에게 안겨 상처받은 마음을 달래며 이해받고 싶었다.

아야는 언덕 위에서 나를 바라보았다. 아야는 그 자리에서 가만히 내가 언덕을 오르는 모습을 지켜봤다. 아야는 말없이 눈짓으로 나를 불렀다. 지금까지 나는 엄마로 할머니로 증조할머니로 또 고조할머니로 살아본 터라 그때 아야가 어떤 감정이었을지 짐작이 간다. 나를 보며 한편으로는 가슴이 미어졌을 테고 결국에는 모든 게 좋아지리라는 사실을 알았기에 안심했을 테다. 그 난관을 이겨내리라는 사실을 나 자신은 몰랐지만 아야는 알았다. 아야는 내가 언덕을 올라 집에 도착할 때마다 나를 번쩍 안아 숄로 감싸고 좌우로 흔들어주었다.

나는 몹시 슬프고 괴로웠지만 아야의 사랑을 갈구할 기력은 남아 있었다. 그 욕구에 이끌려 언덕을 올랐고 아야의 품에 안겼다. 그 욕구가 나를 지탱했다.

지금 당장은 길이 보이지 않더라도 내면의 욕구가 당신에게도 버틸 힘을 줄 것이다.

일단 내면의 욕구가 무엇인지 알았다면 이 욕구가 일으키는 생기를 한번 느껴보자. 아직은 생기가 충분치 않을 것이다. 눈을 감아도 좋고 눈을 떠도 좋고, 편한 자세로 심호흡을 하자. 자신에게 솔직하게 대답해보자. 현재 당신이 계속 살아가는 이유는 무엇인가? 사소한 것이라도 좋으니 당신에게 기쁨을 주는 일이 있다면 그 일에 감사하자. 그러면 당신이 앞으로 살아가는 데 필요한 용기를 얻을 수 있을 것이다.

이제 아주 과감하게 질문을 던져보자.

"현재 나는 얼마나 생기를 지닌 채 살아가는가?"

"더 많은 생기가 필요한가?"

"나를 생기 넘치게 하려면 어디로 가야 하는가? 또는 무엇을 해야 하는가?"

가만히 귀를 기울이면 마음 깊은 곳에서 새로운 변화를 시도하라는 목소리가 들릴지도 모른다. 생기 넘치는 직장을 새로 찾고 싶은 이도 있을 테고, 기존에 하던 일에서 더 많은 생기를 느끼고 싶은 이도 있을 테다. 직장이 아닌 가정에서 생기를 얻는 이도 있을 것이다. 이전까지 자신을 생기 넘치게 했던 일에서 아무 생기를 느끼지 못하는 이도 있을 테고, 더 많은 생기를 느끼고 싶은 이도 있을 테다.

당신이 어떤 사람이든 또 어디에 있든 상관없다. 장담컨대 당신을 생기 넘치게 할 일이 당신을 기다리고 있다. 무엇을 해야 생기를 얻을지 찾아 나서기만 하면 된다.

생기를 잃어버린 사람이든 자신을 생기 넘치게 하는 일이 무엇인지 생각해본 적 없는 사람이든 상관없다. 무엇이든 일단 기분이 좋아지는 일을 시작해보자. 작은 것부터 시작하자. 이전에 당신에게 살아갈 용기를 주었던 일이 있다면 떠올려보고 그 일을 지렛대 삼아도 좋다. 아니면 단기간에 마무리할 수 있고 끝내면 기분 좋은 일을 해도 좋다. 가령 손으로 뭔가를 만들거나 소파 아래를 청소하거나 분갈이를 해도 좋다. 그저 재미로 하는 일에 애정을 쏟을 때 어떤 기분이 드는지 느껴보자.

다른 사람을 위해 뭔가를 할 수도 있다. 이를테면 쿠키를 굽거나 돌멩이에 그림을 그려 선물해도 좋고 사랑하는 사람이 좋아하는 곡을 연습해 들려주어도 좋다. 반드시 특정인을 염두에 두고 시작해야 하는 것은 아니다. 다른 사람을 위해 뭔가를 만들기 시작하면 그것이 필요한 사람이 나타날 것이다. 꼭 선물이 아니어도 타인의 행복을 기원하며 그들이 잘되기를 바라는 마음으로 좋은 에너지를 보내는 일은 누구나 할 수 있다. 이런 작은 일들이 시시하게 생각될지 모르지만 여기에는 놀라운 효과가 있다.

생기는 건강한 삶에 이르는 첫 번째 비밀에서 핵심이다. 우리가 이 세상에 태어난 이유를 알아내는 일은 생기를 찾는 일에서 시작하기 때문이다. 이 책에서 우리 여정은 자신의 생기 찾기에서 시작해 매일 생기 넘치는 삶을 사는 방법 찾기로 끝난다. 앞으로 당신과 나눌 나머지 비밀들을 통해 그 방법을 알려주겠다. 지금 당장은 시작 단계이므로 생기만 찾으면 된다.

생기를 찾는 과정이 생기를 얻는 것만큼이나 중요하다는 사실을 무엇보다 명심해야 한다. 생기의 원천을 탐색하는 과정 자체가 삶의 목적에 충실한 삶이다. 설령 당장은 생기가 별로 없더라도 더 많은 생기를 갈구한다는 것은 당신 안의 무엇인가가 당신이 무엇을 할 수 있는지 기억한다는 의미다. 당신은 단지 심장만 뛰면 되는 존재가 아니라 생기를 느끼며 살아야 하는 영혼을 지닌 존재다.

◊

생기 찾기 연습

· I ·

가만히 가슴에 손을 올린다. 그 상태로 잠시 손바닥의 따뜻한 온기를 가슴으로 느끼고, 심장이 박동하는 움직임을 손으로 느낀다. 심장은 우리 몸에서 가장 내밀한 중심에 있다. 우리 영혼이 거주하는 곳이다. 살아가는 의미를 잃을 때마다 가슴에 손을 얹어보자. 간단한 동작이지만 이 동작에는 엄청난 힘이 있다.

· 2 ·

손을 얹고 가슴에 물어본다. '내가 사랑하는 일은 무엇일까?' 곧바로 대답하지 말고, 서너 번 또는 열 번 정도 질문을 반복한다. 질문을 반복하는 동안 답변이 어떻게 바뀌는지 관찰한다.

· 3 ·

가슴에 손을 얹은 채로 목적의식을 뚜렷하게 느꼈던 때를 떠올린다. 직장에서 대단한 성과를 올렸을 때라든지 자녀와 깊은 유대감을 느꼈을 때 또는 자원봉사자로 일했던 때를 떠올릴 수도 있다. 아니면 화분 하나를 가꾸었을 때라든지 아이를 한번 웃게 만든 일이라든지 또는 작은 취미 하나를 배웠던 때처럼 사소한 일에 성공한 경험을 떠올릴 수도 있다. 최근에 일어난 경험이 아니어도 좋다. 목적의식을 뚜렷하게 느꼈던 때가 한참 전의 일이라도 상관없다. 여기서 핵심은 자신이 세상에서 딱 맞는 자리를 찾은 느낌을 기억하는 데 있다.

· 4 ·

이번에는 유년기를 회상한다. 기쁘고 행복한 기억 중에 가장 어렸을 때를 떠올린다. 그때 당신은 무엇을 했는가? 어떤 아이였는가? 기분이 좋아서 노래가 절로 나왔던 때는 언제인가? 하늘을 날아오를 만큼 기뻤던 때는 언제인가? 사건의 한 장면이나 단편적인 이미지만 떠오를지도 모른다. 잠재의식은 그 답을 모두 알겠지만 하나의 상징이나 기호 또는 꿈의 형태로 알려줄 것이다. 해답을 억지로 끄집어내거나 의식을 분석할 필요는 없다. 때가 되면 잠재의식이 그 답을 알려줄 것이다. 우리의 잠재의식은 해답을 알고 있다.

· 5 ·

생기 넘쳤던 기억을 탐색하며 그때 느꼈던 의미와 가치를 구체적으로 떠올린다. 과거에 자신이 했던 일이 어떤 점에서 특히 마음에 들었는가? 그토록 기분이 좋았던 이유는 무엇인가? 예컨대 다른 사람을 돕는 것이 좋았을 수도 있고, 아니면 '나'다움을 표현할 수 있어서 좋았을 수도 있다. 자신의 재능을 확인하고 기분 좋게 놀랐을 수도 있고, 아니면 문제나 상황을 개선해 가치를 창출했을 수도 있다.

· 6 ·

이제 현재 삶을 자세히 관찰한다. 작은 일이라도 좋다. 앞서 떠올린 충만한 느낌과 비슷한 기분을 느낀 적이 있는가? 그렇다면 그 일을 가까이하거나 그 일을 더 많이 배우고 발전시키는 자신의 모습을 상상해보자. 이렇게 차근차근 자신의 생기를 찾는 방향으로 나아가야 한다.

· 7 ·

6단계까지 마쳤다면 종이를 한 장 준비하고 자신에게 생기를 주는 일이 무엇인지 그것을 대표하는 특징을 한 단어로 쓰거나 이미지로 그린다. 그 종이를 자주 눈에 띄는 장소, 즉 욕실 거울이나 냉장고에 붙여두거나 또는 가방이나 지갑에 넣어둔다. 이 종이는 말하자면 행운의 부적이자 나침반이다. 일단 당신 내면의 욕구를 깨닫고 나면 당신은 그 욕구를 실현하는 쪽으로 이끌리게 된다.

모든 생명은
움직여야 산다

The Well-Lived Life

‡

Chapter 6

몸과 마음이 막히면
인생도 막힌다

마치 얼어붙은 듯 앞으로 나아가지 못하고 정체된 경험이 있는가? 트라우마나 상실감에서 한 발짝도 벗어나지 못하는 상태일 수도 있고, 다시는 예전처럼 열정이나 열의가 생기지 않는 상태일 수도 있다. 어쩌면 아무 의욕 없이 직장에 다니며 어디라고 콕 집어 말하지는 못해도 다른 곳으로 "떠나는" 공상에 잠겨 시간을 보낼지도 모른다.

원인이 무엇이든 앞으로 무엇을 해야 할지 모르는 상태다. 어떻게 달라져야 할지, 문제를 해결하려면 어떤 전문가를 찾아가야 할지 모른다. 어쩌면 침대에서 일어나는 방법조차 생각나지 않을지도 모른다.

살다가 어느 순간 더 나아가지 못하고 정체된 기분을 느끼는 일은 이상한 일이 아니다. 생기가 없는 삶은 지속할 수 없다. 그런데 생기를 찾으려고 아무리 노력해도 소용이 없고 멈춰버린 느낌이라면 어떻게 해야 하는가?

이럴 때는 어떻게 하면 좋을까? 세상은 우리와 무관하게 저만치 앞서 흘러가버리고 우리는 그저 제자리에 가만히 서서 지켜보는 것처럼 느껴질 때 우리는 어떻게 대처해야 할까? 삶을 긍정하고 앞으로 나아가려면 삶이 우리에게 주는 것을 수용하는 자세가 필요하다. 그런데 너무 지치고 상처가 커서 몸이 얼어붙은 듯 다음 단계로 나아가지 못한다면 어떻게 해야 하는가?

이 질문에 답하려면 "정체된" 삶이 신체 차원에서 어떻게 나타나는지부터 살펴야 한다.

내가 만난 환자 중에 무척 사리에 밝고 자신을 잘 아는 80대 여성이 있었다. 테레사는 극심한 장폐색으로 몇 달째 힘들어했다. 여러 의사를 만나 진료를 받고 각종 요법을 시도했는데 장폐색은 나아질 기미가 보이지 않았다. 내 진료실에 들어오는 테레사는 괴롭고 심란한 기색이 역력했다. 테레사가 말했다.

"여생을 이런 식으로 살고 싶지는 않아요."

우선 환자의 식단을 살폈는데 건강식은 아니었지만 그렇다고 아주 형편없는 식단도 아니었다. 테레사는 변비를 해결하려고 식단에 큰 변화를 주었지만 별다른 효과는 없었다고 했다. 수분 섭취량과 운동량도 점검했다. 여기까지 이상이 없어 보였으므로 나는 전인적 관점에서 테레사를 진단했다. 그러니까 일상에서 느끼는 감정, 인간관계, 또 테레사가 느끼는 기쁨과 의미가 무엇인지 물어봤다. 대화를 나눌수록 테레사가 내 질문에 마음을 닫는 모습이 보였다. 테레사는 내 질문이 끝날 때마다 굳게 입술을 다문 채로 잠시 나를 쳐다보며 질문의 의도를 헤아리다가 마지못해 대답했다.

"꿈은 어떤가요? 꿈에서 자아가 무슨 말을 전하지 않던가요?"

"꿈요? 내 꿈과 이 병이 무슨 관련이 있죠?"

테레사는 실망한 기색으로 뒤로 몸을 기대앉더니 팔짱을 꼈다. 테레사는 주제를 벗어나 이야기하는 것이 영 내키지 않는다는 표정이었다.

여기서 문제는 내가 하려는 질문이 테레사가 안고 있는 병과 '밀접한' 연관이 있다는 점이다. 소화 장애는 먼저 식단과 운동, 수분 섭취부터 살펴보는 것이 가장 좋다. 수분이 중요한 이유는 우리가 먹는 음식을 분해하고 영양소를 흡수하는 기능이 있기 때문이다. 이뿐 아니라 수분은 우리가 소화하고 남은 찌꺼기를 몸 밖으로 배출하는 기능도 있다. 식단이 중요한 이유는 천연식품을 먹을수록 섬유질을 많이 섭취하고, 섬유질은 위장관의 연동 운동을 촉진하고 대장의 배변 운동을 돕기 때문이다. 운동이 중요한 이유는 위장관 및 주변 장기와 근조직으로 가는 혈류량을 늘려 그 기능을 돕기 때문이다. 여기서 일정한 패턴이 보이는가? 우리 몸은 움직이도록 설계되었고, 움직일 때 원활하게 작동한다.

하지만 전인적 관점에서 볼 때 테레사가 겪는 문제는 그 이면에 더 큰 문제가 있음을 의미했다. 인체의 소화 기능은 우리가 어떻게 세상을 받아들이고 흡수하는지를 상징한다. 우리 생각과 감정은 내부 장기에 긴장을 초래하거나 해소함으로써 그 기능에 영향을 미칠 수 있다. 테레사는 질환 외에 다른 이야기는 언급하길 꺼렸지만 나는 테레사에게 무슨 일이 있었는지 구체적으로 알아볼 수밖에 없었다.

얼마쯤 지나고 테레사는 최근에 슬픔에 잠겨 있음을 인정했다. 이유를 물으니 잠시 주저하다가 자신과 가까운 사람을 연이어 떠나보냈다고 힘겹게 설명했다. 테레사는 지난 한 해 동안에만 모두 5명의 친구와 가족을 떠나보냈다. 이 말을 하는

나이 들수록 행복해지는 인생의 태도에 관하여

동안 테레사는 천장에 눈길을 주거나 아니면 바닥을 내려다봤다. 테레사는 내내 나와 눈을 마주치지 않으려고 다른 곳으로 시선을 돌렸다.

"상심이 큰가요?"

테레사는 나를 이상하다는 듯이 바라봤다.

"당연히 슬프죠."

테레사가 하는 대답은 지나치게 단순한 면이 있었다. 테레사에게 슬픔은 경험이 아니라 기계적인 반응에 가까웠다. 그러니까 자신의 의지와 상관없이 그저 '일어나는' 일일 뿐 자신이 어떤 행위를 '하는' 게 아니었다. 장폐색과 마찬가지로 테레사는 더 나아가지 못하고 한자리에 머물러 있었다. 자신이 느끼는 슬픔을 언급하면서부터 테레사는 긴장하기 시작했다. 테레사의 감정 상태에 따라 그녀의 몸이 어떻게 반응하는지 나는 관찰했다. 표정부터 몸짓, 손가락, 목소리까지 팽팽한 긴장감이 감돌았다. 테레사는 팔짱을 풀었지만 깍지 낀 손으로 무릎을 감쌌다.

나는 문제를 풀어나갈 실마리를 발견했다. 테레사가 겪는 소화 문제를 이해하려면 그녀가 상실감을 어떻게 소화하는지 들여다봐야 했다.

서양 의학에서는 몸에 나타나는 증상을 환자의 정신이나

감정 상태와 연관 짓지 않는 경향이 있다. 의사들은 신체 기관별 증상이라든지 식습관이나 신체 자세 같은 기능에 집중하도록 훈련받기에 환자들에게 이런 질문은 하지 않는다.

"어떤 감정을 억누르고 있나요?"

"당신의 삶에 또 다른 문제는 없나요?"

사람들은 자신의 삶이 어디에서 막혀 있는지 사실은 알고 있을 때가 많고 의사에게 이런 질문을 받으면 대답할 수 있다.

테레사는 장이 막혔다. 신체 기능이 저하되거나 완전히 멈추는 배경에는 다양한 원인이 있다. 가령 운동선수라면 부상으로 상당 기간 움직일 수 없는 처지에 놓일 때가 있다. 여성은 월경이 불규칙해지거나 몇 년 동안 완전히 끊겨 난임을 겪기도 한다.

트라우마로 인해 심리적으로 갇히기도 쉽다. 이때 우리 뇌는 한자리에서만 맴도는 기분을 느끼는데 '실제로도 그렇기' 때문이다. 특정한 신경 경로를 반복할 때 우리 뇌는 다른 신경 경로를 보지 못하고 똑같은 경로로만 움직인다.

인간의 잠재의식 깊은 곳에는 생명이란 움직여야 한다는 사실이 새겨진 것으로 보인다. 삶이 정체되고 다음에 어떻게 해야 할지 도저히 모르는 상황에서도 생명은 움직여야 한다는 생각만큼은 더욱 선명해진다.

"생명은 움직여야 한다."

이것이 건강한 삶에 이르는 두 번째 비밀이다. 생명 자체는 끊임없이 움직인다. 그러니 생명력에 부합하는 삶을 살려면 우리 안에서 생명이 원활하게 흐르도록 해야 한다.

우리 몸은 의식하지 않아도 스스로 작동하지만 우리가 의식적으로 움직이는 활동도 중요하다. 장수와 신체 활동을 장기간 조사한 연구에 따르면 비록 10분에 불과하더라도 매일 산책하는 것이 수명 증가와 상관성이 있는 것으로 나타났다.[5] 의사라면 누구나 스트레스와 우울증을 극복하는 데 운동이 필수라고 말하기 마련이다. 운동할 때 우리 뇌에서는 '행복 호르몬'이 나오고 또 운동은 장단기적으로 신체 건강에 미치는 영향이 크기 때문이다. 세계 곳곳에서 장수 비밀을 조사한 결과도 이를 뒷받침하는데 가장 오래 사는 사람 중에는 생활방식 특성상 날마다 걸어야 하는 이들이 많았다.[6] 운동은 신체뿐 아니라 정신에도 유익하다. 우리의 기분[7]은 물론이고 인지 기능[8]에도 놀랍도록 좋은 영향을 미친다. 따라서 꾸준한 신체 활동을 생활에 접목해야 한다.

테레사가 겪는 문제에 영향을 미치는 요인은 한두 가지가 아니다. 그러나 과학계에서 제시하는 대다수 견해는 하나의 논리로 이해할 수 있다. 움직임이 멈춘 상태는 긴장을 부추긴다는 것이다. 몸이 긴장하면 순환계, 소화계, 신경계에 장애를 일으켜 영양분 공급에 어려움을 겪게 된다.

더욱이 감정이 억압되고 에너지의 흐름이 막히면 림프계가 손상을 입어 감염에 저항하고 독소를 제거하는 기관과 조직이 제 역할을 하기 어렵다. 이런 까닭에 수기치료manual therapy, 마사지, 호흡법 등 바디워크요법bodywork이 중요하고, 나 역시 현재 거의 매주 마사지 받는 일을 우선순위로 삼고 있다. 우리 몸 곳곳에 혈액이 순환하는 것은 심장 덕분이다. 하지만 림프액은 순환 기능을 하는 기관이 따로 없다. 림프액이 정체되지 않고 온몸에 잘 돌게 하려면 우리가 몸을 움직여야 한다.

움직임이 부족하면 내분비계에도 영향을 미쳐 몸에서 호르몬을 생산하고 특정한 조직과 기관에 공급하는 기능이 저하한다. 좌우 콩팥 위에 하나씩 달린 내분비샘인 부신의 기능이 원활하지 않을 때 우리는 두려움, 분노, 부정적 사고, 좌절감에 사로잡히게 된다. 스트레스에 대처하는 호르몬이 제대로 분비되지 않아 미소와 웃음, 사랑의 감정을 느끼는 데 어려움을 겪는다.

내가 알기로 분노 감정은 대체로 부신의 기능과 연관이 깊다. 자극을 받아 단기간에 제한적으로 화가 치밀었다가 가라앉으면 부신이 올바로 작동한다는 뜻이다. 하지만 만성 스트레스로 부신이 과도하게 작동하면 해소되지 않은 채 고여 있는 분노, 이를테면 원한 같은 감정을 불러온다. 이때 우리 몸은 기능 저하가 쉽게 일어나 건강상에 다양한 문제가 나타날 수 있다. 마음에 고인 앙금은 우리 삶을 정체시키고, 용서하는 마음은 삶을 다시 움직인다. 이 비유에서 보듯 움직임이란 혈액을 공급하고 림프액을 순환시키는 일 이상으로 중요하다. 움직임, 즉 멈추지 않는 것은 우리 삶의 모든 측면에 접목할 수 있는 규범이자 원리다.

내가 소개하는 비밀들이 대체로 그렇듯이 이 두 번째 비밀 역시 고대로부터 내려오는 지식에 근거한다. 자신의 삶이 아무리 오랫동안 정체되었다고 느끼더라도 '생명' 자체는 언제나 움직인다. 이 개념은 아주 오래전부터 여러 경전에서 다루어왔는데 불교 문헌에서는 '아닛짜anicca', 힌두교 문헌에서는 '아니트야anitya'라 한다. 경전에서는 모든 것은 끊임없이 변화하고 생멸한다는 이 무상無常, impermanence 개념을 일시성이나 덧없음에 초점을 맞추어 가르친다. 생명은 언제나 변하므로 그 흐름에 저항할 때 괴로움이 따른다는 것이다.

한편 이 원리는 때로 생명의 힘을 우리 안에 가두거나 멈추려 하지 말고 우리 안팎으로 막힘 없이 흐르도록 허용하는 것을 의미한다. 다른 한편으로는 실제로 우리가 몸을 일으켜 움직이는 활동을 의미하기도 한다. 이 원리는 우리 몸과 마음, 영혼에 모두 적용된다.

움직임의 힘을 이해한다면 거의 모든 문제를 극복할 수 있다. 모든 생명은 움직여야 한다는 불변의 진리를 기억한다면 가장 괴롭고 힘든 순간을 극복하는 데 도움이 된다.

문제 해결은 자신이 갇혀서 움직일 수 없다고 믿는 자체가 착각임을 깨닫는 데서부터 시작한다.

나이 들수록 행복해지는 인생의 태도에 관하여

‡

Chapter 7

생명은 언제나
움직인다

두 번째 비밀을 더 깊이 들여다보자.

"모든 생명은 움직여야 산다."

이는 '살아 있는' 모든 것은 움직인다는 의미다. 우리가 인지하기 힘들 때도 생명은 분명히 움직인다. 이 원리를 나는 애리조나주 소노라사막에 비유하곤 한다. 나는 사막의 풍광을 사랑한다. 나는 이 지역에서 60년 넘게 살았는데 아마 이 책을 읽는 대다수 독자가 살아온 세월보다 더 긴 시간일 것이다. 소노라사막에서 노을이 질 때 사구아로선인장saguaro cactus의 검은 실루엣 뒤로 분홍빛과 주홍빛으로 넘실거리는 석양을 수천 번도 넘게 보았다. 메추라기 떼가 덤불 속으로 서둘러 돌아가는 광경이며 선인장 꽃과 오코틸로ocotillo 꽃이 만개한 모습도 지켜봤다(오코틸로는 가시가 많은 긴 가지들을 가진 관목으로 가지는 천연 울타리나 지팡이로 사용하고 꽃과 뿌리는 식용과 약용으로 쓴다—옮긴이). 그런데 이 사막을 처음 방문한 사람 그리고 평생 방문할 일이 없는 많은 사람은 이곳이 아무런 변화가 없고 생명이 멈춘 죽음의 장소라고 생각한다. 하지만 틀렸다.

이 사막이 죽었다고 생각하는 사람은 비가 내린 뒤 사막이 어떤 모습인지 본 적이 없어서다.

우기가 시작되면 시계처럼 어김없이 오후에 짙은 먹구름이 하늘을 뒤덮는다. 먹구름이 머리 위를 지나가면 하늘이 열리면서 생명이 쏟아진다. 비는 길어야 20~30분간 내리고 금세 그친다. 그 순간 온 사막이 기지개를 켜며 깨어난다. 늘 그곳에서 살아 숨 쉬던 모든 생명체는 그 순간만을 인내하며 기다리고 있었다. 선인장 줄기가 부풀어 오르고, 새들의 노랫소리가 울려퍼지고, 도마뱀들은 환호하며 뛰어다닌다. 온갖 쥐들과 몸집 작은 포유류들은 총총거리며 웅덩이로 달려가 할짝할짝 물을 마신다. 생명은 언제나 그곳에 있다. 다만 우리가 인지하지 못할 뿐이다.

우리 안의 생명력도 이와 같다. 항상 우리 안에서 숨 쉬고 있으며 언제나 변화하고 움직인다. 우리가 알아차리기를 기다리면서.

내가 어떻게 이 사실을 확신할 수 있을까? 우리의 에너지가 움직이지 않으면 우리가 죽는다는 것을 알기 때문이다. 다시 말해 아무리 꽉 막힌 듯 느끼더라도 우리가 살아 있는 한 우리 안의 뭔가는 계속 움직이고 있다는 뜻이다. 심지어 가만히 앉아 있을 때조차 우리 각자는 그 자체로 활동하는 우주다. 몸속 흐름이 원활하지 않아도 언제나 뭔가는 변화하고 있다. 우리가 살아 있는 한 심장은 뛴다. 폐는 공기를 들이마시고 다시 내쉰다. 소화 작용이 너무 더뎌서 괴로울지라도 소화 기관은 끊임없이 일한다. 움직이고, 처리하고, 발산하는 것은 우리의 본질이다. 움직임은 우리를 통해, 우리 안에서, 우리 주변에서 끝없이 일어나고 있다.

이 단순한 원리는 다양한 차원에서 작동한다. 우리는 감정과 영혼을 지닌 존재이므로 어딘가에 고착되면 발전하고 성장할 수 없다. 특정한 생각, 감정, 정체성, 판단, 견해, 나아가 사람까지 마찬가지다. 움직임이 멈춘 고착에는 생명이 없기 때문이다.

이 움직임의 원리를 이해할 때 우리는 몸이 하는 일을 자연스럽게 활용하게 된다. 우리의 신체 기관, 조직, 체액뿐 아니라 에너지 역시 움직이도록 설계되었다. 땀이나 소화를 비롯한 생리 과정처럼 눈에 보이는 차원뿐 아니라 보이지 않는 차원에서도 마찬가지다.

아이들은 이 원리를 이해한다. 그래서 한시도 몸을 가만히 두지 않는다. 나도 그랬다. 가만히 있을 수 없어서였기도 했지만 나부댄다고 잘못되는 일은 없었기 때문이다. 우리 아이들이 어릴 때 계속 나대도 나는 제지한 적이 없다. 몸을 들썩거리는 것은 우리에게 유익하다. 이는 우리 안팎에서, 우리를 통해 생명이 일어나고 있음을 가리킨다. 우리가 몸을 들썩일 때 림프액의 순환을 촉진하고, 관절이 유연하게 움직이도록 돕고, 근육이 긴장하지 않도록 방지한다.

우리가 기쁨을 느낄 때 몸을 들썩대거나 걷거나 돌아다니는 것은 자연스러운 반응이다. 반대로 들썩대거나 걷거나 주변을 돌아다니면 기분이 좋아지는 효과가 있다. 가벼운 산책은 뇌에 매우 유익하다. 뇌는 우리가 가만히 앉아 있는 것을 좋아하지 않는다.

동양에서는 수천 년 전부터 기(에너지)의 흐름이라는 개념을 훨씬 더 정교하게 연구해왔다. 중국 전통 의학에 따르면 우리 몸에 퍼져 있는 기의 통로인 경락을 통해 기가 여러 기관을 드나들며 흐른다고 한다. 그래서 경락에서 중요한 자리(경혈)에 침술, 지압, 뜸 같은 치료법을 적용해 막힌 곳을 뚫어주는 것이다.

남편 빌과 나는 1970년대에 일찌감치 서양의 대증요법에 침술을 도입했다. 침술은 수천 년 넘게 행해온 오래된 의술이지만 최근까지도 서양 의학계에서 별로 주목받지 못했다. 서양 의사들은 사람들에게 침을 찔러 넣는 중국 의술을 비웃으며 과거에 성행했던 혈액을 빼내는 사혈처럼 한물간 대증요법으로 치부했다. 이들은 중국 의사들이 그런 치료법을 사용하는 '이유'가 무엇인지 조금도 궁금해하지 않았다. 침술이 무엇인지 도무지 상상할 수 없었기 때문이기도 하고, 편견에 눈이 멀어 아예 들여다볼 생각도 하지 않았기 때문이다. 내가 침술을 조금이나마 깊이 이해할 수 있었던 것은 빌과 내가 발행하던 소식지《건강을 찾는 길Pathways to Health》을 읽고 독자가 보내온 답장 덕분이었다. 그 남성은 목에 문제가 있어서 침을 맞았는데 전혀 다른 증상을 겪고 있던 발목에서 놀라운 효과를 보았다며 어떻게 그런 일이 일어났는지 알고 싶어 했다.

이때는 구글이 세상에 나오기 전이다. 사람들이 궁금한 점이 있을 때 문의하고 상담받을 수 있는 온라인 게시판 같은 것이 없었다. 우리 클리닉에서 매달 인쇄해 전 세계 구독자에게 우편으로 발송한 소식지는 많은 이들이 자연적이고 통합적인 건강법을 배우기에 더없이 좋은 정보지였다. 빌과 나는 다른 이들과 마찬가지로 함께 배우는 단계였기에 그 남성이 목에 침을 맞았는데 발목이 좋아진 이유를 알지 못했다. 우리는 이 사연을 그대로 소개하면서 이 현상을 설명해줄 사람이 있는지 물었다. 한 의사가 이탈리아에서 곧장 답장을 보내와 목과 발목이 같은 경락으로 연결되어 있기 때문이라고 설명했다.

당시 나는 경락이라는 말을 들어본 적이 없었기에 문헌을 찾아 읽고 아는 사람에게 묻는 등 옛날 방식으로 정보를 수집하기 시작했다. 배우면 배울수록 이치에 눈을 뜨게 되었다. 하지만 내가 현지에서 수집하거나 서신으로 해외에서 얻을 수 있는 정보는 턱없이 부족했으므로 많은 정보를 지닌 사람들을 현지에 불러들이기로 했다. 1973년 빌과 나는 미국에서 최초로 침술 학술 대회를 주최했다. 우리는 캘리포니아주 스탠퍼드대학교에서 세미나를 열기로 하고 침술 분야의 세계적인 권위자들을 초청했다. 학술 대회가 열리기 얼마 전에는 리처드 닉슨 Richard Nixon 미국 대통령이 중국에서 의료진이 마취제 없이 침술만으로 고통을 완화하며 진행하는 맹장 수술을 참관한 일도 있었다. 우리 세미나에 참여한 의사 281명 중에는 닉슨 대통령의 주치의 폴 더들리 화이트Paul Dudley White도 있었다. 빌과 나는 여러 의사와 함께 서양 의학계에 처음으로 침술 연구를 소개하면서 학술 대회를 개최하고 중국과 세계 각지에서 강연자를 초청했다. 이후 나는 직접 침술을 써서 사람들을 치료하기 시작했고 눈앞에서 바로 효과를 확인하고는 충격을 받았다.

침술을 시작하고 얼마 지나지 않아 나는 출산을 두려워하던 한 10대 소녀의 분만을 맡았다. 어린 소녀는 곁을 지키는 연인도 가족도 없이 내내 혼자였다. 진통을 느낄 때마다 눈물을 흘리던 소녀는 산통이 갈수록 심해진다는 사실을 알고 있었기에 앞으로 일어날 일을 너무나 두려워했다. 나는 산모가 안타깝기 그지없었다. 심리적으로 크게 고통받는 어린 산모에게서 태어날 아이도 걱정이었다. 산모가 고통을 느끼고 두려워하는 것을 탓하는 것이 아니라, 출산이란 사랑이 가득한 환경에서 이루어져야 한다는 것이 내 소신이다. 이 어린 산모와 아이도 긍정적인 감정이 생기는 환경에서 분만해야 마땅하다고 생각했다.

나는 소녀에게 침을 시술해도 될지 물었다. 소녀는 반신반의했지만 동의했다. 나는 소녀 곁에 앉아 내가 배운 대로 출산에 좋다고 하는 경혈 자리들에 침을 놓았다. 소녀는 차츰 울음이 잦아들었고 긴장이 풀리며 호흡이 깊어졌다. 몇 분 뒤 소녀가 잠이 든 것을 보고 나는 깜짝 놀랐다! 소녀는 진통이 찾아오면 잠에서 깨었다가 다시 잠들기를 반복하며 몇 시간을 보냈다. 경락에 침을 놓은 덕분에 소녀는 생명의 흐름이 막히지 않고 힘을 발휘할 수 있었다. 침을 맞자 긴장이 풀리고 편안해진 덕분이었다. 에너지가 움직이기 시작했고 소녀는 고통과 두려움 너머에 있는 소중한 생명에 집중할 수 있었다.

생명은 언제나 움직인다. 우리는 이것을 알아차리기만 하면 된다. 생명은 경락을 따라 움직인다. 심장박동에 따라 움직인다. 우리의 주의를 확장하기만 하면 이 원리를 알게 된다.

숲속 시냇물처럼 생명이 흐른다고 생각해보자. 나무 한 그루가 시냇물을 가로질러 쓰러지면 작은 둑이 만들어지고, 나뭇가지들이 쌓이면 둑은 높이가 올라간다. 이때 둑 하류 쪽에서는 물의 흐름이 눈에 띄게 느려질 테지만 그렇다고 완전히 멈추지는 않는다. 설령 둑 하류로 흐름이 멈추더라도 둑 상류로는 물이 계속 유입되고 있으며 수위가 상승하는 것으로 움직임을 확인할 수 있다. 어느 시점에 수위가 둑 꼭대기에 이르면 둑 주변 어디로든 물줄기가 형성되면서 하류로 다시 물이 흐르게 된다. 나뭇가지로 만들어진 둑과 거기에 고인 물만 바라보면 흐름이 멈추었다고 생각할지 모른다. 하지만 흐르는 물은 멈추지 않는다.

살아 있는 생명체는 언제나 생명을 향해 나아간다. 이 말은 신체, 감정, 환경 등 무엇에서든 심하게 막혀 있다고 느낄

나이 들수록 행복해지는 인생의 태도에 관하여

때 여전히 움직이고 있는 곳을 찾기만 하면 된다는 의미다. 거기에 주의를 집중하고 에너지를 쏟으면 생명의 물줄기가 우리가 안고 있는 문제의 둑 주변으로 다시 흐를 것이다. 이 생명의 물줄기와 함께 발맞추어 나아가면 삶을 회복하는 데 도움을 얻는다.

이렇게 하면 우리는 다시 움직일 수 있다. 일단 움직이게 되면 우리가 할 일은 계속 나아가는 것, 그것뿐이다.

요즘 사람들은 디지털 측정기로 자신이 하루에 얼마나 걸었는지 알 수 있고, 또 하루에 얼마나 걸을지 목표를 정할 수 있다. 나도 예외는 아니다. 코로나 팬데믹 기간에 나는 하루 3700보 걷기를 목표로 정하고, 주방만 빙빙 돌며 목표를 채우는 날이 많았다. 코로나 봉쇄가 해제된 후로도 걷기 운동을 이어갔고, 최근에는 목표를 3800보로 올렸다! 다행히 내 집에는 세계 곳곳을 여행하며 얻은 보물이 가득하다. 나는 움직일 때 이 기념품들과 사진들을 보며 내가 갔던 장소와 거기서 만난 사람들을 추억한다. 선반에는 산길을 오르며 주운 돌멩이들과 해안가 모래사장에서 주운 소라 껍데기들이 놓여 있다. 또 벽에는 가족들 사진이 걸려 있다. 1930년대에 찍은 부모님 사진, 1940년대에 찍은 내 사진, 1960년대에 크리스마스카드에 쓰려고 찍은 두 막둥이 사진, 1970년대에 찍은 딸 아날레아

Analea의 고등학교 졸업 앨범 사진(아날레아는 그로부터 40년 뒤 세상을 떠났다) 등이다. 또 수십 년 전부터 환자들과 친구들이 선물한 다양한 수정, 풍경, 장신구를 비롯해 의사로 보람 있게 살면서 받은 여러 상이 있다. 나는 집에 있어도 내 삶이 막혀 있다고 느끼지 않는다.

움직임의 원리를 이해하고 적용하는 일은 아주 간단해 보여도 마냥 쉽지만은 않다. 우리 몸이 '가만히' 있는 것에 익숙해졌을 때, 몸이 허약해지거나 다쳤을 때, 또는 마음이 우울해졌을 때는 특히 힘들다.

나이 들수록 행복해지는 인생의 태도에 관하여

‡

Chapter 8

고통을 받아들이고
성장하는 습관 기르기

2차 세계대전 이후 베이비붐이 일어났는데 당시에는 젊은 산모들이 흔히 겪는 어려움을 따로 가리키는 용어가 없었다. 산모는 아이를 낳고 4주에서 6주 사이에 체내와 뇌에서 일어나는 급작스러운 호르몬 변화로 정체성에 혼란을 겪곤 한다. 오늘날에는 이를 '산후우울증'이라고 한다. 병명의 유무와는 별개로 빌과 내가 신접을 차린 오하이오주 강변 마을에서는 이런 일이 너무나 흔했다.

우리 부부가 살았던 마을은 직업이나 교육 등 여러 방면에서 기회가 부족했다. 주민 대다수가 소득이 낮았고 고등 교육을 받은 이들은 소수에 불과했다. 지역의 사회경제적 여건도 좋지 않았다. 더욱이 그 시절에는 여성에게 주어지는 기회 자체가 크지 않았다. 젊은 여성이 할 일은 뻔했다. 대체로 고등학교 때 만난 연인과 결혼해 곧바로 임신하고 연년생으로 아이를 낳았다. 임신 조절 약으로 불렸던 '피임약'이 합법화되지도 않은 시절이라 여성이 결혼하면 주부로서 아이를 낳는 것을 당연시했다. 마리아가 주부의 삶을 바랐는지 아닌지는 난 알지 못한다. 하지만 엄마가 되는 것이 무엇인지 알았으리라고는 생각하지 않는다.

마리아는 두통 때문에 나를 찾아왔는데 머리가 아파서 하루 중 대부분을 소파에 앉아 쉰다고 했다. 마리아는 어린아이 둘을 데리고 진료실에 들어왔다. 마리아가 남자아이를 엉덩이로 받쳐서 어르자 아이의 짙은 갈색 곱슬머리가 찰랑찰랑 흔들렸다. 아이의 반짝이는 눈동자는 창밖을 바라보고 있었다. 여자아이는 무릎으로 진료실 바닥을 기어다니며 구석구석을 탐험했다. 옷을 더럽히기 일쑤였던 호기심 강한 내 어린 시절이 떠올라 흐뭇했다. 환자를 진료할 때 자주 하던 대로 나는 마리아의 삶이 어떤지 질문했다.

마리아는 패션 잡지를 좋아해서 하루 중 대부분을 잡지를 읽으며 다른 삶을 꿈꾼다고 했다. 마리아의 자매들이나 사촌

들, 학교 친구들도 모두 형편이 비슷하며, 가까운 곳에 사는 편인데도 거의 연락하지 않고 지냈고, 시간이 지나니 그들도 자연스레 연락을 끊었다고 했다. 마리아가 말했다.

"도저히 일어날 수 없을 것처럼 느껴져요. 뭔가가 몸을 꽉 짓누르고 있는 것 같고, 매일 오후 두세 시가 되면 어김없이 끔찍한 두통이 찾아와요. 하지만 남편이 오기 전에 청소도 하고 음식도 만들어야 하니까 그때쯤 무조건 일어나야 해요."

그 순간 탁자 밑에 누워 있던 여자아이가 갑자기 일어나려다가 머리를 찧었다. 아이는 울음을 터뜨렸고, 몇 초 후에는 남동생도 따라 울기 시작했다.

마리아가 일어나서 아들을 달래며 어르는 동안 나는 여자아이를 다독거렸다. 진료실은 몇 분 동안 두 아이 울음소리로 가득했다. 아이 넷을 키우는 나는 그런 상황이 너무나 익숙해 아무렇지 않았다. 하지만 마리아는 이런 생활에 질렸다는 표정이었다. 마리아는 동공이 커지고 억지로 미소를 짓느라 얼굴에 경련이 일어났다.

"쉬, 이제 다 괜찮아."

마리아는 아이를 어르면서 말했지만 전혀 괜찮지 않은 목소리였다. 젊은 부모에게서 흔히 보이는 좌절감이 배어났다. 이윽고 아이들이 울음을 그치자 마리아가 눈물을 흘리기 시작했다.

자기 아들처럼 까맣고 아름다운 눈에 눈물이 고인 채로 마리아는 나를 바라보며 물었다.

"글래디스 선생님. 난 형편없는 엄마인가요?"

마리아가 형편없는 엄마라고 생각하지 않았다. 대신에 우울증을 겪고 있다고 생각했다.

내가 물었다.

"당신이 소파에 앉아 있는 동안 아이들은 뭘 하나요?"

"보다시피 애들이잖아요. 책에 나오는 그림을 가리키며 놀아요. 곰 인형을 꼭 껴안고 놀기도 하고, 누르면 뭔가 튀어나오는 장난감 버튼을 누르며 놀기도 하죠."

"당신은 전혀 움직이지 않나요?"

"예, 꼼짝도 하지 않아요."

"정말 그럴까요?"

나는 둑과 물줄기 비유를 마리아에게 설명했다. 비가 온 뒤 사막이 어떤지도 이야기했다. 그러고 나서 마리아 역시 어떤 식으로든 내내 움직인다고 말했다. 이제 마리아가 이 사실을 알아차리기만 하면 되었다.

"당신은 내내 움직이고 있어요. 그 움직임을 포착하고 계속 더 나아가기만 하면 돼요. 최소한 당신은 숨을 쉬고 있고,

잡지를 넘기고 있잖아요. 그 움직임에서 계속 더 나아가봐요."

마리아는 무슨 말인지 이해하지 못했다.

"잡지를 더 '빨리' 넘겨보라는 말인가요?"

"아뇨. 잡지를 넘길 때 팔 전체를 움직여봐요. 손가락만 쓰지 말고 팔과 어깨까지 써서 큰 동작으로 바꾸는 거예요. 그런 다음 거기서 얻은 탄력을 활용해봐요. 일어서서 집 안을 걸어보고 창밖을 내다봐요. 가령 나비가 눈에 띄면 밖으로 나가 나비를 따라 걸어봐요. 들꽃이 눈에 들어오면 마당에 나가 몇 송이 따봐요. 소파에 가만히 앉아 있지만 않으면 돼요. 그렇게 움직이다보면 어느 순간 마음도 몸의 움직임을 따라갈 거예요. 당신 마음을 움직이는 아름답거나 영감을 주는 뭔가를 보게 될 거고, 다시 환한 빛을 찾을 거예요."

마리아는 아이를 계속 흔들어주면서 미간을 찌푸렸다. 내 말이 믿기지 않는 눈치였다.

"봐요, 지금도 아이를 흔들어주고 있잖아요?"

내 말에 마리아는 고개를 끄덕였다.

"마리아도 몸을 흔들어봐요. 당신도 아기처럼 몸을 흔들어줘야 해요. 소파에서 일어나기 힘들면 앉아서 1분 동안 쉬지 말고 몸을 흔들어봐요. 거기서부터 시작해봐요."

내 무릎에 앉아 있던 여자아이가 한쪽 신발과 양말을 벗더니 발가락을 물끄러미 쳐다봤다. 나는 손가락으로 아이의 엄지 발가락을 붙잡고 말했다.

"첫째 아기 돼지는 시장에 갔어요."

아이는 다음에 무슨 일이 일어날지 아는 듯 즐거운 비명을 질렀다. 손가락 사이에 아이의 두 번째 발가락을 끼우고 살짝 잡아당겼다가 놓았다. 그런 다음 차례로 새끼발가락까지 옮겨 가며 발가락 놀이를 했다.

"둘째 아기 돼지는 집에 그냥 있었어요. 셋째 아기 돼지는 소고기구이를 먹었어요. 넷째 아기 돼지는 아무것도 안 먹었어요. 다섯째 아기 돼지는 꿀꿀 울면서 집으로 돌아갔어요."

내가 키득키득 웃으며 아이 배를 간질이자 아이는 몸을 흔들며 까르르 웃음을 터뜨렸다.

마리아를 쳐다보니 여전히 의문이 가시지 않은 얼굴로 웃고 있었다.

나는 마리아를 달래주었다.

"엄마 노릇 하기가 쉽지 않죠."

고개를 끄덕이는 마리아의 눈가에 다시 눈물이 차올랐다.

"방금 내가 아이랑 유치한 놀이를 했잖아요. 근데 이런 놀이는 아이들뿐 아니라 당신한테도 필요해요. 아이들과 함께 웃고, 아이들에게 손을 내밀고, 아이들과 함께 움직여야 해요. 좋은 엄마가 되기 위해서가 아니라 그래야 당신이 살아갈 수 있기 때문이에요. 이렇게 장난치고 낄낄대면서 계속 움직여요. 안 그러면 영원히 지저분한 기저귀만 갈다 끝날 거예요."

마리아가 내 쪽으로 몸을 기울였고 나는 의자를 당겨 바싹 다가가 앉았다. 두 아이를 나와 마리아 사이에 앉힌 채 나는 팔로 마리아를 감싸안았고, 마리아는 눈물을 펑펑 쏟았다.

마리아가 얼마나 절망에 가득 찼는지 알고 있었기에 내가 제시한 해결책만으로 그 상황에서 벗어나는 것을 보고 누구 못지않게 깜짝 놀랐다. 마리아는 몸을 움직였고 생명력을 되찾기 시작했다. 몇 개월 후 다시 만났을 때 마리아는 주기적으로 사촌을 만나 놀이터에서 산책한다고 했다. 두 사람은 아이들을 그네에 태워주며 시간을 보냈고 가끔은 자신들도 그네를 타며 육아의 어려움을 토로하고 서로 위로했다. 나아가 마리아는 주방 식탁에서 자신의 패션 아이디어를 스케치하며 창의성을 발휘하기 시작했다. 아이를 키우면서도 자기 자신을 돌볼 방법을 찾아낸 것이다.

요즘 내가 마리아 같은 환자를 만나면 아마 다양한 대처법을 제시할 것이다. 비슷한 증상의 환자라면 전문 심리치료사에게 정신 건강 상담을 받거나 약물 치료를 받아 문제의 수렁에서 벗어날 수 있을 것이다. 편두통이나 군발두통으로 진단이 내려지면 거기에 맞는 약물을 사용하는 것도 도움이 된다. 집에서 몸을 흔들고 동네를 산책하는 대신 헬스장에 가서 운동하면서 엔도르핀을 분비하는 방법도 있다. 오늘날에는 이용 가능한 자원이 다양하다. 하지만 이런 자원도 이용하려면 어쨌든 몸을 먼저 움직여야 한다. 도움을 받으려면 우리 안에 있는 생명력을 깨워야 한다. 그리고 믿든 안 믿든 소파에서 꼼짝하지 않는 것보다는 집 주변을 돌아다니거나 아이와 함께 '아기 돼지 오 형제This Little Piggy' 놀이를 하는 쪽이 훨씬 낫다.

우울증은 보이지 않는 적과 같다. 바이러스처럼 몰래 침투한다. 눈에 띄지 않게 살금살금 들어와 어느 날 갑자기 커다란 덩치를 드러낼 때 사람들은 어떻게 대처해야 할지 모른다. 이런 일이 일어나면 삶과 다시 연결될 수 있는 간단한 방법을 찾아야 한다.

우울할 때는 몸을 움직이는 일이 쉽지 않을 수 있다. 통증이 심할 때도 몸을 움직이는 일이 어려울 수 있다. 우울증으로 인한 심리적 고통 역시 육체적 통증과 매우 비슷해서 이때도 흔히 몸을 움직이는 일이 고통을 치유하는 해결책 중 하나다.

내가 만난 이들 중에 수지라는 환자가 있었다. 수지는 류머티즘성 관절염 때문에 매일 고통과 함께 살았다. 수지는 임신을 하게 되자 엄마가 된다는 사실에 무척 기뻐했다. 그렇지만 나는 수지가 앞으로 겪을 더 심한 고통, 특히 분만 과정에서 겪을 극심한 고통이 염려스러웠다. 수지는 관절에 염증이 생긴 상태였다. 그런데 임신하면 관절에 가해지는 압력이 증가하고 임신 중에 분비되는 호르몬 탓에 관절이 느슨해져 쉽게 손상된다. 게다가 분만 과정에서는 이 호르몬과 압력이 더욱 증가한다. 여성은 대체로 출산할 때 평생 경험하지 못했을 크나큰 고통을 겪게 된다. 류머티즘성 관절염을 앓고 있는 사람이라면 이 고통이 더더욱 심할 것이다. 수지는 진통제 등을 사용하지 않은 채 출산하고 싶어 했다. 하지만 나는 수지가 어떻게 그 일을 감당할지 걱정스러웠다.

수지가 출산할 때 운 좋게 나는 곁에 함께 있었다. 수지는 여느 임산부처럼 진통을 겪었고, 그녀의 고통이 다른 산모보다 훨씬 심하다는 것을 나는 알았다. 그런데 수지는 분만 중인 여성이 흔히 축복으로 받는 심오하고 보편적인 지식을 본능적으로 깨달은 듯했다. 그녀는 새 생명이 세상을 처음으로 마주하는 고귀한 순간에 자신이 어떻게 행동해야 하는지 정확히 아는 것처럼 보였다. 나는 문명 이전에 여성이 경험했을 법한 광경을 목격했다. 만성 통증을 안고 살아가는 데 익숙했던 수지는 놀랍게도 밀려오는 진통을 고스란히 느끼도록 허용했다. 수지는 진통을 피하려고 애쓰지 않고 진통이 온몸을 관통하도록 내

버려두었다. 극심한 진통이 덮쳐올 때마다 고통에 온몸을 내맡겼다.

수지가 천천히 몸을 움직이더니 이내 리듬을 타며 춤을 추기 시작했다. 수지는 마치 고대 여신처럼, 세상사를 다 아는 여인처럼 엉덩이를 흔들며 맨발로 방안을 빙빙 돌았다. 온몸으로 진통을 고스란히 받아들인 채 춤을 추면서 세상에 나오는 딸을 맞이하는 여인의 모습을 나는 결코 잊지 못할 것이다. 물론 수지는 실제로 심한 고통을 겪었지만, 동시에 그녀는 고통에 사로잡히지 않았다. 고통이 지나가는 현상임을 알았다. 수지는 고통이 지나가면 찾아올 큰 기쁨을 향해 자신을 열었다. 건강하고 사랑 넘치는 분만으로 딸을 세상에 맞이하면서 한때의 고통은 지고한 행복으로 바뀌었다.

나는 엄청난 경외심에 휩싸였다. 내 평생 수만 번은 아니어도 족히 수천 번은 넘게 분만 과정을 지켜봤지만 그 기적을 마주할 때는 언제나 경이롭다.

수지는 분만 과정에서 자신을 초월한 지혜를 활용했으며 이는 아주 오래전부터 세대와 세대를 거치며 우리 유전자에 새겨져 있다.

과학적 연구 결과에 따르면 몸을 움직이는 것은 여러 만성 통증을 다스리는 데 유익하다.[9] 몸을 움직이면 관절이 유연하고 튼튼해지도록 돕는다. 몸을 움직이면 근육이 약해지는 것을 예방해 인대와 뼈를 지탱하도록 돕는다. 몸을 움직이면 혈액 순환을 촉진한다. 몸을 움직이면 통증으로부터 주의를 환기하는 효과가 있다.

그러면 통증을 느낄 때 어떻게 움직여야 할까? 직관에 어긋나는 듯 보일 테지만 답은 꽤 단순하다. 어떤 식으로든 움직이면 된다. 물론 예컨대 척추를 다쳤거나 골절당한 뼈가 아물고 있을 때는 예외다. 하지만 그런 경우가 아니라면 설령 통증이 있어도 대개는 몸을 움직이는 활동이 가능하다. 또한 몸을 움직이면 우리를 침체의 늪에 빠트리는 우울증을 예방하는 효과도 있다.

통증이 있을 때 움직이지 않으려는 주된 이유 중 하나는 두려움이다. 그랬다가 더 아프고 고통스러울까봐 겁나기 때문이다. 하지만 생명은 멈추는 법이 없이 언제나 움직인다. 만약 통증이 있으면 심호흡부터 해보자. 깊이 호흡할 때 복부와 가슴이 어떻게 움직이는지 주의를 집중해야 한다. 호흡에서 시작해 몸의 움직임을 점점 키워보자. 동작에 따라 통증이 밀려오고 또 사라지기를 반복할 것이다. 특정한 동작에서 통증이 줄어드는 것을 관찰할 수도 있다. 일단 움직이고 나면 일어서서 더 많이 움직일 수 있게 된다. 다음에 어떤 일이 일어날지 관찰하면서 움직임을 계속 허용해보자. 혹시 누가 아는가? 그러다가 춤을 출지도 모를 일이다.

만성 통증을 안고 살아가는 사람이라면 결국 고통을 받아들이고 성장하는 습관을 기르게 된다. 우울감에 자주 빠져드는 경향이 있다면 우울한 생각이 일어난다고 느낄 때 어떤 식으로든 몸을 움직이는 법을 배우는 것이 좋다.

우리는 신체적 원인으로 고통을 겪을 때가 있다. 과거에 다쳤다거나 날 때부터 뇌의 화학 작용에 문제가 있어 불안에 취약하거나 할 수 있다. 그런가 하면 과거의 특정한 경험 때문에 무기력하고 정체된 삶을 살며 고통받기도 한다. 신체 기능을 마비시키는 대단히 강력한 감정인 수치심의 역할을 살펴보는 일이 중요한 이유다.

Chapter 9

‡

수치심에
얼어붙지 말자

수치심은 해소하기 매우 어려운 감정이다. 평생을 수치심에 붙들려 사는 이들이 적지 않다. 특히 우리는 오래된 수치심에 시달릴 때가 많다. 그만 잊기를 간절히 바라지만 과거의 부끄러운 경험이 자꾸만 떠올라 우리를 괴롭힌다. 수치심만큼 우리 생명력을 갉아먹는 것도 없다.

누구나 살면서 수치심을 경험한다. 이유는 정확하게 모르지만 나는 무대에만 서면 미끄러지거나 넘어지곤 했다. 정말 창피하게도 그런 일이 벌어지고 만다! 그 사건들을 생각하면 아직도 얼굴이 좀 달아오르지만 나는 그런 상황을 유머로 바꾸는 법을 배웠다. 이렇게 하면 부끄러운 사건이 아무렇지 않은 일이 되는 기분이 든다.

많은 사람이 보는 앞에서 처음으로 넘어진 것은 초등학교 때였다. 나는 〈개구리가 웅덩이를 뛰어넘었어요The Frog Jumped over the Pool〉라는 학교 연극에서 주인공을 맡아 자랑스러웠다. 나는 초록색 의상을 입고 중대한 순간을 기다렸다. 물이 가득 담긴 대야를 의기양양하게 뛰어넘는 장면이었다. 모든 관객이 나를 지켜보고 있었다. 하지만 뛰어오른 순간 뭔가 잘못되었고, 내 생각과는 달리 첨벙거리는 소리가 먼저 들리고 이어서 엉덩이가 축축해지는 것을 느꼈다. 관중은 대야에 빠진 나를 보고 일제히 폭소를 터뜨렸다. 개구리 의상에서 빠져나온 초록빛 염료가 물에 번지기 시작했고, 나는 창피한 마음에 그대로 얼어붙은 채 엉엉 소리쳐 울었다.

나중에 오빠들이 저녁 식사 자리에서 그 이야기를 꺼냈을 때 어머니는 소중한 교훈을 알려주는 계기로 삼았다. 오빠들이 웃음을 멈출 때까지 기다린 어머니는 이렇게 말했다.

"자, 얘들아. 웃을 만큼 웃었으니까 이제 우리가 가족으로서 글래디Gladee를 어떻게 도울지 얘기해보자. 다음에 창피한 일이 일어났을 때 글래디가 사람들에게 '비웃음당하는' 게 아니라 사람들과 '함께 웃으려면' 어떻게 해야 할까?"

어머니는 어처구니없는 상황에서 내가 느꼈을 창피함에 공감하며 사랑을 듬뿍 담아 이야기했다. 어머니는 내가 울음을 터트렸다고 창피해하지 않았으며, 그 사건을 이야기하며 웃음을 터트린 오빠들을 창피해하지도 않았다.

알고 보니 어머니의 질문에 해답이 있었다. 물에 빠졌을 때 느낀 수치심을 내려놓고 나면 다른 사람들과 마찬가지로 한 가지 사실을 깨닫는다. 다시 말해 연극 제목처럼 〈개구리가 웅덩이를 뛰어넘었어요〉라고 해놓고 오히려 물에 빠지는 반전이 사람들에게 즐거움을 선사했다는 사실이다. 창피한 감정을 흘려보냈을 때 우리는 다른 감정을 만날 때가 많다. 이를테면 이 사례에서처럼 웃음과 재미를 얻게 된다.

어머니의 이 가르침에 나는 거듭 도움을 받았다. 이때 이후로도 여러 차례 무대에서 넘어졌기 때문이다. 대학에 들어가 '대중 연설 101Public Speaking 101'이란 교양 과목을 들었다. 모든 학생이 연단에 나가서 자기소개를 해야 했다. 인도에 살다가 미국 오하이오주로 이주한 지 얼마 되지 않은 나는 이미 겉모습부터 다른 여학생들과 꽤 차이가 컸기에 연단에 오르기가 불안하고 초조했다. 계단을 오르던 중 발을 헛디뎌 그대로 뒤로 넘어지고 말았다. 바닥에 '쿵' 하고 몸이 닿기 전에 2가지 야릇한 소리가 교실에 울려 퍼졌다. 하나는 '퍽' 하고 책상에 내 머리가 부딪치는 소리였고, 또 하나는 치마가 무릎 위까지 '북' 하고 찢어지는 소리였다. 당시 기준으로는 무릎 위까지 다리가 노출되는 것은 상당히 야한 장면이었다. 나는 어머니가 초등학교 때 들려준 가르침을 떠올리며 재빨리 몸을 추스르고 수치심을 내려놓았다. 충격으로 입을 다물지 못하고 있는 학생들을 향해 나는 말했다.

"연사가 가장 먼저 할 일은 청중의 관심을 끄는 겁니다. 나는 글래디스 테일러라고 합니다. 여러분이 내 쇼를 즐겼기를 바랍니다!"

학생들은 강의실이 떠나갈 듯 웃음을 터트렸고 나도 함께 웃었다.

생명은 움직여야 산다는 원리를 여기서도 이해할 수 있다. 뭔가 잘되지 않았을 때 거기에 얽매이지 말고 놓아버리고 다른 것을 찾아 움직여야 한다. 이 사례에서 나는 수치심을 내려놓고 그 너머에 존재하는 유머를 찾아냈다. 유머를 발휘한 덕분에 수치심은 즐거움으로 바뀌었다. 부끄러움과 창피함에 계속 사로잡혀 있었다면 결코 얻지 못했을 결과였다. 나는 실수한 나 자신을 먼저 용서해야 했고, 그러자 생명 에너지가 다시 움직이기 시작했다.

바로 이것이 어머니가 내게 가르쳐준 교훈이었다. 내가 초등학교 연극에서 대야에 주저앉은 채 울었던 건 넘어졌기 때문이 아니었다. 활달한 아이였던 나는 엎어지고 넘어지기 일쑤였다. 연극에서는 넘어지면 안 된다고 생각했는데 실수한 것이 창피했기 때문이었다.

앞서 소개한 마리아와 수지를 생각해보자. 내가 무대에서 느꼈던 창피함은 마리아가 자신이 나쁜 엄마라고 여긴 두려움과 비슷하다. 이런 점에서 수지가 분만 중 '하지 않았던' 행동이 더욱 의미심장하게 다가온다. 수지는 출산 때 겪을 끔찍한 진통과 자신의 관절염을 걱정하면서 상황이 뭔가 바람직하지 못하다고 생각하지 않았다. 그랬다면 자신이 할 일, 새 생명을 맞이하는 일에 집중하지 못했을 것이다. 대신에 수지는 생명력과 사랑이, 심지어 웃음까지 자신을 통해 흘러넘치도록 했다.

어머니는 창피할 때는 웃으라고 가르쳤다. 웃음에는 해로운 감정을 뚫고 나오는 기이한 힘이 있기 때문이다. 웃음은 신체에도 중요한 역할을 한다. 웃음은 말 그대로 부신을 간지럽힌다. 두려움, 분노, 연민, 증오 같은 감정이 일어날 때 화학 반응을 일으키는 부신은 횡격막과 인접해 있다. 크게 웃으면 횡격막이 수축하고 이완하면서 부신을 가볍게 자극하는데 나는 이것을 간지럽힌다고 표현한 것이다. 우리가 크게 웃는 것은 부신을 향해 이렇게 말을 거는 것과 같다.

"안녕, 스트레스받거나 속상한 일 있어? 풀고 싶은 거 있어?"

내 경험상 부신은 긴장을 풀고 놓아버리라는 이 웃음 자극에 잘 화답해 안도하며 편안해지는 반응을 보인다.

수치심은 가장 끈질기게 들러붙어 움직이지 않는 감정 중 하나다. 그날 저녁 식사 자리에서 어머니는 이런 창피함에 사로잡혀 있는 대신 움직이는 감정을 찾아냄으로써 바로 창피함에서 빠져나올 수 있다는 것을 보여주었다.

나이가 들면 수치심과 창피함 같은 감정이 사라지리라 여긴다면 오산이다! 내 나이 102세지만 여전히 창피한 순간이 있고 그때마다 이 감정을 해소해야 한다.

99번째 생일 때 이런 일이 있었다. 당시 아직 운전대를 놓지 않았던 나는 차를 몰고 슈퍼마켓에 들러 몇 가지 물건을 샀다. 식료품이 담긴 쇼핑백을 차에 실으려고 99세 할머니답게 천천히 들어 올리는데 그 모습이 주의를 끌었던 모양이다. 한 노신사가 다가와서 물었다.

"도와드릴까요?"

"고맙지만 괜찮아요."

"정말요? 도와드릴게요. 내가 보기보다 힘이 셉니다. 여든여섯 살이거든요!"

나이 들수록 행복해지는 인생의 태도에 관하여

그는 뽐내듯이 말했다.

뭔가 짜증이 났다. 이유는 모르지만 그랬다. 어쨌든 나는 퉁명스럽게 호의를 거절했다.

"흠, 그래요, 난 아흔아홉 살이에요!"

나는 이렇게 말하면서 거부 의사를 담아 그 사람을 쏘아보았다.

그 사람은 내 반응에 약간 당황하더니 곧 나긋나긋한 말투로 몇 마디 남기고 가던 길을 갔다. 자동차 뒷문을 닫고 운전석에 앉아서 나는 나에게 화를 냈다. 왜 그토록 불퉁하게 말했을까? 어째서 경쟁심을 느꼈을까? 그 사람은 그저 호의를 베푼 것뿐이었는데!

'글래디스, 갈수록 괴팍한 노인네가 되어가고 있구나.'

너무 화가 나 시동을 거는 것도 잊었다.

그러다 문득 생각이 들었다.

'이런 상황에서도 재미를 찾을 수 있지 않을까?'

두 늙은이가 슈퍼마켓 주차장에서 티격태격하는 모습을 떠올리니 정말 웃겼다! 한 할망구가 여든여섯 살 할아비를 건방진 애송이 취급하고 있었다! 그 상황을 곱씹을수록 퉁명스러운 노인네 둘이서 식료품 쇼핑백을 두고 옥신각신하는 코미디의 한 장면처럼 느껴졌다. 나는 차에 앉아 배가 아플 정도로 웃으며 부신을 간지럽혔다. 너무 우스꽝스러워서 더 이상 창피한 느낌이 들지 않았다. 나는 한바탕 웃으며 수치심과 후회를 풀고 놓아 보냈다.

창피한 일을 저질렀을 때 어떻게 하면 재미나 보이게 할 수 있는지 생각해보자. 내가 저지른 실수에 재미난 점이 있을까? 놀랍거나 멍청하거나 우스꽝스러운 점이 있을까? 남들은 어떻게 받아들일까? 사람들이 웃는다면 이유는 무엇일까? 이렇게 관점만 달리해도 수치심이 웃음으로 바뀔 때가 의외로 많다는 사실을 알게 된다.

이 대처법은 내가 방금 예로 든 것 같은 '사소한' 사건에 효과가 좋다. 하지만 우리는 흔히 자신이 과거에 내린 '중대한' 결정을 후회하고 곱씹으며 살아가곤 한다. 놓쳐버린 소중한 관계, 섣불리 내린 경제적 결정, 잘못된 직업 선택 등에 매달려 두고두고 되풀이하는 후회는 어떻게 해소할 수 있을까?

머물러 있지 않고 앞으로 나아가려면 빼놓을 수 없는 또 한 가지가 있다. 자신이 몰라서 또는 더 잘하지 못해서 실수하거나 망친 일과 관련해 자기 자신을 용서하는 일이 그것이다.

‡

Chapter 10

지난 일은 내려놓고
앞으로 나아가라

살면서 어떤 생각이나 경험에 갇혀 있는 느낌에 힘겨워하는 사
람이 많다. 실제로 어려운 일이 닥치면 온 힘을 다해 문제를 극
복하고 처리하는 것이 당연하다. 하지만 때로는 이 처리 과정
에 갇혀서 옴짝달싹 못 할 때가 있다. 앞으로 나아가야 하는데
그럴 수 없을 때가 있다.

　지난 일을 내려놓고 새롭게 앞으로 나아가는 것과 지난 일
을 완전히 부정하는 것은 백지장 차이다. 하지만 나는 사람들
이 이 차이를 느낀다고 믿는다. 우리 대부분은 자신이 막혀 있
는 때를 안다. 똑같은 생각을 곱씹으며 끝없이 되새기거나 내

려놓을 수 없는 기억에 매달려 자신을 고문하다시피 괴롭힐 때다. 자신이 소중히 여기던 어떤 관계, 커리어, 프로젝트 등이 끝나버렸는데도 새롭게 뭔가를 시작하는 대신 자신이 이루지 못한 것을 한탄만 하고 있을 때다. 이럴 때는 종종 신속하게 지난 일을 놓아버려야 한다. 더는 자신에게 아무 도움이 되지 않는 것을 알아차리고 그냥 내려놓아야 한다.

우리는 대부분 자신에게 전혀 도움이 되지 않는 것과 마주할 때 어떤 기분이 드는지 잘 알고 있다. 삶에 솔직하게 열려 있다는 것은 때로 자신에게 이롭지 않은 것에 등을 돌리는 것을 의미한다. 우리는 "고맙지만 사양할게"라고 친절하면서도 단호하게 말하고 자기 삶을 계속 이어가야 한다.

어머니는 이 원리를 깊이 터득한 분이었다. 마거릿 언니와 나는 머리가 희끗희끗해지고 나서야 우리가 말하는 도중에 재미난 손짓을 한다는 사실을 알아차렸다. 우리는 손바닥이 보이도록 손가락을 살짝 오므린 상태에서 손을 앞으로 들어 올렸다가 발밑에 흐르는 물에 꽃잎을 뿌리듯 손가락을 펼치며 손을 아래로 내리곤 했다. 우리는 궁금했다.

"도대체 우리는 왜 이런 손짓을 하는 거야? 누가 먼저 시작했지?"

그러다가 둘 다 기억이 났다.

　　　　나이 들수록 행복해지는 인생의 태도에 관하여

"엄마가 그랬어."

어머니는 이 손짓을 할 때마다 이렇게 말하곤 했다.

"쿠치 파르 와 나이Kutch par wa nay."

힌두스타니어로 이런 뜻이다.

"별것 아냐"

어머니는 이렇게 우리에게 문제를 내려놓는 법을 가르쳤다. 어머니에게는 이 손짓이 익숙하고 자연스러웠다. 아무리 어려운 문제가 닥쳐도 거기에 매몰되지 않고 어려움을 견디고 나아갈 힘을 얻었으며, 도움이 되지 않는 생각은 놓아주고 자신에게 중요한 일에 새로 집중해 앞으로 나아갔다. 어머니는 결코 감정이 무디거나 냉담한 분이 아니었다. 사랑이 넘치는 분이었다. 하지만 어머니에게는 이 세상에서 해야 할 중요한 일이 있었고, "별것 아냐"에 힘입어 당신 일에 계속 몰두할 수 있었다.

이렇게 손짓하는 습관은 지금까지 내 삶을 돌아봤을 때 내게 유익했다. 마거릿 언니와 나는 누구에게 배웠는지 기억해 내기 훨씬 전부터 이 손짓을 활용했다. 뭔가가 내게 도움이 되지 않음을 알아차리면 나는 자연스럽게 손을 올렸다가 손가락을 펼치며 그것을 내려놓곤 했다. 지금은 이 손짓을 의식적으로 하게 되었는데, 뭔가가 내게 닥칠 때 그것을 수용할지 말지는 내가 선택한다는 사실을 일깨운다는 점에서 크나큰 힘이 된다. 그리고 내가 원하지 않는 것이라면 나는 의식적으로 그것을 흘려보낸다. 그것을 붙들고 안달하지 않는다. 우주는 멈추는 법이 없으므로 나는 흐르는 물에 꽃잎을 띄워 보내듯 떠나보낸다.

내가 지금까지 살면서 "별것 아냐"를 실천할 기회는 결코 적지 않았던 것 같다. 어떤 감정을 바꿔야 할 때도 나는 이 말을 즐겨 사용하는데, 후회를 다스릴 때 특히 효과적이다.

나는 후회하는 결정을 참 많이 하면서 살아왔다. 이 말은 나 자신을 용서하는 법을 배울 기회가 그만큼 많았음을 의미한다. 내가 했던 말, 다른 사람에게 준 상처, 했던 선택, 나아가 주장한 의견을 두고도 후회했다. 하지만 후회를 붙들고 살지는 않았다.

한 세기를 넘게 살아오는 동안 내 지식은 부쩍 성장했다. 당신도 나처럼 성장해왔기를 또 앞으로도 성장하기를 바란다. 내 사상 역시 진화했다. 이는 살아 있는 생명이라면 자연히 겪는 변화다.

내가 예전에는 옳다고 여겼으나 지금은 그르다고 생각하는 것들이 있다. 왜 아니겠는가. 당신이 현재 아무리 옳다고 확신하더라도 나처럼 100년 넘게 살고 나면 그때는 틀린 것으로 밝혀지는 사상이나 의견이 분명 있을 것이다! 내가 정말로 후회했던 선택 중 하나는 내 커리어와 관련이 있다. 그 선택은 자신들의 인생에서 가장 취약한 순간에 내게 돌봄을 받았던 수백 명의 여성과 아이에게 영향을 미쳤다.

내가 분만 과정을 공부할 당시에는 산모가 고통을 느끼지 않도록 '반마취 분만법twilight sleep'을 써야 한다고 배웠다. 약물 때문에 산모가 의식이 흐려지면 아기를 스스로 밀어내지 못하므로 의사는 집게를 써서 태아를 빼냈다.

나는 이 분만법으로 첫째와 둘째를 낳았다. 또 의사로서 다른 여성의 분만을 도울 때도 집게로 태아를 꺼냈고, 능숙하게 잘 해냈다. 내가 그랬던 건 출산 과정에서 극심한 고통을 겪어야 하는 여성들에게는 이 방법이 신이 주신 완벽한 선물이라고 배웠기 때문이다. 당시에는 임산부의 고통을 완화하고 여성의 권리를 옹호하는 방법으로 이 반마취 분만법을 환영했던 것 같다.

그러나 지금은 생각이 달라졌다. 산모가 의식이 흐려진 상태에서 의사가 집게로 아이를 꺼내는 분만법은 세상에 태어나는 아기를 환영하는 방법치고는 너무 불쾌할뿐더러 부적절하다.

오늘날 나는 분만 과정에서 진통제를 원하는 여성을 존중하지만, 반드시 의료진이나 진통제가 있어야만 여성이 아기를 낳을 수 있다는 말은 크게 잘못되었다고 생각한다. 진통 과정이 중요하고 많은 이점이 있다는 사실을 깨달은 나는 의료진이 반드시 개입해야 할 때도 무조건 마취해야 한다고 권하지 않는다. 의사가 집게로 머리를 잡아당기며 꺼내는 일은 아기에게도 충격적인 경험일 것이라고 생각한다.

돌이켜보면 그때 내가 산모들에게 반마취 분만법을 실시한 일은 자책할 만하다. 셋째부터는 다른 방법으로 출산했지만 첫째와 둘째를 이 분만법으로 낳은 일도 자책할 만하다. 분만법 말고도 자책할 만한 일은 많다. 건강에 좋다고 생각해 아이들에게 먹였던 음식, 지금은 터무니없다는 것을 알지만 그때는 옳다고 믿었던 사상, 다시 주워 담고 싶은 언행이 그렇다.

하지만 내내 자책만 하지 않고 "별것 아냐"라고 말하며 앞으로 나아갈 수도 있다. 잘못된 정보를 수정한다면 다르게 행동할 수 있음을 알기 때문이다. 내가 한 일 대부분은 당시에는 최선이라고 판단한 것이었고, 내 선택은 모두 사랑에 근거한 것이었다. 그래서 나는 결심했다. 더 이상 후회하거나 자책하며 살지 않기로. 후회하지 않는 사람은 없다. 문제는 얼마나 오래 후회하느냐에 있다.

내가 오하이오주 마을에서 의사로 일할 때 한 아빠가 실수로 자신의 갓난아이를 죽일 뻔한 일이 있었다. 아이 아빠인 매슈는 스무 살쯤이었고 엄마인 코니는 더 어렸다. 임신한 코니를 정기적으로 진찰하고 있던 나는 분만일이 가까워졌음을 알았다. 하지만 마을 사람 대부분이 그렇듯이 코니 역시 진통이 시작되고 한참 뒤에 내게 연락했고, 나는 코니 집에 바로 갈 수가 없는 형편이었다.

당시 나는 너무나 바빴다. 빌과 내가 함께 병원을 열었을 때만 해도 우리 지역에서 일하는 일반의는 모두 여섯이었는데, 하나둘 은퇴하고 우리 부부만 남은 상태였다. 빌은 한국전쟁 기간에 군 복무를 했기에 나 혼자서 거의 9000명이나 되는 인구를 감당했고, 집에 돌아가서는 아이 넷을 키웠다. 연락을 받았을 때 나는 다른 환자를 치료하던 중이었다. 그래서 그 일을 마무리하고 코니의 집에 도착하니 1시간가량 걸렸다.

매슈가 어쩔 줄 몰라 하는 얼굴로 문을 열었다.

"글래디스 선생님, 코니가 이미 아기를 낳았어요. 피가 엄청나게 쏟아졌어요."

"누가 피를 흘렸다고요?"

나는 서둘러 장갑과 모자를 벗어놓고 진료 가방을 들고 복도를 지나며 물었다.

"코니요 아니면 아기요?"

"둘 다요."

매슈는 하얗게 질린 얼굴이었다.

"하지만 아기가 걱정이에요. 탯줄을 잘라야 할 것 같아서 잘랐는데 피가 마구 쏟아졌어요."

나는 문을 열고 침실로 들어갔다. 두려움으로 얼굴이 창백해진 코니가 꽁꽁 감싼 갓난아기를 안고 있었다. 출산으로 침대 시트는 엉망이었고 침실 협탁 위에 가위가 놓여 있었다. 가까이 다가가 아기를 살펴보니 담요가 붉게 물들어 있었다. 내가 담요를 걷자 아이 엄마도 아빠도 입을 굳게 다물었다. 아기의 조그만 배는 피로 범벅이었다. 피가 엄청나게 쏟아졌다는 매슈의 말은 틀리지 않았다. 탯줄이 너무 바짝 잘려 있었다. 아기가 아무 소리도 내지 않았기에 나는 간담이 서늘해졌다.

보통 의사들은 먼저 배꼽 바로 앞쪽 부분을 집게로 집어 죄고 나서 배꼽에서부터 3~5센티미터 사이에서 탯줄을 자른다. 이렇게 해야 여태껏 아기에게 혈액을 공급해왔던 배꼽동맥이 제대로 닫힌다. 남은 탯줄은 며칠 지나면 자연스럽게 떨어져 나간다. 그리고 어떤 경우든 아기가 태어나자마자 탯줄을 즉시 잘라야 할 필요는 없다. 하지만 딸아이를 받아낸 후 흥분한 매슈는 다음에 어떻게 해야 하는지 배운 적이 없었기에 자신의 배꼽 위치를 떠올리고는 딸의 탯줄을 같은 위치에서 바짝 잘라버렸다.

나이 들수록 행복해지는 인생의 태도에 관하여

나는 진료 가방에 손을 넣어 조그만 지혈집게 세트를 꺼내 소독약을 부었다. 아기가 피를 많이 흘렸기에 지체할 시간이 없었다. 내가 침대 옆에 무릎을 꿇고 앉아 신생아의 배꼽 주변을 살피며 배꼽동맥을 찾는 동안 매슈와 코니는 숨을 제대로 쉬지 못하고 서로를 붙들고 있었다. 배꼽동맥은 깊은 곳에 있었다. 내가 잘린 부위를 건드리자 아기는 비명을 지르기 시작했고, 지혈집게를 집어넣자 더 자지러지게 소리를 높였다. 그러다가 아기가 비명을 멈추자 나는 더더욱 걱정이 커졌다. 출혈이 심해 울 기운조차 떨어진 것이었다. 배꼽동맥을 붙잡기까지 몇 분간 속이 까맣게 타들어가는 기분이었다. 처음에 비명을 지르던 아기는 나중에는 숨만 헐떡이고 있었다. 그사이 나는 배꼽동맥을 붙잡아 묶고 아이의 생명을 구했다.

나중에 매슈가 사과하려고 했을 때 나는 재빨리 그러지 말라고 말렸다. 나는 상냥하지만 단호하게 말했다.

"매슈, 당신은 아는 한도에서 최선을 다했어요. 이런 일로 에너지를 낭비하지 말아요. 부인과 아기는 지금 당신이 필요해요. 이 일은 사고였을 뿐이에요. 당신이 모르고 한 일이죠. 어쩔 수 없는 일로 자책하는 건 의미 없는 일이에요."

나는 바닥을 향해 손을 내리며 이렇게 말했다.

"잊어버려요. 아기는 생명에 지장이 없고 괜찮아질 겁니다. 그냥 잊어버려요."

그리고 내 말이 옳았다. 그 후로 이 가족과 한동안 알고 지냈는데 아기는 건강하게 자랐다.

나는 매슈의 일을 오랫동안 자주 떠올렸다. 겁을 잔뜩 먹은 젊은 아빠가 혼자서 아기를 받아냈다. 매슈가 자신의 실수로 괴로워하지 않기를 나는 기도했다. 매슈에게 말했듯이 어쩔 수 없는 일로 자책하는 건 의미 없는 일이라고 믿기 때문이다. 자책을 내려놓고 앞으로 나아가는 것, 이것이 우리가 할 수 있는 최선이다.

당신이 과거에 어떤 실수를 저질렀는지 모르지만, 당시에는 자신이 아는 한도에서 최선의 결정을 내렸으리라고 믿는다. 만약 후회를 안고 산다면 그 사실을 알아차리고 거기서 벗어나 다시 활기차게 움직일 수 있는 뭔가가 있는지 살펴보자. 실수하고 나서 일이 잘 풀렸는가? 그렇다면 감사하자! 실수한 일에서 재미난 요소를 찾을 수 있는가? 찾았다면 웃어보자! 그 사건 이후로 새로운 것을 배웠는가? 그렇다면 새로 배운 것을 누리면서 어떤 식으로든 표현해보자! 후회를 내려놓고 행복하고 건강한 삶을 이어나가기 위해 당신이 할 수 있는 일이라면 모두 해야 한다. 자신을 용서하고, 필요하다면 다른 사람에게 용서를 구하자.

이처럼 때로는 "별것 아냐"라고 말하는 단순한 행동이 엄청난 차이를 빚어낸다.

하지만 또 한편으로 우리는 후회와 고통, 꽉 막힌 인식에서 도저히 헤어나지 못할 때도 있다. 바로 우리 몸과 마음, 그리고 삶의 시스템에 흐름을 가로막는 장애물, 제거해야 할 장애물이 존재하기 때문이다.

‡

Chapter II

흐름을 막는
장애물 제거하기

인생이든 건강이든 문제가 발생했을 때 흐름을 막는 장애물을 제거해야 몸을 치유하고 삶을 바로잡을 수 있다. 섭취하는 특정한 음식, 특정한 인간관계, 또는 특정한 생활 습관을 제거할 필요가 있을 때 우리는 어디에서 문제가 발생하는지 흔히 직관적으로 이해한다.

여러 사례를 들여다보면 개인의 신념 때문에 흐름이 막힐 때가 많다. 내가 만났던 환자 중 샨티가 여기에 해당한다. 샨티는 임신했을 때 약물 처방이나 시술 없이 출산하기를 바랐다. 영적 성장을 추구하는 샨티는 명상을 비롯한 여러 수련법을 수행하며 출산을 준비했다. 문제는 나와 조산사 바버라 브라운 Barbara Brown이 처방한 운동을 샨티가 전혀 하지 않았다는 데 있었다. 분만일이 되었는데 샨티는 자궁경부가 겨우 1센티미 터 열린 상태에서 진통이 시작되었다. 자궁경부가 충분히 열리 지 않아 힘을 주기가 어려웠고 오랜 시간 진통을 견딜 수 있을 지 의문이 들었다.

의료 개입을 일절 거부한 샨티는 우리가 제안한 여러 의견 도 받아들이지 않았다. 좋게 말해 샨티는 매사에 자신의 방식 대로 일하고 싶어 하는 사람이었다. 나는 샨티의 마음이 그녀 의 자궁경부만큼이나 열리지 않는다는 생각이 들었다. 도움을 주고 싶지만 도울 방도가 없어 답답했기에 일단 몸을 움직여야 겠다고 생각했다. 바버라가 샨티 곁을 지키는 동안 나는 침실 밖으로 나가 몇 분간 생각을 정리하기로 했다. 문제가 발생하 면 소리를 듣고 즉각 돌아갈 수 있도록 멀리 나가지 않고 집 안 을 서성이며 고민했다. '샨티의 몸에서 생명 에너지가 흐르고 있는 곳은 어디일까? 내가 어떻게 하면 그 흐름을 활용할 수 있을까?'

내가 고민하는 사이 바버라가 답을 찾았다. 샨티가 영성 훈련으로 만트라 암송하기를 좋아한다는 사실을 기억한 바버 라는 샨티에게 함께 만트라를 읊자고 제안했다. 두 사람의 목소리가 복도까지 흘러나와 내게도 들렸다. "연꽃을 열어라, 연꽃이 열렸네. 연꽃을 열어라, 연꽃이 열렸네Open lotus, lotus open. Open lotus, lotus open." 바버라는 환자가 쉽게 마음을 여는 화제를 활용했다. 바버라는 막힌 부분을 꿰뚫어 보았다. 즉 문제를 해결하려면 영적 조치뿐 아니라 신체적 조치도 필요했다. 바버라는 막힌 부분에 매달리지 않고 먼저 영성을 중심으로 에너지가 흐르게 했고, 그러자 샨티의 자궁경부가 실제로 열리기 시작했다. 하지만 자궁경부가 완전히 열렸는데도 샨티는 힘을 주려 하지 않았다. 그래서 바버라는 "아래로 그리고 밖으로Down and out"라고 만트라를 바꿔서 읊었고, 샨티가 이에 따라 몇 차례 힘을 주자 마침내 아기가 얼굴을 드러냈다. 얼마 지나지 않아 샨티는 건강한 아기를 품에 안았다. 자신이 바라는 대로 약물 처방이나 시술 하나 없이 아기를 낳은 것이다.

뭔가 막혀 있다고 느낄 때는 앞서 비유로 설명했듯이 흐름을 막는 둑을 우회할 물줄기를 찾아야 한다. 샨티의 사례에서는 샨티가 평소 영성 수련에 익숙하다는 사실에 착안해 바버라가 만트라 읊는 방법을 떠올렸다. 이 방법이 변화의 계기를 마련했다. 샨티가 만트라를 낭송하자 에너지가 움직였고 자신을 막고 있는 것을 풀어낼 수 있었다.

때로는 우리를 가로막는 것을 풀어내려면 큰 변화가 필요

나이 들수록 행복해지는 인생의 태도에 관하여

할 때도 있다. 내 친구 엘리자베스 퀴블러-로스Elisabeth Kubler-Ross는 자신의 계획을 실행에 옮기려고 오랜 세월 싸웠지만, 싸우기를 그만두고 대륙을 가로질러 멀리 이사를 떠남으로써 결국 자신의 장애물을 제거했다.

엘리자베스와 나는 동료로서 오랜 세월 알고 지냈다. 엘리자베스와 나는 성장 배경이 비슷했다. 스위스에서 태어난 엘리자베스는 임종 연구의 선구자로서 죽음과 상실감을 연구하고 그 결과를 발표했다. 1969년에 출간한《죽음과 죽어감에 관하여On Death and Dying》는 베스트셀러가 되었으며 지금까지 사랑받고 있다. 이 책은 인간이 죽음을 수용하는 과정을 5단계로 설명하는데, 엘리자베스에 따르면 각 단계는 반드시 순서대로 진행되는 것은 아니고 사람마다 차이가 있다.

엘리자베스는 1980년대에 비극적 죽음을 맞는 에이즈(후천면역결핍증) 환자들을 돕는 일에 힘을 쏟기 시작했다. "에이즈 대위기AIDS crisis"라 불릴 정도로 사망자가 많았는데 환자들 가운데 남성 동성애자가 많았던 터라 에이즈 환자에게는 처참한 낙인이 찍혔다. 이 병이 등장한 초기에는 수혈이나 성폭행 또는 HIV(인간면역결핍바이러스) 양성인 산모에게서 태어나 에이즈 증상을 보이는 아이들도 많았다. 미국 동부 버지니아주 시골에 거처를 새로 마련한 엘리자베스는 인근에 호스피스 센터를 열어 에이즈 증상을 보이는 아이들을 수용하려고 했다. 에이즈를 앓는 아이들은 부모에게 버림받았으며, 엘리자베스는 이를 비인간적인 처사라고 여겼다.

하지만 지역 주민 중에는 동성애 혐오가 워낙 심해 이런 아이들에게조차 동정심을 보이지 않는 이들이 있었다. 이 사람들에게는 에이즈가 곧 동성애를 의미했기에 동성애자들이 버지니아주로 몰려와 버젓이 얼굴을 들고 지내면서 점잖은 공동체를 망쳐놓을까봐 우려했다. 다른 주민들 역시 에이즈에 걸리는 경로를 제대로 알지 못했기에 HIV에 감염될까봐 걱정했다. 엘리자베스는 호스피스 센터를 건립하려고 싸웠으나 실패했고, 지역 사회는 너무 파격적인 일을 벌이려는 엘리자베스를 끝까지 받아들이지 않았다.

나는 이 일로 엘리자베스와 나누었던 대화를 기억한다. 지역 사회가 호스피스 센터 건립 계획에 반대하자 엘리자베스는 불같이 화를 냈다. 주민들이 동성애 혐오증을 드러내자 엘리자베스는 속상해했다. 엘리자베스와 내가 보기에는 아무 근거 없는 편견일 뿐이었다. 게다가 동성애와 관련도 없는 병든 아이들마저 두려움과 증오의 대상으로 삼는 태도는 더더욱 터무니없었다. 하지만 엘리자베스는 버지니아주에서 계속 살고 싶었다. 어떻게든 자신이 사는 지역에서 자기 뜻을 관철하고 싶었고, 더 나아가 자신과 뜻을 함께하는 진보적 사상가들이 입주한다면 그들을 이끌 수 있기를 바랐다.

그러는 사이에 이상한 일들이 일어나기 시작했고 엘리자베스는 누군가 자신을 해코지하는 것이 아닌지 의심하게 되었다. 호스피스 센터 설립 운동을 벌인 지 몇 해쯤 지났을 때 그 두려움은 현실이 되었다. 엘리자베스가 사는 집과 사무실에 도둑이 들었고, 그녀가 운영하는 교육 센터 간판에서 탄흔을 발견했다. 또 한번은 집을 비운 사이에 누군가 저녁에 엘리자베스 집에 침입해 그녀가 기르는 반려동물 라마를 죽이고 집에 불을 질렀다. 집은 잿더미가 됐다.

엘리자베스는 망연자실했다. 지역 사람들의 적대감을 무시하려 애썼지만 이제 떠날 때가 되었음을 깨달았다. 자기답게 사는 일, 그러니까 죽음과 상실감을 주제로 워크숍을 진행하고 자신이 중요하게 여기는 사회 정의 운동을 지지하며 살아가는 일이 이곳에서는 너무 힘겨웠다. 자신이 그렇게 끔찍한 존재가 아니라 남들과 다름없는 보통 사람이라는 사실을 증명하는 데 지칠 대로 지친 엘리자베스는 부동산을 매각하고 미국 서부 애리조나주 스코츠데일로 떠났다.

이 사건은 배타적인 지역 주민에게 쫓겨난 비극으로 보일 수도 있다. 하지만 나는 물론 엘리자베스도 그렇게 생각하지 않았다. 자신을 몰아낸 사람들에게 화가 나고 상처도 받았지만, 엘리자베스는 그 사람들에게서 도망친 것이 아니었다. 자신의 모든 것을 잃어버렸을지도 모를 일이지만 엘리자베스는 오히려 이 일이 자신에게 더 좋은 일이 일어날 징조라고 생각하며 용기를 냈다. 엘리자베스가 여행 중일 때 집이 전소되었기에 이삿짐이라고 해봐야 여행 가방 하나가 전부였다. 엘리자베스는 이 일을 오히려 기회로 삼았다. 힘든 상황에서 벗어나 새로운 삶을 시작하고 새로 태어날 기회로 받아들였다.

이사 간 곳이 자신에게 맞지 않는다는 사실을 뒤늦게 깨달을 때가 있다. 그토록 바라던 직장에 들어갔는데 꿈이 악몽으로 바뀌기도 한다. 어떤 관계는 지킬 게 아니라 끊어내야 할 때가 있다. 이처럼 인생에서 중요한 결정은 남이 대신해주지 못한다. 그 결정이 자신의 삶으로부터 도망치는 일인지 아니면 새로운 삶을 향해 달려가는 일인지 그 차이를 아는 사람은 자기 자신뿐이다. 오직 자기 자신만이 그 결정이 어려운 과제를 회피하려는 시도인지 아니면 더는 자신에게 유익하지 않은 것을 내려놓기로 한 선택인지 확실히 말할 수 있다.

엘리자베스가 스코츠데일로 거처를 옮기고 시간이 지나면서 우리는 직업상 동료 사이에서 친한 친구 사이가 되었다. 버지니아주에서 일어난 방화 사건의 범인은 잡히지 않았다. 그

나이 들수록 행복해지는 인생의 태도에 관하여

사건은 엘리자베스에게 고통스러운 기억으로 남았지만, 애리조나주에서 지내는 시간은 풍족하고 아름다웠다. 엘리자베스는 새로 정착한 지역의 구성원으로서 왕성하게 활동했고 에이즈 환자들과 HIV 감염인들을 지원하는 활동도 멈추지 않았다. 엘리자베스는 변화를 일으키고, 장애물을 내려놓아버리고, 자신이 추구하는 삶을 향해 계속 앞으로 나아감으로써 흐름을 막는 장애물을 제거했다.

이 과정에서 자신이 일구고 싶은 공동체, 오직 이 목표에 집중한 것이 엘리자베스에게는 나침반이 됐다. 엘리자베스는 스위스에 있는 자신의 고향과 비슷한 버지니아주 시골에 공동체를 만들고 의학과 영성 분야에서 진보적 사상을 지닌 사람들과 모여 살고 싶었다. 그런데 애리조나주에 자신이 꿈꾸던 것과 비슷한 공동체가 이미 형성되고 있었다. 자신이 바라는 공동체에 집중한 덕분에 엘리자베스는 자신의 의지를 명확히 할 수 있었고, 버지니아주를 떠날 때가 되었을 때 어디로 가야 하는지 정확히 알 수 있었다.

한 발도 나아가지 못하고 뭔가에 막혀 있을 때 자신이 바라는 것이 무엇인지 명확히 하는 것은 엄청난 힘이 된다. 이 과정에서 우리는 생명 에너지를 다시 움직일 힘을 얻는다. 자신에게 유익한 것이 무엇이고 무익한 것이 무엇인지 정확히 이해하게 된다. 엘리자베스처럼 힘들고 끔찍한 상황에서도 자신이 진심으로 바라는 것을 향해 움직인다면 우리를 가로막는 장애물에서 벗어날 수 있다.

엘리자베스에게는 자신이 꿈꾸던 공동체에 집중한 것, 이 것이 흐름을 가로막는 둑을 넘어설 물줄기가 되었다.

Chapter 12

‡

작은 물줄기가
큰 둑을 무너뜨린다

9장에서 설명했듯이 생명은 멈추는 법이 없다. 둑이 흐름을 막아도 물줄기는 그 둑을 넘어가기 마련이다.

뭔가에 막혀 있을 때 이 물줄기에 집중하면 생명의 움직임을 알아차릴 수 있다. 고통에 시달릴 때 그 고통이 몸이나 마음, 영혼 어디에서 일어나더라도 거기에 지나치게 매달리거나 그것을 전면 부정하지 않고 앞으로 나아가야 한다. 이럴 때 우리는 비로소 부끄러운 상황을 웃어넘기며 수치심을 내려놓는 식으로 자신에게 무익한 모든 것과 함께 고통을 떠나보낼 수 있다. 작은 물줄기가 커지면 결국 가로막은 둑을 무너뜨린다.

불가능한 일이 가능해지고 상상조차 하지 못한 방식으로 생명력을 회복한다.

작은 물줄기가 장애물을 무너뜨리는 일은 상실과 애도에서 자주 나타난다. 애도는 우울과 다르다. 우울이 정체된 감정이라면 애도는 움직이는 감정이다. 애도를 경험한다는 것은 극심한 슬픔을 억누르지 않고 고통이 자신을 관통하도록 허용하면서 자신이 사랑했으나 상실한 대상에 집중하는 행위다. 여기서 목표는 극심한 슬픔을 없애거나 빨리 벗어나는 것도 아니고 슬픔을 곱씹으며 한없이 매달리는 것도 아니다. 하지만 애도 역시 움직임의 원리에서 벗어나는 순간 흐름이 막혀 정체되기도 한다. 엘리자베스 퀴블러-로스의 연구가 중요한 이유가 여기에 있다. 죽음의 진실을 마주하고 슬픔이 자신을 관통하도록 허용하면서 '부정-분노-타협-우울-수용'의 5단계를 거쳐 가야 한다는 사실을 보여주기 때문이다.

누군가 극심한 애도에 사로잡혀 멈춰버린 듯 보이면 어떻게 도울 수 있을까? 먼저 안전한 공간을 마련해 상대가 편안히 심경을 토로할 수 있도록 해주어야 한다.

때로는 대화만으로도 감정의 흐름을 가로막고 있던 둑이 무너지기도 한다. 8장에서 소개한 장폐색으로 괴로워한 테레사가 그랬다. 나는 가까운 이들의 죽음을 연이어 겪은 테레사의 사연에 집중하고 그녀가 어떤 식으로 애도하고 있는지 묻기 시작했다. 1년 사이에 가족과 친한 친구 다섯 사람의 죽음을 겪었다는 것은 보통 문제가 아니다. 이런 일을 겪는다면 누구나 극심한 슬픔에 빠질 수밖에 없다. 그렇기에 상심하고 있는지 묻는 내 질문에 테레사는 당연히 슬프다고 대답했다. 하지만 나는 최근의 상실로 겪는 슬픔이 테레사에게 실제로 어떤 의미를 지니는지 알고 싶었다.

"정말 슬펐어요."

테레사가 말했지만 이 대답만으로는 테레사의 마음을 들여다볼 수가 없었다. 나는 가만히 기다리며 테레사가 마음을 털어놓기를 기다렸다. 테레사는 한참 동안 입을 열지 않았다. 이윽고 테레사가 처음으로 나를 똑바로 바라보면서 말했다.

"그래도 울지는 않았어요."

내가 미더운 사람인지 아닌지 테레사는 나를 평가하는 듯했다. 나는 테레사를 가만히 바라보며 편안한 분위기를 조성해 테레사를 안심시키려고 애썼다.

우리 두 사람 모두 가만히 자리를 지켰다. 시간은 얼마든지 있으니 걱정하지 말라고 나는 눈으로 말했다.

갑자기 테레사의 배 안에서부터 천천히 서러운 소리가 올라오기 시작했다. 소리는 목구멍까지 올라와 입안을 가득 채웠다. 테레사는 당혹스러운 얼굴이었다. 하지만 곧 토해내듯이 오열이 터져 나왔다. 나는 앉은 채로 다가가 테레사를 안아주었고, 테레사는 내 손길을 뿌리치지 않았다. 테레사는 내게 안긴 채 하염없이 흐느껴 울었다.

테레사가 흐느낄 때 테레사 안에 고여 있던 슬픔이 흘러나가는 것을 느꼈다. 테레사는 온몸을 들썩이며 서럽게 목놓아 울기 시작했다. 그러더니 기묘한 일이 일어났다. 테레사는 슬퍼하고 있었지만, 나는 테레사에게서 활력이 흘러나오는 것을 느꼈다.

시간이 흐르자 테레사는 마음을 가라앉히기 시작했다. 테레사는 의자에 기대어 앉았고, 내가 티슈를 건네자 받아들었다. 테레사는 몸을 잘게 떨면서 한 모금씩 천천히 몇 분 동안 물 한 잔을 마셨다.

방안에 고요하면서도 생명의 기운이 넘치는 느낌이 들었다. 마치 우기가 시작되어 애리조나주 사막에 한바탕 비가 쏟아지고 난 뒤의 이상하리만치 고요한 분위기와 닮았다. 우리는 뭔가 놀라운 일이 일어났음을 알았다. 테레사에게 절실하게 필요한 바로 그 일이었다.

그날 진료가 끝나자 테레사의 만성 장폐색증이 즉각 사라졌다. 감정 상태가 바뀌면서 몸이 스스로 문제를 해결한 듯했

나이 들수록 행복해지는 인생의 태도에 관하여

다. 집으로 돌아간 테레사는 소화와 배설 작용이 다시 정상으로 돌아왔음을 알게 되었다. 눈물을 흘리며 슬픔을 풀어내고 나니 신체 기능이 뒤따라 회복되었다.

테레사의 이야기는 생명의 흐름을 막아둘 때 무슨 일이 벌어지는지 분명하게 보여주는 사례다. 먼저 몸이 몹시 불편해지고, 이어서 고통을 겪기 시작한다. 근육이 경직되고, 신체 기관 곳곳이 제 역할을 다하지 못해 병이 든다. 생명 에너지는 항상 움직이는데 우리는 꼼짝하지 않고 앉아 있기만 하기 때문에 생명의 흐름과 어긋나게 된다. 우리는 가만히 앉아 생명 에너지의 흐름을 가로막는 둑에만 온통 신경을 쏟는다.

이렇게 가로막은 둑만 응시하고 있으면 둑을 우회해 흐르는 작은 물줄기를 보지 못한다.

막힌 곳을 넘어서는 물줄기를 찾아야 한다. 물줄기가 보이지 않으면 물줄기가 형성될 만한 곳을 찾아야 한다. 그곳에 당신의 에너지를 집중하자. 당신이 지닌 모든 생명력을 거기에 쏟을 때 당신 안의 생명력은 스스로 둑을 넘어설 길을 찾는다. 이 흐름을 믿고, 신뢰하라. 이것이 당신 안에 흐르는 생명 에너지다. 당신이 살아 있는 한 생명력은 멈추지 않는다.

이 물줄기를 찾아내 지켜보고 있으면 물줄기가 점점 커질 것이다. 당신 안의 생명력은 이 흐름을 어떻게 키워야 하는지 알려줄 것이다. 둑이 흔들리고 균열이 생겨 마침내 무너질 때까지 생명의 물줄기에 주의를 집중하자. 그리고 둑이 무너지면 당신의 생명력에 감사의 마음을 전하자. 자신을 향한 믿음을 멈추지 않을 때 당신의 생명력은 더욱더 강해진다.

그러니 앞으로 살면서 뭔가 막혀 있다고 느낄 때 어떻게 해야 할까? 지난 일에 집착하지 말고 모든 장애물을 내려놓고 생명의 흐름을 찾아 거기에 다시 몸을 맡기자.

Practice

◊

막힌 것 내려놓기 연습

· I ·

이 훈련은 아침에 일어나서 몸을 움직이며 할 때 가장 효과가 크다! 신나는 음악을 들으며 집 안을 걸어도 좋고 동네를 산책해도 좋다. 걸을 때 몸에 힘을 빼고 자유롭게 움직인다. 움직임에 자연스럽게 몸을 맡기면 가볍게 춤을 출 수도 있다.

· 2 ·

몸을 움직이면서 생명의 흐름이 막힌 영역이 어디인지 생각한다. 인간관계, 일, 정체성, 사고방식, 분노와 원망 등 매달려 있으나 진전이 없는 영역이 있을 것이다. 끊이지 않는 기침, 건조한 피부, 만성 통증처럼 더는 호전되지 않는 신체 문제도 포함된다. 물론 이 훈련 방법이 의학 치료를 대체할 수는 없다. 어딘가 막혀 있는 느낌을 회피하거나 부정하지 말고 있는 그대로 느껴보자. 답답하게 막힌 느낌을 온몸으로 받아들여보자.

· 3 ·

이제 이 막힌 것을 손바닥 안에 잡는다고 상상해보자. 실제로 주

먹에 힘이 들어가는 느낌을 받을지도 모른다. 손에 단단히 힘을
준 채로 그것이 빠져나가지 않도록 꽉 붙든다.

· 4 ·

몸을 계속 움직이면서 손가락을 가지런히 붙인 상태에서 손바닥
을 위로 향한 채 손을 앞으로 내밀어보자. 그런 다음 손가락을 살
짝 펼치며 손을 아래로 내린다. 팔 무게로 자연스럽게 손을 내리
며 생명이 아래로 흐르도록 한다. 마치 꽃잎을 흐르는 냇물에 띄
워 보내듯이 장애물을 내려놓는다. 지난 일에서 비롯된 장애물을
진심으로 흘려보내는 것이다. 자신에게 의미 있는 말을 소리 내어
말하거나 속으로 생각해보자. "별것 아냐" "괜찮아"처럼 자신을
위로하는 말이면 좋다.

· 5 ·

막힌 것을 흘려보냈으면 이제 당신을 통해 생명의 기운이 다시 흐
르는 것을 느껴보자. 이것이 당신의 생명력이다. 생명력은 언제나
당신과 함께한다. 당신과 평생 함께할 생명력을 존중하고 소중히
여기자.

사랑은 가장

강력한

치료약이다

The Well-Lived Life

Chapter 13

‡

두려움 없이
사랑하라

초등학교 교사인 수전은 여러 해 동안 내가 돌보던 환자였다. 그런데 어느 날 끔찍한 자동차 사고를 당해 척추가 여러 군데 부러지고 말았다. 생존한 것 자체가 기적 같은 일이었다. 30대 초반이던 수전은 많은 이들에게 사랑받고 앞날이 창창했으나 부상이 워낙 심각해 미래가 불투명해졌다.

외상 전문의가 수전을 치료하고 관리한다는 사실을 모르지 않았지만, 전인적 관점에서도 지원을 받아야 한다고 생각했기에 나는 수전이 입원한 병원으로 찾아갔다. 온몸에 석고붕대를 두른 수전은 병실 침대에 누워서 꼼짝도 하지 못했다. 신체 중에 움직일 수 있는 부위는 눈썹과 눈, 입뿐이었다. 수전은 말하고, 먹고, 눈동자를 굴릴 수 있을 뿐이었다. 병원 측에서는 수전에게 다시는 걷지 못하리라고 말했다. 수전의 오빠는 정형외과 의사였는데, 다시는 걷지 못하리라는 진단에 동의할 뿐 아니라 휠체어에 똑바로 앉을 가능성도 희박하다고 덧붙였다.

병실에 처음 들어섰을 때 나는 수전과 그 가족이 얼마나 큰 무력감에 빠져 있는지 바로 알 수 있었다. 이런 상황에서 누군들 무력감을 느끼지 않을 수 있을까? 수전의 몸을 덮고 있는 석고붕대가 눈에 들어왔다. 붕대는 턱 아래부터 시작해 팔과 다리로 이어졌다. 방안에는 꽃과 카드, 그리고 수전의 친구들과 수전이 가르치던 학생들이 쾌유를 기원하며 보낸 인사말이 가득했다. 나는 수전이 밝게 보이려고 억지로 애쓰는 것을 느꼈다. 수전의 상태가 심각하다는 사실과 그녀의 밝은 영혼이 고통받고 있다는 사실은 숨길 수가 없었다.

무균실을 둘러보니 의료진이 수전을 제대로 돌보고 있다는 믿음이 들었다. 서양 의학은 특히 심각한 외상이나 기타 응급 상황을 다루는 데 매우 뛰어나다. 수전의 담당의는 뼈를 제위치에 맞추고 석고붕대로 고정시켜 연약한 척추를 보호해 치유 가능성을 높였다. 하지만 의료진이 수전에게 신체 기능을 온전히 회복하기는 불가능하다고 조언한 것이 유익한 일인지는 의문이 들었다. 게다가 다른 사람도 아니고 친오빠에게 그런 소견을 들었다는 사실이 나는 더욱 걱정스러웠다. 오빠는 전문의로서 여동생에게 가장 필요한 조언을 건넸을 뿐 아니라 수전의 생각에 지대한 영향을 미칠 터였다. 심각한 상황을 거짓으로 포장하거나 헛된 희망을 심어주지 않으려는 오빠의 의도를 모르는 바는 아니었다. 하지만 더는 할 수 있는 일이 없다는 말에는 동의하기 어려웠다.

물론 수전은 끔찍하게 많이 다쳤다. 척추 손상이 심각했다. 정상적인 생활을 장담할 수 없는 상태였다. 그래도 영영 고칠 수 없다고 선언할 때는 아니라고 나는 생각했다. 수전은 젊고 활기차고 생명력이 넘치는 사람이었다. 비록 절망적인 상황에 놓여 있지만 어떻게 하면 이 생명력을 몸을 치유하는 일에 활용할 수 있을지 나는 고민했다.

나는 수전의 침대맡으로 의자를 끌어와 앉았다. 곁에 가만히 앉아서 수전이 느끼는 두려움과 슬픔을 밀어내지 않고 그대로 느꼈다. 나는 수전이 하는 이야기를 경청했다. 자신의 외상과 두려움을 수전이 마음 놓고 털어놓을 수 있는 말 상대가 되고 싶었다. 수전이 나를 신뢰한다는 사실을 알기에 나는 사랑하는 마음을 가득 담아 수전의 걱정거리를 감싸주었다. 병원을 찾은 다른 방문객들과 마찬가지로 나는 수전이 얼마나 사랑받는 사람인지 또 수전이 영향을 미친 많은 이들에게 그녀가 얼마나 중요한 존재인지 다시 말해주었다.

그리고 적당한 기회를 살펴 이렇게 물었다.

"내가 도와줄 일이 있을까요?"

이 간단한 질문을 던지며 나는 수전이 회복하려면 그녀가 해야 할 일이 있음을 상기시켰다. 수전이 두려움에서 벗어나 자신을 기다리는 많은 이들의 사랑을 느끼도록 만들기 위해 내가 제일 먼저 시도한 일이었다.

다음에 무슨 일이 있었는지 이해하려면 먼저 사랑과 두려움의 관계를 이해해야 한다. 이 글을 읽는 사람 중에 수전처럼 사고를 당해 앞날이 불투명한 처지에 놓인 사람은 극히 드물 것이다. 하지만 병원 침대에서 수전이 느낀 두려움과 무력감을 느꼈을 사람은 많다. 모든 상황이 자신에게 불리하게 보일 때 우리는 무엇을 할 수 있을까? 자신이 처한 상황에서 바꿀 수 있는 것이 하나도 없다고 느껴질 때 어떻게 대응하는 것이 좋을까? 극도로 무력감을 느낄 때 어떻게 해야 할까?

'나쁜' 소식을 들었을 때 두려워하는 것은 자연스러운 반응이다. 자신이 현재 처한 상황이 좋지 않을 때, 게다가 앞으로 상황이 얼마나 더 나빠질지 가늠하기조차 힘들 때는 누구나 두려워하기 마련이다. 하지만 마냥 두려움에 사로잡혀 있으면 상

나이 들수록 행복해지는 인생의 태도에 관하여

황을 해결하는 데 도움이 될 가능성을 거의 모두 차단하게 될
수 있다. 두려움에 빠지면 이성적 판단이 무너지고 사태를 명
확하게 파악하는 일이 불가능하다.

바로 이런 까닭에 두려움에서 벗어나 사랑으로 나아가는
법을 배우는 것은 모두가 추구할 삶의 목적 중 하나가 되어야
한다. 두려움에서 벗어나 사랑으로 나아갈 때 자기 안에서 생
기가 살아날 뿐 아니라 다른 사람들도 두려움에서 벗어나도록
도울 수 있다. 두려움이 없는 사람은 주변 사람들에게 영감을
준다. 두려움이 없는 사람이란 무모한 사람이 아니라 열린 마
음으로 삶을 대하는 사람을 말한다. 두려움을 넘어서는 사람은
다시 사랑과 마주하기 때문에 다른 사람들을 격려하고 용기를
북돋운다.

의학은 "사랑의 힘power of love"을 과소평가할 때가 많다.
"사랑의 힘"이라는 표현은 너무 흔히 쓰여서 오히려 허황한
말처럼 들리기도 한다. 사랑이 무엇인지 묘사하기란 여간 까다
롭지 않다. 날 때부터 앞을 보지 못하는 사람에게 초록색을 설
명하는 일보다 사랑을 경험하지 못한 사람에게 사랑을 설명하
는 일이 나는 훨씬 어렵게 느껴진다. 이 책을 읽는 당신은 살
면서 사랑을 경험했기를 바라고, 사랑이 어떤 일을 해낼 수 있
는지 어렴풋이나마 목격했기를 바란다. 사랑이 어째서 그 어

떤 것보다 강한지, 어떻게 온갖 문제를 쓸어 가버리고 모든 것을 변화시키는지 이해할 기회가 있었기를 바란다. 사랑의 힘은 허무맹랑하지 않다. 사랑의 힘이 위대하다는 말은 과장이 아니다. 사랑이야말로 이 세상에서 가장 뛰어난 명약이다. 사랑의 힘은 우리 삶을 수동 상태(생존하는 삶)에서 능동 상태(목적 있는 삶)로 바꾼다. 그래서 내가 세 번째로 공유하는 비밀은 이것이다.

"사랑은 가장 강력한 치료약이다."

사랑은 생명력을 활성화한다.

사랑에는 특별한 능력이 있어서 손길이 닿는 모든 것을 변화시킨다. 사랑은 단조롭고 고된 노동을 축복으로 바꾼다. 잔인한 비웃음을 기쁨 넘치는 웃음으로 바꾼다. 공허한 말을 뜻깊은 메시지로 바꾼다. 사랑의 힘이 작동하면 무한한 가능성이 열린다.

사랑의 힘이 작동하려면 먼저 두려움과의 관계를 이해해야 한다. 두려움이 들어오면 사랑이 떠나고, 사랑이 들어오면 두려움이 떠난다.

내 친구 세실의 어린 아들은 물을 두려워했다. 물이 자꾸 코로 들어와서 목욕이나 수영도 무서워하게 되었다. 아이는 엄마에게 말했다.

"엄마, 물이 자꾸 코로 들어와! 그래서 숨을 쉴 수가 없어!"

세실은 어째야 할지 몰라서 이런 트라우마를 잘 다루는 수영강사에게 연락했다. 수영강사는 아이에게 물속에 있을 때 코로 "음" 하고 소리를 내라고 가르쳐서 단 한 차례 수업으로 문제를 해결했다. 세실은 거실 소파에 마주 앉아 내게 말했다.

"정말 쉬운 원리야! 계속 허밍을 하면 코로 물을 들이마실 수가 없잖아. 소리를 내다가 숨이 차면 수면 위로 올라오면 되는 거지."

한편으로는 아이 말이 틀리지 않았다. 물이 코로 들어오면 숨을 쉴 수 없다. 반면에 숨을 내쉬는 한 물이 들어오는 것을 차단한다. 코로 물을 들이마시는 습관이 생겼다면 허밍으로 소리를 내는 것이 완벽한 해결책이다.

사랑과 두려움이 작동하는 방식도 정확히 이와 같다. 사랑은 두려움을 내쫓지만 두려움은 사랑을 차단한다. 사랑과 두려움은 끊임없이 밀고 당기며 동전의 양면처럼 붙어 다닐 때가 많다. 만약 당신이 두려움에 빠져 있다면 사랑을 실천하는 것이 현명한 해결책이다. 사랑을 실천하면 우리는 두려움을 거뜬히 넘어선다. 사랑은 더없이 강하고 '언제나' 두려움을 이기기 때문이다.

우리 몸이 호흡해야 살 듯이 인간은 사랑해야 사는 존재다. 두려움 자체를 다스리는 것도 좋지만 사랑에 집중하는 편이 더 나은 이유다. 사랑을 실천하는 노력은 어떤 노력이든 선순환해 우리 삶에 더 큰 기쁨과 건강, 행복을 제공한다.

다른 비유를 들면 이해가 더 쉬울지 모르겠다. 수십 년 전에 빌과 나는 아이들을 데리고 뉴멕시코주 남부에 있는 칼즈배드동굴국립공원Carlsbad Caverns National Park에 갔다. 이 동굴은 사막 아래 깊은 땅속에 거대하게 펼쳐져 있다. 열기로 끓어오르는 지상과 달리 지하는 서늘하다 못해 으슬으슬할 정도다. 게다가 칠흑같이 어두워서 한밤중 같다.

우리가 동굴로 내려갔을 때 가이드가 손전등을 꺼달라고 요청했다. 손전등을 모두 끄는 순간 전율이 이는 일이 펼쳐졌다. 한 사람씩 손전등을 끄자 공간은 어둠에 잠식되었다. 어둠은 모든 감각을 증폭시켰다. 숨소리가 또렷하게 들렸고, 긴장하면서도 키득키득 웃는 아이들의 목소리가 거대한 공간에 메아리쳤다.

그 순간 가이드가 성냥개비에 불을 붙였다. 겨우 조그만 성냥개비 하나에서 피어난 불꽃이었지만 거대한 동굴 전체를 환히 밝혔다. 이 경이로운 광경에 우리는 숨을 죽였다.

빛이 어둠을 이겨내는 힘이 무엇인지 간디, 안네 프랑크,

마틴 루서 킹을 비롯한 수많은 이들이 언급했다. 이토록 많은 이들이 빛과 어둠을 비유로 활용한 데는 이유가 있다. 빛과 어둠의 관계는 그만큼 특별하고 실제로 일어나는 현상이기 때문이다. 나는 가족과 함께 이 현상을 목격했다. 빛이 어둠을 없애는 데는 오랜 시간이 걸리지 않는다. 어둠이 아무리 짙어도 빛은 어둠을 이긴다. 빛은 모든 공간에 퍼져나간다. 이토록 강력한 존재를 어둠은 견디지 못한다.

어둠과 빛을 바라볼 때, 또는 숨을 들이쉬고 내쉴 때 우리는 특정한 순간에 둘 중 어느 하나에만 집중할 수 있다. 이는 우리가 근본적으로 평생 동안 선택의 기로를 마주하게 된다는 뜻이다. 그러니 우리는 선택해야 한다. 사랑에 주의를 집중할 것인가, 아니면 두려움에 주의를 집중할 것인가?

‡

Chapter 14

당신 자신이
선택한다

오랜 세월 전인의학을 지지하면서 내가 사람들에게 설명하기 가장 까다롭다고 느낀 개념 중 하나가 바로 '선택'이다. 우리에 겐 언제나 선택의 여지가 있다는 말은 아무리 어려운 문제에 놓여 있더라도 우리에겐 할 수 있는 일이 있다는 뜻이다. 이 말은 최악의 경우 비난처럼 들린다.

"이 병에 걸린 건 내가 선택한 게 아닙니다!"

"직장을 잃은 건 내가 선택한 게 아니에요!"

이렇게 말할 사람도 있을 것이다. 그 말이 옳다. 틀림없는 사실이다. 나는 살면서 여러 난관을 겪었는데 나 역시 그런 일을 자초했다고 생각하지 않는다. 구루병, 말라리아, 간염, 신장 결석 그리고 암(두 차례)에 걸렸던 일도 내가 원인이었다고는 생각지 않는다. 우리에게 선택권이 있다는 말은 자신의 선택으로 나쁜 일이 일어났다는 뜻이 아니다.

하지만 이런 일에 직면했을 때 내가 무엇을 하고 어떻게 대처할지 선택할 기회는 언제나 있었다. 어둠 속에서 길을 잃었을 때 어떻게 어둠을 뚫고 나아갈지 우리는 선택할 수 있다. 이렇게 보면 선택권은 우리에게 힘을 부여한다. 선택권은 우리를 끌어올리지 끌어내리지 않는다.

선택은 일정 부분 반사적으로 이루어진다. 그래서 사람들은 흔히 의도치 않게 두려움을 선택하곤 한다. 괴로운 사건이 자신의 통제를 벗어날 때 트라우마를 겪는 이들이 많다. 이 경우 트라우마로 인해 겪는 고통이 자기 탓이라고 비난하고 싶지 않을 테고, 나 역시 그 사람들 잘못이라고 탓할 생각은 없다.

하지만 괴로움은 어느 정도 우리가 '통제할 수 있는' 대상이다. 자신이 통제할 수 없는 끔찍한 일이 일어날 때 두려움에 사로잡히는 것은 자연스러운 반응이다. 하지만 두려움에서 얼마나 빨리 벗어나느냐 하는 문제는 자신의 선택에 달린 것이 맞다. 트라우마를 어떻게 받아들일지, 어떻게 다음 단계로 나아갈지, 향후 몇 년 또는 몇십 년을 살아갈 때 무엇을 창조할지는 우리 자신의 선택에 달렸다. 해당 사건으로 심리치료를 받을지 아니면 다른 방식으로 처리할지 결정하는 일도 여기에 포함된다. 인생에서 어떤 일이 벌어지든 우리의 주의를 두려움에 집중할지 아니면 사랑에 집중할지 우리는 의식적으로 결정할 수 있다.

우리가 무엇인가를 의식적으로 선택하는 순간에도 반사적으로 일어나는 무의식적 반응에 영향받을 가능성이 크다. 1955년에 애리조나주로 이사 온 직후 빌은 의학 학술 대회에서 심리학자 겸 심리치료사인 밀턴 에릭슨Milton Erickson을 만났다. 우리는 스무 살가량 더 나이 많은 밀턴과 공동의 관심사를 나누었는데, 그것은 현대 의학에서 충분히 탐구하지 못한 무의식의 역할이었다.

의식이란 깨어 있을 때 대상을 인식하는 작용을 말한다. 잠재의식에서 일어나는 생각이나 상상, 기억도 주의를 집중하기만 하면 의식의 영역으로 확장할 수 있다. 이 외에 나머지 작용은 모두 무의식 영역에서 일어난다. 가정이나 믿음, 과거에 경험했지만 잊어버린 기억 등이 여기에 해당한다. 우리가 잘 설명할 수 없는 자동 반사도 무의식에 해당한다.

밀턴은 일상생활에 영향을 미치는 무의식을 변화시키는 데 최면을 적용할 수 있는지에 특히 관심이 많았다. 의식과 잠재의식은 의지로 통제할 수 있지만, 무의식이 바뀌지 않는 한 사람들은 예전의 습관으로 돌아갈 가능성이 크기 때문에, 심리 치료나 정신의학에서 진전이 있더라도 그 효과는 제한적일 수밖에 없다고 밀턴은 믿었다.

밀턴과 빌은 매주 화요일 저녁마다 우리 거실에서 토론 모임을 열기로 했다. 이 모임은 애리조나주 의학계에서 의사들이 수행한 첫 번째 연대 활동 가운데 하나였다. 밀턴은 우리 부부와 마찬가지로 환자가 자신의 몸을 치유하는 과정에서 능동적 역할을 할 수 있다고 믿었다. 밀턴은 환자의 무의식을 지배하는 믿음과 그 믿음의 뿌리가 되는 고통스러운 사건을 들여다보고 긍정적으로 변화시켜야 한다고 생각했다. 밀턴의 철학은 이후 가족 체계 이론family systems theory이나 신경-언어 프로그래밍neuro-linguistic programming, NLP을 비롯한 다양한 방법론을 형성하는 기반이 되었다. 밀턴 사후에 그의 이론을 확장한 전문가들은 흔히 "에릭소니언Ericksonians"(에릭슨주의, 에릭슨학파)으로 불린다. 밀턴은 연구 초창기에도 과거에 일어났던 거의 모든 문제는 치료될 수 있다고 확신했다. 이때 치유 과정은 의식이 변화를 지향할 때만 시작된다.

궁극적으로 선택의 주체는 우리 자신이다. 이 사실을 이해한다면 자신의 생명력을 찾고 또 활용하는 데 큰 도움이 된다.

두려움에 사로잡힐 때면 자신에게 얼마나 큰 힘이 있는지 망각하기 쉽기 때문이다. 우리는 몸에 문제가 생길 때 먼저 자기 자신에게 물어야 한다는 것을 망각한다.

"소중한 내 몸에 필요한 것은 무엇일까?"

앞날이 불확실하거나 사랑하는 대상을 잃었을 때 우리는 자신에게 이렇게 묻는 것을 잊을 때가 많다.

"이 일이 내게 주는 의미는 무엇일까?"

이런 질문에는 상황을 바꾸는 힘이 있다. 질문의 답을 찾으려는 호기심이 생길 때 아무것도 할 수 없다는 생각을 물리치고 두려움을 뚫고 나갈 힘이 생긴다. 의미를 찾아 나설 때 우리 안에 숨 쉬는 생명력과 다시 연결된다. 생명력이란 본질상 사랑과 동의어다.

사랑에는 우리 몸과 마음을 치유하는 능력이 있다. 우리 몸이 자연 치유력을 타고났듯이 우리 마음도 마찬가지다. 엄청난 트라우마를 겪고 이를 치유한 사람들을 당신도 알고 있을 것이며 이런 이야기는 우리가 자신을 치유할 때 격려가 된다. 나는 이런 이야기를 이 책에 가득 담았는데 당신도 분명 자신만의 이야기가 있을 것이다.

내가 11장에서 소개한 엘리자베스 퀴블러-로스의 이야기를 예로 들어보자. 엘리자베스는 호스피스 센터 설립을 저지하고 자신을 배척하는 지역 주민들에게 머리끝까지 화가 났다. 심지어 나중에 그 사람들은 엘리자베스가 기르는 라마를 죽이고 그녀가 사는 집을 불태우기까지 했다. 엘리자베스는 분명 피해자였고 이 사건은 명백한 범죄였음에도 아무도 처벌받지 않았다. 엘리자베스가 이 사건으로 받은 충격을 견디려면 심리치료가 필요한 상황이었다. 하지만 엘리자베스는 자신이 어찌할 수 없는 상황을 보며 "별것 아냐"라고 말하고 새로운 삶을 이어갔다. 이것이 바로 선택이다. 엘리자베스는 자신과 자신의 삶을 사랑했기에 자신이 느끼는 두려움과 분노, 고통보다 새로운 삶을 이어가기로 기꺼이 선택했다.

이 책에서 소개하는 여러 이야기에는 예외 없이 이와 같은 선택의 순간이 등장한다. 삶을 긍정하고 앞으로 나아가려면 언제든 자신에게 선택권이 있음을 알아야 한다. 삶은 우리에게 매 순간 기회를 제공한다. 이 사실을 온전히 인정할 때 우리를 기다리는 사랑에 접속할 수 있다. 이런 까닭에 선택이라는 행위는 가장 확실하게 "자기애self-love"를 표현하는 방법이다. 모든 형태의 사랑은 자기애라는 토양에서 자란다.

두려움에 맞서 사랑을 선택할 용기를 어떻게 찾아야 할까? 엘리자베스의 이야기가 보여주듯이 이 일은 자기애에서 시작해야 한다.

Chapter 15

‡

자기애는
교만이 아니다

50년 전 내가 자기애를 처음 언급했을 때만 해도 이 말은 혁명적으로 들리기까지 했다. 오늘날에는 일상에서 자연스럽게 사용하는 용어가 되었다. 하지만 이 말을 아는 것과 이 말대로 살아가는 것은 별개의 문제다.

자신에게 사랑받을 자격이 있음을 알 때 우리는 비로소 사랑스러운 존재가 된다. 자신에게 사랑받을 자격이 있음을 믿기 전에는 다른 사람을 사랑할 수 없다. 두려움이 아닌 사랑을 선택하는 법을 배우고 나서 우리가 가장 먼저 다룰 주제가 "자기애"인 까닭도 여기에 있다. 그렇다면 자신이 사랑받을 가치가

나이 들수록 행복해지는 인생의 태도에 관하여

있음을 깨닫지 못하도록 방해하는 요소는 무엇일까?

먼저 무의식적인 믿음이 원인일 때가 있다. 나 자신을 비롯해 많은 이들이 종교적 가르침에 따라 어려서부터 자기애와 교만을 혼동하며 자랐기 때문이다. 자신이 사랑받을 자격이 없거나 사랑을 받아들이는 것이 왠지 부도덕하다고 여길 때 사람들은 사랑을 허용하지 않는다. "교만은 파멸의 선봉장"이라는 말을 들어보았을 것이다. 이 말은 오해받을 때가 많다. 교만이란 자신이 남들보다 우월하거나 더 중요한 존재라고 생각한다든지 아니면 자신이 남들보다 더 가치 있는 일을 한다는 잘못된 전제에 근거하므로 당연히 파멸을 불러온다. 하지만 자기애는 교만과 전혀 다르다. 자기애란 자신에게 주어진 삶에 감사하는 태도다. 자기 자신을 사랑하기를 거부하는 사람은 다른 사람들이 보내는 사랑까지 차단한다. 사랑을 받아들이려면 자기애가 교만이라는 잘못된 믿음을 깨뜨려야 한다.

베푸는 사랑과 받는 사랑을 비롯해 모든 사랑의 토대는 자기애다. 자기애는 건강한 삶에서 절대 빼놓을 수 없다. 요즘 내가 만나는 환자들은 대부분 이 말이 무슨 뜻인지 이해한다고 이야기한다. 그렇지만 과연 그런지 내가 물어보면 실제로 마음 깊은 곳에서는 다른 사람은 고사하고 자기 자신으로부터 사랑받을 자격이 있는지조차 의심하는 이들이 적지 않다. 과거의 경험으로 잘못 형성된 무의식적 믿음이 의식을 지배하는 이들이 많다. 우리가 의식적으로 자신에게 사랑을 베풀어야 하는 이유가 바로 여기에 있다.

자기 자신에게 물어보자.

"다른 사람에게 사랑을 주는 만큼 나 자신도 사랑받을 가치가 있다고 진심으로 믿는가?"

"내게 흠이 많다 해도 사랑받을 가치가 있다고 믿는가?"

"살면서 잘못한 일이 많지만 그래도 내 영혼이 사랑받을 가치가 있다고 믿는가?"

"나 자신을 존중하고, 높이 여기고, 귀하게 여기고, 신뢰하는가?"

예상과 달리 자신 있게 이 질문들에 "그렇다"라고 답하지 못하더라도 걱정할 필요 없다. 지금이라도 늦지 않았다. 나는 평생토록 자기애를 배워왔고, 지금도 항상 발전하는 중이다. 어려운 일이 닥칠 때마다 나를 사랑하는 훈련을 하며 자기애를 강화할 기회를 얻는다. 아흔 살이 넘어 받은 유방암 진단도 자기애를 강화할 또 다른 기회였다.

이보다 앞서 1961년에 처음 암 진단을 받았다. 그때 빌과 나는 전인의학을 주장하면서 악명을 얻기 시작했는데 달걀 모양의 종양이 내 갑상샘에서 자라고 있었다. 처음 존재를 알아차린 지 몇 주 만에 종양은 2.5센티미터가량까지 자랐다. 그때 큰딸이 10대였고 막내는 한 살이었다. 나는 대증요법에 따라 치료할지 아니면 자연요법을 시도할지 확신이 서지 않았기에 꿈이 답을 알려주기를 기다리기로 했다.

꿈은 내게 곧바로 답을 주었다. 꿈에서 나는 병을 치료하는 데 도움이 되는 알로에와 오코틸로, 그리고 사시나무 장작을 태운 재를 보았다. 당시 내 곁에는 고맙게도 든든한 지원군이 많았기에 바쁜 일정을 줄이고 명상과 기도를 포함해 강도 높은 단식요법을 시작했다. 나는 꿈에 나온 식물로 매일 병을 치료했다. 7개월이 지나자 종양은 줄어들었고 결국에는 완전히 사라졌다.

자연요법으로 종양을 고치려 한 내 결정은 신흥 학문인 전인의학에 몸담은 사람들 사이에서 화제가 되었다. 사람들은 내게 기적이 일어났다며 경이로워했다. 하지만 의사인 동시에 자연요법에 앞장서는 사람으로서 나는 어디까지 가능한지 증명했다는 사실이 중요하다고 생각했다.

50년 뒤 유방암 진단을 받았을 때도 자연요법을 써야 할지 고민했다. 하지만 내 삶은 예전과 엄청나게 달라졌다. 내 신체는 50년 전보다 훨씬 노쇠했다. 이런 몸으로 그때처럼 강도 높은 단식을 버텨내기에는 무리였다. 아울러 서양 의학의 치료법, 특히 내가 걸린 암 유형에 대한 치료법이 크게 발전했다. 여전히 절제술을 사용하지만 유방을 더 많이 보존하면서 암세포만 표적 치료하는 방법이 나와 있었다. 무엇보다 당시 나는 여러 프로젝트에 매진하고 있었다. 이 프로젝트들은 내게 생기를 주는 일이었지만 내 생명력을 쏟아야 했다.

자연요법으로 암을 치료하는 방안을 완전히 배제하지는 않았지만 그러자면 엄청난 노력이 필요함을 잘 알았다. 과거에는 치유 과정을 공개하고 다른 이들과 기적을 공유하고 싶은 생각이 컸는데, 이번에는 조용히 개인적으로 치료하는 편이 좋을 것 같았다. 겁을 많이 먹지는 않았다. 다만 내가 치료 방식을 빨리 결정할수록 치료 가능성이 그만큼 올라간다는 사실은 알고 있었다. 나는 명상과 꿈이 내게 길을 안내해주길 바랐고, 이번 유방암에는 서양식 치료법이 올바른 선택이라는 내 생각이 틀리지 않았음을 확인했다.

서양식 치료법을 선택했다고 해서 내가 치료 과정에서 완전히 손을 떼겠다는 의미는 아니었다. 나는 암 전문의 한 사람, 외과의 한 사람과 팀을 이루어 종양을 제거하려고 함께 노력했다. 의료진은 방사선치료와 유방절제술을 맡았다. 나는 나 자신을 사랑하고 건강을 회복하는 모습을 시각화하는visualizing 일을 맡았다.

예전에 환자에게 수술에 관해 내가 했던 말을 떠올렸다.

"정원사가 나무를 다듬을 때 나무의 생명에 더는 보탬이 되지 않는 부분을 제거해요. 정한 목적을 이루고 효용을 다한 거죠."

내 종양도 마찬가지였다. 나는 내 몸과 내 삶을 사랑하고 너무나 아꼈기에 종양이 내 생명력을 조금이라도 빼앗아가는 것을 허락하지 않았다. 첫 번째 암을 치료했을 때와 마찬가지로 나는 사랑에 주의를 집중하고 두려움에 빠지기를 거부했다.

수술 몇 주 전부터 나는 종양과 이야기를 나누었다. 나는 종양을 작은 여행 가방이라 상상하고 말했다.

"우린 이제 가족 모임을 가질 거야. 혹시 내 몸에 다른 암세포가 있거든 연락해서 함께 여행을 떠나게 가방 안으로 다들 모이라고 전해."

종양을 제거하고 나면 몸이 건강해지리라는 것을 알았기에 수술 시간이 다가왔을 때 나는 즐거운 마음으로 수술실에 들어갔다. 방사선치료를 받을 때도 비슷한 방식으로 접근했다. 발톱을 깎아내듯이 더는 내 몸에서 필요하지 않은 세포들을 제거하면 그만이라고 생각했다. 나는 암세포들을 제거하는 데 필요한 일을 할 것이었다. 나는 암세포들에 화가 난 것도 아니고 두려운 것도 아니었다. 그 세포들이 더는 내 건강에 보탬이 되지 않았을 뿐이다.

치료 결과는 좋았다. 두 번째 암 치료 과정은 첫 번째 암 치료 과정만큼 짧았다. 내가 선택한 대증요법이 중요한 역할을 했음은 틀림없다. 하지만 내가 치료에 함께 참여하며 가졌던 사고방식과 여행 가방 시각화도 그만큼 중요했다고 확신한다. 나는 사랑하는 마음으로 치료법을 결정했고 더 많은 사랑으로 그 결정을 지지했다. 물론 두려움도 있었지만 두려움에 먹이를 주지 않았다. 또 암세포가 증식한다고 해서 내 몸을 부정적으로 바라보지 않았다. 그때나 지금이나 나는 내 몸이 자랑스럽다. 이 몸은 놀랍기 그지없다! 나는 내 몸이 해낸 모든 일과 앞으로 해낼 모든 일을 사랑한다.

내 환자들이나 내가 사랑하는 이들이 심각한 병 진단을 받으면 나는 그들에게 자신의 몸을 계속 사랑하라고 격려한다. 내가 여행 가방과 암세포를 떠올리며 시각화했듯이 자신만의 이미지를 만들어 몸이 치유되는 모습을 시각화하도록 권한다.

시각화를 어려워하는 사람들도 있다. 이들은 내게 시각화 이미지를 제시해달라고 하거나 올바로 시각화하는 방법을 알려달라고 한다. 자신이 찾은 이미지가 효과가 있으려면 상당한 신뢰가 필요한데 자기애가 부족한 사람들은 자신을 신뢰하지 못해 힘들어할 때가 많다. 하지만 시각화에 필요한 이미지를 떠올릴 수 있는 사람은 자기 자신뿐이다. 자신의 몸을 치유할 방법을 아는 의사는 자기 안에 있으므로 이 의사를 신뢰하는 법을 익혀야 한다.

내 안에 있는 의사를 신뢰하고 치유에 필요한 이미지를 떠올리는 것은 무의식을 변화시키는 쪽으로 의식을 유도하는 방법이다. 무의식은 몸을 치유하는 데 필요한 이미지를 제공한다. 우리는 자신의 마음을 움직이는 생생한 이미지를 찾아야 하고, 자신이 끌어낼 수 있는 사랑을 모두 동원해 시각화해야 한다. 인류가 오래전부터 써온 이 방법의 효과를 나는 여러 번 목격했다. 심지어 자신에게 맞는 이미지를 떠올릴 자신이 없다고 의심하던 환자들에게도 효과가 있었다. 스스로 자신이 없을 때야말로 무의식이 치유 방법을 안내하도록 해야 한다

긍정 확언affirmation과 시각화로 원하는 것을 이룬다는 개념은 새로울 게 없지만 이를 뒷받침하는 과학 연구는 아직 걸음마 단계다. 하지만 생각과 몸 사이의 상관관계를 측정할 수 있음을 느리지만 확실하게 과학이 밝혀내고 있다. 노벨상 수상자인 엘리자베스 블랙번Elizabeth Blackburn과 동료인 엘리사 에펠Elissa Epel은 염색체 말단인 텔로미어telomere가 사고방식에 영향받는다는 사실을 발견했다.[10] 다시 말해 긍정적인 생각이 우리 DNA에 직접 영향을 주지는 않지만 유전자가 발현하는 방

식에 영향을 끼쳐 건강과 삶의 경험 모두에 깊은 영향을 줄 수 있다는 뜻이다.

시각화한 이미지는 우리의 생각을 집중시켜 생각이 몸에서 실제로 구현되게 만든다. 최근 과학계에서 이루어지고 있는 여러 새로운 줄기세포 연구에서 창조적 생명력의 비밀이 드러나고 있다고 나는 생각한다. 이 연구들에 따르면 우리의 생각과 사고방식이 줄기세포 분화 능력에 영향을 끼치는 것으로 보인다. 이는 아주 오래전부터 전인적 관점에서 병을 다루어온 영적 치유사나 원주민 치유사의 주장을 확증한다. 우리 마음은 세포 수준에 이르기까지 모든 것에 영향을 끼치므로, 이런 우리 자신의 역할을 인식하면 치유 과정에서 강력한 힘을 발휘할 수 있다.

우리 몸의 세포는 자기 역할이 무엇인지 안다. 세포는 자신이 해야 할 일을 함으로써 우리를 돕고 싶어 한다. 살아 있는 인간으로서 우리가 목표를 설정하면 세포는 그 목표를 실현하기 위해 우리와 협력한다. 세포에 생명력을 불어넣는 것은 우리지만, 그 순간부터 세포는 모든 일에 참여하는 주체가 된다.

내가 실천하는 의학을 나는 "생활의학living medicine"이라고 부른다. 생활의학은 의료인 중심 치료를 넘어서는 전인의학을 주창한다. 생활의학은 의료인과 환자가 협업하는 접근법으로 환자 안의 생명력을 강화하고 향상하는 치료 양식을 이용한다. 이 치료 양식은 우리 몸에서 치유가 일어나도록 돕는다. 여기서 중요한 점은 이 양식이 병을 직접 치유하는 것이 아니라 치유가 일어나도록 유도한다는 사실이다. 생활의학에서 우리 몸은 건강한 삶을 위한 원동력이다. 그리고 여기서 말하는 몸은 당연히 마음을 포함한다. 우리 역할은 이러한 사실을 굳게 신뢰하고 세포가 번성하는 데 필요한 사랑을 제공하는 것이다. 이것이 진정한 자기애다.

우리가 이 치료 양식으로 몸을 돌보려면 사랑을 주는 것은 물론 사랑을 받는 것에도 능숙해야 한다. 하지만 세상에는 사랑하기와 사랑받기를 별개로 여기는 이들이 많다.

‡

Chapter 16

우리는 모두
사랑받을 자격이 있다

우리는 어려움이 닥칠 때 자신이 사랑받을 자격이 없어서 이런 일을 겪는다고 해석하곤 한다. 우리 곁을 떠나는 사람도 있고, 우리에게 상처를 주는 사람도 있고, 우리가 바라는 만큼 사랑을 줄 수 없는 사람도 있다. 학대, 방임, 무관심 같은 고통스러운 경험은 정체성 형성에 깊이 관여한다. 이런 경험은 무의식에 각인되어 우리의 건강과 행복에 엄청난 악영향을 초래할 수 있다.

사랑받는 일을 몹시 두려워할 수 있다. 특히 과거에 상처받은 사람일수록 더욱 그렇다. 바로 이런 까닭에 우리는 사랑받는 데 집중해야 한다. 두려움을 떨쳐내기는 어렵지만 그렇게 하면 더 많은 사랑을 받는 데 도움이 된다.

파멜라는 자신에게 사랑받을 자격이 있다는 사실을 쉽게 받아들이지 못했다. 60대 환자인 파멜라는 나를 찾아왔을 때 몸에 문제가 많았다. 파멜라를 상담해보니 자신이 사랑받을 가치가 있는 존재임을 스스로 믿지 않는 것이 분명했다. 학교에서는 수많은 문제 학생을 올바른 길로 인도하는 훌륭한 상담사였음에도 정작 자기 삶은 가치 있다고 인식하지 못했다. 끊임없이 다른 사람들과 자신을 비교하며 자신이 부족하다고 여겼다. 내가 보기에 파멜라는 자신이 생명력을 누릴 가치가 없는 사람이라고, 심지어 삶 자체를 누릴 가치가 없는 사람이라고 마음속 깊이 믿는 것 같았다.

한동안 이 문제로 대화를 나누고 나서 나는 파멜라에게 문제의 핵심으로 보이는 것을 말했다.

"당신은 자신이 사랑받을 수 있다는 사실을 믿지 않는 것처럼 보여요. 당신이 그렇게 믿는 이유를 아나요?"

파멜라는 웃음을 터뜨리며 말했다.

"꼭 우리 어머니처럼 말하네요!"

그 말에 나는 충격을 받았다. 도대체 어머니에게 무슨 말을 들었던 것일까? 나는 파멜라에게 무슨 의미냐고 물었다.

"어머니는 내가 아기 때 너무 보기 흉해서 날 사랑할 수 없었다고 했죠. 사랑하고는 싶었지만 내가 너무 창피했대요."

파멜라는 미숙아로 태어나서 몸이 깡말랐다고 한다. 파멜라의 어머니는 친구들이 갓난아기를 보러 찾아오면 딸아이의 깡마른 몸을 수건으로 가려 얼굴만 보여주었던 이야기를 어린 파멜라에게 몇 번이고 되풀이했다.

"그렇게 해서 네가 얼마나 보기 흉한지 친구들한테 숨겼지."

게다가 파멜라가 태어나고 2년 뒤 건강한 남동생이 태어났다. 못난 아기 파멜라, 예쁜 아기 남동생. 이 이야기는 오랫동안 집안의 '농담거리'였고, 당연히 어머니는 파멜라보다 남동생을 더 사랑했다.

나는 파멜라에게 이야기를 듣고 그 '농담'이 사실은 농담이 아님을 처음부터 알았다. 그렇지만 파멜라는 내게 어릴 적 이야기를 하면서 이 사실을 뒤늦게 깨달았다. 어머니에게 그런 말을 계속 들으며 자랐다고 생각하니 가슴이 아팠다. 그 일은 파멜라에게 깊은 영향을 미쳤다.

이제 파멜라는 자신의 자존감이 왜 그토록 낮은지, 왜 그렇게 자신을 다른 사람과 비교하는 데 집착하는지, 그것이 자신에게 얼마나 큰 상처가 되었는지 깨달았다. 그날 진료를 마치며 나는 파멜라를 오래도록 꼭 안아주었다. 파멜라가 그간 마땅히 받아야 했으나 받지 못한 사랑을 모두 담아 전하고 싶었다.

이후 여러 차례 진료를 진행하면서 우리는 파멜라의 몸에 보이는 증상 대신 자기애를 회복하는 데 집중했다. 먼저 파멜라는 내가 주는 사랑을 받아들이는 법을 배웠다. 그다음에는 파멜라를 좋아하는 학생들과 학부모들이 주는 사랑을 받아들이기 시작했다. 마지막으로 자기 자신을 사랑하는 법을 배웠고, 그러자 몸에서 나타나는 증상이 대부분 사라졌다.

파멜라는 유아기에 사랑을 받는 데 어려움을 겪었다. 너무 이른 시기처럼 보일지 모르지만 자기 자신과 자신의 가치에 관한 믿음은 그보다 더 이른 시기부터 형성되기도 한다. 사람들은 살아가는 순간마다 자신에게 사랑받을 가치가 있음을 알아야 한다. 이런 이유로 나는 의사 생활을 하면서 산모와 태아가 사랑이 가득한 분만 과정을 경험하는 데 특히 집중했다.

1969년 나는 영국에서 유명한 심령술사의 강연에 참석했다. 그 심령술사는 사람들 주위에 보이는 기운aura을 도식으로 그려 보여주었다. 내 눈에는 사람들의 기운이 보이지 않았다. 하지만 다른 사람이 세상을 경험한 이야기에 항상 열려 있었기에 가만히 강연에 귀를 기울였다.

강연을 계속 듣다 보니 심령술사가 도식으로 나타내는 사람들의 기운에는 크게 두 유형이 있음을 알게 되었다. 하나는 기운이 가지런히 머리 주변에서 회오리치며 올랐다가 다시 내려오는 형태였고, 또 하나는 머리 위에서 어지럽게 꼬이고 뒤엉킨 덩어리 형태였다. 내가 이것에 관해 질문하자 심령술사는 어떤 사람들의 영혼은 세상에 태어날 때 "포근하게 감싸여" 있으므로 더 조화로운 기운이 형성된다고 했다. 반면에 어떤 이들의 영혼은 그렇지 못해서 기운이 꼬이고 얽히게 된다고 설명했다.

그때 심령술사가 그려 보여준 사람들의 기운과 아이가 세상에 태어날 때 "포근하게 감싸여" 있다는 개념은 계속 머릿속에 남아 있었다. 나는 이 개념을 내가 장려하는 사랑의 분만법에 곧바로 접목했고, 이후로 수십 년에 걸쳐 이 분만법을 장려했다. 나는 지금까지 수천 명의 아이가 태어날 때 함께했다. 때로는 한 집안에서 두 세대나 세 세대에 걸쳐 출산을 돕기도 했다. 아기는 대부분 머리부터 나오는데 나는 내 손으로 아기들을 받을 때마다 이 세상이 안전하고 다정한 곳임을 알려주고, 신성한 뜻에 따라 영혼이 육신을 입어 다시 세상에 돌아온 것을 환영하며 사랑하는 마음으로 아기를 반겼다. 나는 신을 경외하는 마음으로 소중한 아이의 머리를 손으로 받쳤다. 그리고

나이 들수록 행복해지는 인생의 태도에 관하여

이 세상에 도착한 아기에게 감사했다. 그럴 때마다 내 귀에는 천사들의 노랫소리가 들리는 기분이 들었다.

잠시 책을 놓고 당신도 자신이 태어난 순간을 상상해보라. 당신이 얼마나 연약하고 또 완벽한 존재였는지 떠올려보자. 놀라서 조그마한 눈을 휘둥그레 뜨고 처음으로 세상을 마주한 순간을 그려보자.

천사들이 당신을 둘러싸고 노래하는 모습을 상상해도 좋다. 하늘에 울려 퍼지는 천사들의 노랫소리를 마음으로 들어보자. 세상에 막 도착한 당신을 사람들이 환영하는 가운데 찬란한 황금빛이 아기인 당신을 감싸고 있다고 상상해보자.

나는 당신이 이 시각화 훈련을 해보기를 바란다. 자기애를 높이려면 우리가 육신을 입고 태어난 기적의 본질을 반드시 이해해야 하기 때문이다.

당신의 영혼이 육신을 입고 세상에 태어난 의미를 살펴보자. 당신은 엄마 배 안에서 몸을 형성하고 이 세상에 태어났다. 당신에게는 이 세상에 태어난 목적이 있으며 생물학적으로 그 목적에 부합하는 유전자를 지닌 엄마와 아빠 밑에서 태어났다. 당신을 양육하는 사람 또는 사람들은 당신 영혼이 나아갈 여정을 마련해준다. 엄마와 아빠일 수도 있고 어느 한쪽일 수도 있고 전혀 다른 사람일 수도 있다. 당신은 이 세상에 머무는 동안 작은 방식으로나마 세상을 변화시킬 것이다. 당신은 다른 사람들과 연결되어 그들의 삶에 영향을 미칠 것이다. 당신은 아름다움을 창조할 것이다. 당신의 재능을 세상에 나눠주고 경험을 공유할 것이다. 당신이 끼치는 영향은 크든 작든 당신이 이해하지 못할 방식으로 세상에 퍼져나갈 것이다.

당신의 삶이 어떤 창조적 힘이 의도한 것이라고 믿든, 아니면 수많은 우연이 겹치고 겹쳐 발생한 결과라고 믿든 상관없다. 어느 쪽이 사실이든 당신이 육신으로 이 세상에 태어난 것은 경이로운 일이다.

우리가 삶과 조화를 이룰 때 사랑의 에너지는 우리 마음속에 막힘없이 흐른다. 하지만 많은 이들이 살면서 상처를 받는다. 우리 영혼을 포근하게 감싸주는 사람이 없으면 태어나는 순간부터 상처를 입거나 아니면 사는 동안 상처를 입는다. 사랑을 외면하는 것은 이 상처로 인해 겪는 고통에 대한 반응이다. 하지만 이 상처는 치유될 수 있다.

사실 이 상처를 치유할 수 있는 사람은 바로 당신 자신이다. 다른 사람들이 도움을 줄 수는 있지만, 당신이 나서지 않는 한 상처는 치유할 수 없다. 당신은 스스로 상처를 치유하고, 자신의 영혼을 포근하게 감싸주고, 그리고 육신을 입고 이 세상에 태어난 당신 자신에게 감탄하기로 선택해야 한다. 이 선택

나이 들수록 행복해지는 인생의 태도에 관하여

은 캄캄한 동굴을 밝히는 성냥불과 같다. 이 선택으로 당신은 두려움을 이겨낼 힘을 얻고, 자신을 가치 없는 존재라고 속이는 두려움에서 벗어날 힘을 얻는다.

사람들의 사랑을 받아들이기 힘든 이들은 때때로 반려동물들에게 더 쉽게 사랑받는 법을 배우기도 한다. 충분히 이해할 수 있는 일이다. 동물은 의견을 드러내는 일이 드물고 상처를 줄 가능성이 훨씬 적다. 강아지나 고양이 또는 말을 키우며 사랑받는 법을 배우는 환자들을 나는 많이 보았다. 나 역시 오랜 세월 반려견을 여러 마리 키웠고, 아이들이 어렸을 때부터 반려동물을 기르는 것이 중요하다고 생각했다. 동물은 우리에게 조건 없는 사랑을 주기 때문에 많은 이들이 기꺼이 동물을 사랑한다. 우리가 자신의 가치를 잊어버렸을 때도 동물은 우리 자신이 사랑스럽고 사랑받을 가치가 있는 존재임을 일깨운다.

사랑받는 법을 알게 되면 건강과 행복이 따른다. 이때부터 우리가 할 일은 당연히 만나는 모든 사람에게 사랑을 전하는 일이다.

‡

Chapter 17

모든 사람을
사랑하라

어렸을 때 나는 사랑을 준다는 것이 무엇인지 부모님에게 확실하게 배웠다. 부모님은 우리에게 깊은 사랑을 베풀었고, 두 분덕분에 나는 내가 가치 있는 존재임을 깨닫고 사랑받는 법을알게 되었다. 그리고 이 가르침은 부모님이 평생의 사명으로헌신한 목표와 일맥상통했다. 그것은 사랑의 힘으로 사람들을치유하는 일이었다.

신실한 기독교도인 부모님은 예수님의 가르침에서 본질은 사랑임을 이해하고 있었다. 이제 나는 사람들이 기독교를다양한 방식으로 해석하고 또 오해해왔음을 안다. 선교 활동은 자선과 치유라는 이상과 부합하면 훌륭한 일이지만 사람들에게 해를 끼치는 방식으로 악용되기도 했다. 무엇이든 오용되거나 악용될 수 있으며, 종교도 예외는 아니다. 나는 부모님이 신앙을 올바르게 활용했다고 확신한다. 두 분이 사랑에 헌신했다는 사실이 내 믿음을 뒷받침한다.

몇 달간 야외에서 의료 봉사 활동을 마치고 집에 돌아온 어느 날, 어머니는 저녁에 타자기로 편지를 썼다. 어머니는 캠프를 이동할 때마다 이 무거운 기계를 가지고 다니면서 몇 시간이고 문서 작업을 했다. 아버지는 나처럼 글을 읽고 쓰는 데 어려움을 느꼈기에 장로교 선교부에 보낼 보고서 작성은 어머니가 맡았다. 어머니는 교회 자금으로 수행한 선교 활동을 설명하는 보고서를 작성했다.

그런데 그날 저녁에는 평소와 다르게 자판 소리가 규칙적으로 들리지 않고 중간에 자꾸 멈추었다. 결국은 아버지가 서재 문을 두드렸다. 어머니는 들어와도 좋다고 했고 아버지가 들어가며 문을 꼭 닫지 않는 바람에 나는 두 분이 나누는 대화를 엿들을 수 있었다.

어머니는 저조한 개종률을 언급하며 한숨을 쉬었다. 두 분의 의료 봉사 활동에는 대다수가 힌두교도인 지역 주민을 기독교로 개종해 세례를 주는 일도 포함되었다. 하지만 부모님은 그 일에 중점을 둔 적이 없었다. 그 일은 두 분이 열정을 쏟는 분야가 아니었다.

개종률이 저조하다는 어머니 말씀에 아버지는 최근에 다친 사람들과 병든 사람들을 치료한 성과를 죽 나열하며 두 분이 중요한 일을 해냈음을 어머니에게 상기시켰다. 두 분은 의료 혜택을 한 번도 받은 적 없는 많은 사람을 치료했다. 한센병 환자촌에 들어가 사람들을 돌보고, 불가촉천민이라 불리는 사람들을 직접 만나 의료를 제공했다.

환자들을 직접 찾아가 돌본 것은 두 분이 이해한 방식으로 복음을 전파하겠다는 소명 의식에 충실했기 때문이다. 환자와 접촉하는 것은 두 분이 이해하는 의료에서 가장 기본이 되는 개념이다. 그것은 나도 마찬가지다. 두 분이 즐겨 읽던 《성경》에서 예수께서 했듯이 부모님은 사랑의 손길로 환자들을 어루만지며 치료했다.

그날 서재 가까이에서 나는 아버지가 어머니에게 건네는 조언을 들었다. 아버지는 지난 한 달간 두 분이 치료했던 특별한 사람들 가운데 몇몇 이름과 질병을 언급했다. 충치로 몹시 고통스러워하는 환자의 썩은 치아를 제거했고, 제대로 치료받지 못한 환자의 뼈를 교정하고, 감염된 아이를 치료했다. 아버지는 이렇게 말씀했다.

나이 들수록 행복해지는 인생의 태도에 관하여

"베스, 우리는 제대로 하고 있어요."

어머니도 그렇게 생각했다.

"그래요. 숫자로 말할 수는 없어도 우리는 제대로 하고 있어요."

부모님은 이 땅에 사는 동안 대부분 인도에서 환자를 돌보면서 행복하고 활기 넘치게 장수했다. 실제로 나는 두 분의 죽음을 슬퍼하는 것이 부자연스럽게 느껴질 정도였다. 두 분의 삶 자체가 축제와 같았기 때문이다. 나는 부모님이 그립지만 슬퍼하지 않았다. 부모님은 사랑으로 가득한 충만한 삶을 살다 떠났다.

부모님이 환자들을 대한 방식은 내가 평생 의사로서뿐 아니라 인간으로서 사람들을 대하는 방식에 깊은 영향을 미쳤다. 부모님은 내게 이렇게 가르쳤다.

"'모든 사람'을 사랑하라."

여기서 한 가지 짚고 넘어갈 것이 있다.

모든 사람을 사랑하라는 말은 모든 사람의 의견에 동조해야 한다는 뜻이 아니다. 모든 사람이 하는 모든 행위를 지지해야 한다는 말도 아니고, 그 사람들과 반드시 시간을 많이 보내야 한다는 말도 아니다.

'사랑'은 '호감'을 넘어서는 힘이다.

나는 환자들을 좋아하려고 일부러 애쓸 때가 많았고 이것은 부모님도 마찬가지였으리라고 확신한다. 만약 내가 어떤 사람을 사랑할 수 없다면 그것은 그 사람에게 문제가 있어서가 아니라 내가 해결할 문제라 여기고 그 사람을 사랑할 방법을 찾으려고 한다.

나는 먼저 그 사람과 나 사이에 작은 공통점이라도 찾는다. 그 사람도 나도 아이들을 좋아한다든지 아니면 사막 풍경을 좋아한다든지 뭐든 좋다. 만약 공통점을 찾지 못하면 그 사람에게서 마음에 드는 점을 찾는다. 가령 그 사람이 포옹하는 방식이라든지 머리 모양처럼 아무리 사소한 것이라도 좋다. 내가 살면서 거듭 확인한 사실은 내 사랑이 성장하고 싶어 한다는 사실이다. 그러니 나는 덩굴나무가 지지대를 타고 오르듯이 사랑이 자랄 수 있는 지지대만 놓으면 된다.

사랑한다는 것은 사랑의 에너지가 막힘없이 마음에 들어오고 또 나가도록 허용하고 그 흐름을 멈추지 않는 것이다. 이런 관점에서 볼 때 사랑하는 것은 건강하고 행복한 삶에서 중요한 열쇠, 없어서는 안 되는 필수 요소다.

사랑이 얼마나 중요한지 알고 있다고 해도 살다보면 예기치 못한 일이 발생해 우리를 뒤흔들곤 한다. 그럴 때면 사랑을 주고받는 데 능숙한 사람이라도 두려움에 사로잡힐 수 있다.

사랑의 에너지가 우리 마음에 막힘없이 드나드는 법을 배웠음
에도 이따금 두려움이 몰려온다. 그럴 때 두려움을 물리칠 방
법은 무엇일까?

‡

Chapter 18

사랑하기로 선택하면
기적이 일어난다

당신은 사랑의 힘을 깨닫고 진작부터 사랑을 주고받는 능력을 키워왔을지 모른다. 하지만 예기치 않은 일이 발생하기도 한다. 직장에서 해고당하거나 회사가 파산하거나 아니면 소중한 관계가 무너지거나 소중한 사람이 병에 걸린다. 사랑을 치료약으로 쓴다는 말은 이토록 암담한 시기에도 그렇기에 더더욱 사랑에 힘쓰는 것을 의미한다.

균형이 깨지고 건강이 나빠지면 환자는 두려움에 사로잡힌다. 이때 환자는 자신의 몸이 전하는 메시지를 차단하거나 적대감을 느끼며 점점 몸을 외면하게 된다. 특히 자기 몸이 지금까지 자신의 간절한 바람을 저버렸다고 느끼거나 앞으로 자신이 그런 일을 당할 거라고 느끼는 환자는 더욱 그렇다. 나는 의사로서 이런 사례를 수없이 목격했다.

　내 환자 중에 캐럴린은 난임으로 힘겨운 시간을 보냈다. 임신 자체가 어려웠고 임신이 되더라도 출산까지 이어지지 않았다. 우리는 아기를 갖도록 최선을 다해 도왔지만 캐럴린은 다섯 차례나 유산했고, 그것도 매번 임신 후 같은 시점에 아이를 잃었다.

　여섯 번째 임신했을 때 캐럴린은 이번에는 아이를 만날 수 있으리라 조심스럽게 기대를 걸어보았다. 모든 것이 정상적으로 진행되는 것처럼 보였다. 하지만 매번 유산했던 그 시점에 이르자 하혈을 시작했다.

　당황하고 놀란 캐럴린이 내게 전화했다. 캐럴린은 두려움이 워낙 커서 어떻게 대처해야 할지 몰랐다. 캐럴린이 흐느끼며 말했다.

　"아기를 또 잃을 게 틀림없어요. 아이를 지키기 위해 내가 할 수 있는 일이 하나도 없다니 어쩜 이렇게 무기력할까요."

　내가 아기를 구할 수 있을지는 확신하지 못했지만 캐럴린이 당장 두려움을 줄일 수 없다면 사랑을 키워야 한다고 확신했다. 나는 캐럴린에게 말했다.

"지금 아기에게 가장 필요한 건 엄마의 사랑이에요. 아기가 죽든 살든 아기에게 필요한 건 사랑이에요."

캐럴린에게 겁먹지 말라고 말할 수는 없었다. 그 상황에서 겁먹는 것은 지극히 자연스러운 반응이었기 때문이다. 하지만 나는 캐럴린이 두려움이 아니라 사랑에 집중하도록 만들 수는 있었다.

나는 캐럴린에게 아기의 영혼과 대화를 나누라고 했다.

"엄마가 정말 간절히 이 세상에 나오는 널 만나고 싶어 하니 제발 떠나지 말아줘."

아기에게 이렇게 간청하라고 말했다.

"아기에게 엄마랑 이 난관을 함께 이겨내자고 말해요."

캐럴린은 저녁 내내 아기와 대화를 나누었다. 남편이랑 자신이 아기를 갖기 원하는 이유가 무엇인지, 또 배 안에서 자라고 있는 아기를 이미 얼마나 사랑하는지 설명했다. 캐럴린은 아기에게 떠나지 말라고 간청했지만, 아기가 어떤 결정을 내리든 받아들이겠다고도 말했다. 어떤 일이 생겨도 아기에 대한 사랑을 멈추지 않겠노라는 다짐이었다.

이튿날 아침 캐럴린은 출혈이 멈추었다. 캐럴린은 초음파 검사를 받으러 왔고, 나는 아기의 심장 박동을 확인했다. 아기는 무사했다.

나이 들수록 행복해지는 인생의 태도에 관하여

이후로 캐럴린은 아무 문제 없이 임신 기간을 보내는 것으로 보였다. 캐럴린의 아기는 열 달을 채우고 세상에 나올 때가 되었고 나는 분만을 돕는 축복을 받았다. 이번에도 나는 천사들의 노랫소리를 들었다. 하지만 아기를 손으로 받았을 때 나는 아기 얼굴을 보고 깜짝 놀랐다.

아기 얼굴에는 당시에 '언청이'라고 불리던 구순구개열의 흔적이 남아 있었다. 구순구개열을 치료하려면 여러 차례 수술해야 한다. 저절로 치유되는 사례를 본 적이 없었는데 캐럴린의 아기는 자연적으로 치유된 것 같았다. 나는 캐럴린이 아기와 대화를 나누던 날 밤을 떠올리며 빙긋이 미소를 지었다.

"위대한 외과의가 그때 이미 일을 끝냈군요!"

나는 건강하게 태어난 아들을 산모에게 건네며 말했다.

나중에 내 생각이 맞는지 확인하려고 태아 발달 단계를 다시 찾아보았다. 캐럴린이 하혈을 하고 아기와 함께 기도했던 순간은 정확히 연구개가 형성되는 시기였다.

캐럴린이 사랑하는 마음에 집중하면서 자기 몸을 치유했을 뿐 아니라 배 안에 있던 아들까지 치유하도록 도왔음을 의심할 이유는 없었다.

나는 캐럴린이 배 안의 아들에게 준 사랑이 아들을 치유했다고 확신한다. 두려움의 먹구름이 자신을 덮쳤을 때 위험한 고비임에도 캐럴린은 두려움에 먹이를 주지 않고 최대한 가장 밝은 빛으로 나아가 손을 내밀었다. 그 빛은 아기를 향한 사랑이었다.

다른 환자들도 캐럴린처럼 위기를 극복하는 모습을 나는 여러 번 목격했다. 몇 년 전 내 친구 에블린은 긴 산티아고 순례길 여정을 준비하고 있었다. 산티아고 순례길을 완주하는 것은 에블린의 평생 꿈이었다. 그랬기에 에블린은 아주 오래전부터 게스트하우스에서 잠을 자고 스페인 시골 마을에서 소박한 음식을 먹고 마을에서 마을로 이동하는 모습을 상상해왔다.

그런데 어느 날 갑자기 무릎을 다쳐 걷는 것조차 힘들게 되었다. 에블린은 당황해서 나를 찾아왔다.

"글래디스 선생님, 이번 순례 여행을 떠날 수 없게 되면 어떡하죠? 몇 년 전부터 이 여행을 계획해왔어요. 비포장 길을 매일 수십 킬로미터씩 걸어야 해요. 무릎이 튼튼해야 하는데 제때 회복될지 모르겠어요."

나는 에블린에게 이렇게 조언했다.

"무릎에 주의를 집중하고 무릎이 앞으로 해야 할 일과 그 이유를 말해봐요. 그런 다음 무릎이 건강을 회복하도록 사랑의 에너지를 보내봐요. 줄기세포와 대화를 나누고, 사랑과 믿음으로 줄기세포를 강화해봐요."

그 후 몇 달 동안 에블린은 하나의 특별한 목적을 놓고 무릎이 치유되기를 기도하고 묵상했다. 그것은 에블린이 수년간 꿈꾸어온 영적 사명을 완수하는 일이었다.

에블린이 무사히 순례길을 마친 것이 내 조언을 따랐기 때문인지 아닌지는 알 길이 없다. 반대로 에블린이 무릎을 놓고 기도하지 않았더라면 어떻게 되었을지도 결코 알 수 없을 것이다. 하지만 에블린이 항상 꿈꾸어왔던 순례길을 완주했다는 사실, 그것도 통증 없이 온전한 무릎으로 걸었을 뿐 아니라 자신의 목표를 이루겠다는 한층 간절한 마음으로 여정을 완주했다는 사실은 분명하다. 그 명상으로 에블린의 순례길은 더욱 의미 있는 여정이 되었다. 순례에 오르기 전에 굳건한 믿음으로 영적 훈련을 마쳤기 때문이다.

확실한 사실 하나는 인생에는 우리가 모르는 것이 참으로 많다는 것이다. 나쁜 일이 막 생겼을 때 거기서 어떻게 희망을 발견하게 될지는 알 수 없다. 하지만 좋은 점이 있으리라고 희망하는 것만으로도 기운을 얻는다. 희망하기로 선택하는 순간 우리는 두려움에서 벗어나 사랑으로 나아가게 된다.

사랑에 주의를 집중하는 행위만으로도 자신을 치유할 수 있다. 설령 병이 낫지 않더라도 삶에서 더 큰 의미와 행복을 느끼게 된다.

거대한 두려움 앞에서 사랑을 선택하는 것은 사실 그 자체로 기적이다. 하지만 이 선택이 또 다른 기적을 만들어내기도 한다.

13장에서 소개했듯이 비극적인 교통사고를 겪은 수전 역시 기적 같은 일을 경험했다. 나는 수전의 머리맡에 앉아 그녀의 두려움을 감싸주고 공감하면서 그래도 그녀에게 선택지가 있다고 제시했다. 도저히 극복하기 힘들어 보이는 난관에서 수전은 어떻게 해야 했을까? 내가 유방암에 걸렸을 때 종양을 여행 가방으로 시각화를 했듯이 수전에게도 그녀에게 통하는 시각화가 필요하다는 사실을 나는 알았다. 그 이미지는 수전이 생생하게 떠올릴 수 있는 이미지여야 했고 사랑에 기반한 이미지여야 했다.

나는 수전에게 뼈가 어떻게 치유되는지 설명했다. 골세포를 연결하는 조골세포와 골세포를 파괴하는 파골세포에 관해 이야기했다. 펩타이드의 역할 그리고 뼈는 스스로 상처를 치료한다는 사실을 설명했다. 나는 수전을 안심시키며 말했다.

"당신의 몸은 스스로 치유할 능력이 있어요. 쉽진 않을지 몰라도 가능해요. 당신의 아름다운 몸은 건강하고 강인해요. 그렇게 믿기로 선택해봐요."

수전이 교통사고를 당한 것은 허리케인 카트리나가 뉴올

리언스를 강타한 지 얼마 지나지 않은 시점이어서 도시 재건 계획을 다루는 이야기가 뉴스를 도배했다. 수전은 침대에서 꼼짝하지 못하는 상태에서 뉴올리언스에 관해 무척 많이 생각했다. 수전은 뉴올리언스가 재건되는 모습을 매일 볼 수 있었다. 달리 생각할 것이 없었던 수전은 도로가 놓이고 건물이 새로 올라가는 장면을 머릿속으로 계속 떠올리기 시작했다. 처음에는 왜 그런 이미지가 떠올랐는지 알지 못했고, 이 일이 우리가 나눈 대화와 연관성이 있다고는 생각지도 못했다. 그저 가만히 누워 있는 것이 따분해서 이상한 집착이 생긴 것으로 여겼을 뿐이었다.

시간이 지나면서 의사들은 수전에게 예상치 못한 일이 일어난다고 알리기 시작했다. 수전의 척추가 의사들이 생각지 못한 방식으로 치유되고 있다는 것이었다.

수전은 자신의 이상한 집착이 사실은 시각화임을 깨달았다. 자신이 머릿속에 건설하고 있는 '도시'가 실은 척추의 골조직을 상징한다는 것을 이해한 수전은 시각화에 쓰는 시간을 더 늘렸다. 인부들이 건설하는 다리와 건물은 조골세포를 상징했고, 인부들이 손수레에 가득 실어 버리는 잔해는 파골세포였다. 시간이 흐르고 의료진은 수전의 깁스를 제거했다. 수전은 이제 앉을 수 있었고, 그다음에는 휠체어로 이동할 수 있었다.

사고를 당하고 1년을 조금 넘긴 시점에 수전은 다시 걷기 시작했다.

'생활의학'에서는 환자가 사랑을 주고받는 일에 집중하게 한다. 사랑을 주고받으며 생명력을 얻는 방법을 모색한다. 일상에서 사랑을 실천할 때 우리는 삶다운 삶을 살아나간다.

사랑의 힘은 개인의 삶에만 국한되지 않는다. 우리가 세상에서 사랑을 더 많이 받아들이고 사랑이 우리 마음에서 자라도록 허용할 때 주변 사람에게로 사랑이 퍼져나가기 시작한다. 또 우리가 자신의 모든 것을 사랑하는 법을 배울 때 사랑의 힘은 우리 삶을 풍요롭게 한다.

자신에게 주는 사랑은 고통을 치유하는 약일 뿐 아니라 세포 하나에까지 영향을 미치는 중요한 자양분이다. 그러니 굳이 고통을 기다렸다 사랑할 필요는 없다.

나이 들수록 행복해지는 인생의 태도에 관하여

Practice

◊

사랑으로 치유하기 연습

· 1 ·

가만히 명상하며 불만이 표면으로 떠오를 때까지 기다린다. 기존에 앓고 있는 고질적인 질환이나 일시적 부상 등 신체 문제가 불만일 수도 있고, 골치 아픈 인간관계처럼 감정적인 문제가 불만일 수도 있다.

· 2 ·

무엇이 불만인지 숙고하고 나면 그 문제를 요약할 수 있는 이미지가 떠오르기를 기다린다. 이 작업에 지나치게 몰두하지 말고 무슨 이미지든 떠오르는 대로 받아들인다. 이미지는 정지 화면일 수도 있고 움직이는 이미지일 수도 있다. 특정한 사물, 장소 또는 사람이 떠오를 수도 있다. 이미지가 떠오르면 자세히 살핀다. 형태, 색깔, 질감 등이 어떤지 살핀다.

· 3 ·

이미지를 향해 질문을 던진다. "내게 무엇을 보여주고 싶은가?" "무엇이 필요한가?" 그 이미지는 신체 건강, 정신 건강, 영혼의 여

Secret 3 사랑은 가장 강력한 치료약이다 223

정, 인간관계 측면에서 당신에게 어떤 정보를 제공하는가? 당신의 마음은 어떤 식으로든 하고 싶은 말이 있어서 그 이미지를 제공한 것이다. 그것은 무엇일까? 답은 하나일 수도 있고 여럿일 수도 있다.

·**4**·

우주의 조건 없는 사랑이 그 이미지를 감싸고 있다고 상상해보자. 당신이 태어난 날에 그랬듯이 천사들의 노래를 마음으로 들어보자. 떠오른 이미지에 감사하며 이미지를 서서히 떠나보낸다.

·**5**·

이제 포옹할 차례다. 이 행동을 하는 것이 바보처럼 느껴지더라도 부끄러워하지 말자. 이 포옹은 변화를 가져오는 중요한 동작이다! 오른손은 왼쪽 어깨에, 왼손은 오른쪽 어깨에 올려 두 팔을 교차시켜 어깨를 감싼다. 이때 턱을 아래로 내리고 팔에 힘을 주며 자신을 꽉 안아보자. 위로가 필요한 사람을 안아줄 때처럼 자기 자신을 힘껏 품에 껴안는다.

자기 자신을 힘껏 포옹할 때 자신의 마음을 들여다본다. 오늘은 자신이 얼마나 사랑스러운지 또 얼마나 사랑받을 자격이 있다고 느끼는지 스스로 가늠해본다. 어떤 대답이 떠오르든 비판 없이 수용한다. 자신에게 흘러드는 사랑의 에너지를 가늠하고 싶을 때마다 언제든 자신을 안아주는 동작을 반복해도 좋다.

당신은
결코
혼자가 아니다

The Well-Lived Life

Chapter 19

‡

삶은
연결되어 있다

어릴 때 겨울이 되면 이동 캠프에서 보냈던 경험은 지금도 가장 좋은 추억으로 남아 있다. 모두 각자 할 일이 있었고, 맡은 일을 즐겁게 하는 분위기가 좋았다. 모두가 서로 의지하며 한 몸처럼 일하는 것도 좋았다. 우리 가족은 다른 사람들과 멀리 떨어져 지냈는데 겨울에 캠프에 모이면 사람들과 하나로 연결되어 있다는 사실을 느낄 수 있어 좋았다. 그때를 떠올리면 정겹다. 그 시절의 경험으로 나는 공동체에 대한 확고한 믿음이 생겼다.

어느 날 저녁 우리는 가족 캠프에서 식사를 마치고 식탁에 모여 단어 게임을 하고 있었다. 그때 아야가 불쑥 들어와서 웃는 얼굴로 말했다.

"사두sadhu가 오셨어요."

인도에서는 힌두교 수행자인 사두를 흔하게 볼 수 있었는데 우리 캠프에서는 그렇지 않았다. 그래서 나는 아야가 어떤 수행자를 말하는지 정확히 알았다. 우리 다섯 형제자매는 모두 좋아서 맨발로 펄쩍펄쩍 뛰었다. 막내인 고든은 너무 어려서 이유도 모르고 뛰었을지 모른다. 우리는 밖으로 달려 나갔고 부모님도 뒤따라 나섰다.

훤칠한 키에 상대를 꿰뚫어 보는 강렬한 눈빛을 지닌 수행자는 신비로운 기운을 발산하고 있었다. 이제는 그때 내 앞에 있던 사람이 윤회를 거듭한 성자임을 안다. 하지만 그런 표현은 당시 나라면 신성모독으로 여겼을 말이었다. 순다르 싱 Sundar Singh은 기독교로 개종한 사람이었지만 서양 기독교를 그대로 받아들이기를 거부했다. 싱이 볼 때 인도에서 기독교를 전파하려면 예수의 삶을 그대로 따르되 인도 사람답게 따르는 것이 최선이라고 믿었다. 싱은 인도의 성자가 입는 빛바랜 황색 '도티'를 입고 머리에는 터번을 둘렀으며 수염을 길게 길렀다. 싱은 우리를 보고 활짝 웃었다.

"얘들아, 보고 싶었단다."

순다르 싱 성자는 티베트에서 여름을 보낸 후 겨울마다 우리 캠프를 방문했다. 항상 도보로 이동했고, 우리 캠프에서 1주에서 2주 정도 머물며 좋은 음식을 먹고, 노래와 이야기로 캠프 아이들에게 기쁨을 주었다. 사람들은 누구랄 것도 없이 자연스레 싱 주변으로 몰려들었고, 싱이 있다는 사실만으로 사람들 간의 교류가 활발해졌다.

나는 싱을 닮고 싶었고, 나중에 커서 싱처럼 사람들을 끌어당기는 어른이 되어야겠다고 결심했다. 싱이 그랬듯이 나는 아이들에게 사랑을 베풀고, 나를 만나는 모든 이에게 희망을 주고, 귀를 기울이는 모든 이에게 즐겁게 내 이야기를 들려주고 싶은 바람이 생겼다. 사람들과 관계를 맺으며 내가 아는 진리를 실천하는 사람이 되기를 꿈꾸었다.

인간은 사실상 모두 연결되어 있다. 하지만 이 사실을 잊고 자신을 분리된 존재로 생각하기 쉽다. 물론 나라는 사람은 나만의 육신에 둘러싸인 존재고, 당신은 당신만의 육신에 둘러싸인 존재인 것은 맞다. 그렇지만 인간은 사회적 동물이고 서로 의존해야 생존한다. 아무리 자신을 남들과 분리하려고 해도 좋든 나쁘든 우리는 공동체의 일원이다. 우리는 가족의 일원이고, 나아가 문화와 국가, 대륙의 구성원이며, 인간이라는 종의 일원이다. 우리는 유전자를 공유하고 경험을 공유함으로써 서로 연결된다. 우리는 말 그대로 같은 공기를 호흡한다.

우리는 별개의 존재일지 모르지만 하나의 공동체다. 공동체로서 생명력을 공유한다. 개인의 생명력을 보살피듯이 공동체의 생명력도 보살핌이 필요하다.

1969년 빌과 함께 이스라엘 키부츠kibbutz를 방문했을 때 나는 공동체의 생명력이라는 개념을 처음 접했다. 그날 밤 빌과 나는 우리가 목격한 것, 즉 키부츠 공동체가 유대를 형성하는 방식에 관해 밤늦도록 지치지 않고 토론했다. 키부츠 공동체에서는 모든 사람에게 목적이 있었고, 모든 사람에게 직업이 있었다. 아이들이 학교에서 하는 일은 키부츠 농장과 병원, 주방에서 일어나는 일과 연결되어 있었다. 모두가 공동체의 생명력에 도움을 주었고 또 도움을 받았다.

키부츠 여행에서 영감을 얻어 나는 간호사 겸 조산사인 바버라 브라운과 함께 1970년대와 1980년대에 걸쳐 '베이비 버기 프로그램Baby Buggy program'을 운영했다. 숙련된 전문가뿐 아니라 사랑하는 이들과 함께 편안하게 집에서 출산하는 가정 분만을 장려하는 프로그램이었다. 특수 장비를 갖춘 차량을 산모의 집 앞에 주차해두고 우리는 산모 곁에서 분만 상황을 주시했다. 혹시 의료 개입이나 병원으로 이송할 필요가 생길 때를 대비해 차량에는 필요한 모든 장비를 갖추었다. 산모들은 대부분 베이비 버기 차량을 이용할 일 없이 가정에서 무사히 아기를 출산했고, 아기는 건강하고 행복해 보였다. 더러는 차량을 이용해 산모나 아기 또는 두 사람 모두 병원으로 이송하기도 했다. 우리는 차량 옆면에 출산을 상징하는 커다란 황새를 그려 공동체에 분명한 메시지를 전달했다. 새로운 영혼이 탄생합니다! 새 생명을 환영합니다!

현대 사회에서는 진정한 공동체 의식이 희박하다. 코로나 팬데믹 이전부터 여러 언론에서는 우리 사회가 외로움의 위기에 직면했다고 보도했다. 외로움의 심각성은 여러 국가와 다양한 인구 통계 자료에서도 드러났다.[11] 고립감은 신체에 엄청난 손상을 입힌다. 브리검영대학교에서 실시한 연구에 따르면 외로움이 수명에 미치는 악영향은 하루에 담배 15개비를 피우는 것과 같은 수준이다.[12] 인간관계가 빈약한 사람은 심장질환 발병 위험이 29퍼센트, 뇌졸중 발병 위험이 32퍼센트 증가하는 것으로 나타났다.[13]

사회 구성원 간의 긍정적인 유대관계가 건강하고 풍요로운 삶에 도움이 된다는 연구 결과도 있다. 작가인 애슈턴 애플화이트Ashton Applewhite는 건강한 인간관계가 노년 건강과 행복을 결정하는 주요 지표라고 지적했다. 아울러 연령주의ageism를 비판하고 여러 세대의 친구를 사귈 것을 권장했는데 이 개

넘은 삶의 목적이 불확실해지는 노년층에게 어린 손주들과 함께 지내는 시간이 긍정적 영향을 미친다고 밝힌 여러 연구 결과와 일맥상통한다.[14] 결혼한 사람은 심혈관질환 발병 위험이 미혼자보다 낮은 경향이 있지만, 문제가 있는 결혼생활은 발병 위험을 높이는 것으로 나타났다.[15] 하버드대학교 성인 발달 연구Harvard Study of Adult Development에 따르면, 50세 이전에 형성한 질 좋은 인간관계는 80세에 건강하고 행복한 삶을 이끄는 가장 중요한 변수로 밝혀졌다.[16]

삶은 사람들과의 관계에서 비롯하고, 관계 안에서 유지되고, 또 새로운 관계를 만들어낸다. 우리는 공동체의 생명력에 일조하고 그 생명력에 혜택을 받을 때 가장 행복하고 건강하다. 내가 공유하는 네 번째 비밀은 바로 이 개념에 근거한다.

"당신은 결코 혼자가 아니다."

공동체와 유대를 맺고 공동체의 생명력과 조화를 이룰 때 개인의 생명력은 증폭한다.

바꿔 말하면 우리와 관계를 맺으려는 다른 사람들을 받아들일 때 우리가 성장하고 발전한다는 뜻이다. 우리 자신이 관계를 제공하는 주체이자 수용하는 주체이므로 공동체의 건강을 좌우하는 것은 우리 자신이다. 자신을 지원하는 사회관계망을 형성할 책임은 각자에게 있다. 또한 자신을 지원하는 사회

나이 들수록 행복해지는 인생의 태도에 관하여

관계망 형성은 다른 사람들을 지원하는 사회관계망 형성에 일조한다. 사회적 연결을 제공하는 일을 굳이 이타적 행위로 볼 이유는 없다. 사회관계망이 확장되면 자신에게도 이롭기 때문이다. 아들 밥이 어렸을 때 이런 말을 했다.

"엄마, 이제 알 것 같아요! 내가 친구를 사귀면 그 친구한테 새 친구가 생기는 거고, 그 친구가 또 다른 친구를 사귀면 또 친구가 생기고, 이렇게 계속 친구가 만들어지면 세상 사람들이 다 내 친구가 되겠죠!"

나는 세계 곳곳을 다니며 공동체가 성장하고 발전하는 것을 보았다. 특히 구성원이 모두 함께 일하는 공동체 안에서 가장 강렬한 기쁨을 목격했다. 이들은 힘겨운 위기에 직면했을 때, 아니 어쩌면 그렇기에 더더욱 하나가 되어 문제를 헤쳐나갔다. 한 집단이 번영하는 데는 반드시 막대한 자본이나 완벽한 사람들이 필요한 것이 아니다. 자신이 가진 재능으로 협력하고 그것이 모자라지 않도록 보완할 방법을 찾으면 된다.

나는 사회관계망에 어떤 힘이 있는지 어려서부터 느끼고 자랐다. 유대감이 강한 가족의 일원이었고, 구성원 모두가 긴밀하게 협력하는 활기찬 공동체에서 성장했다. 가족의 일원으로서 힘든 일을 극복하며 건강하고 행복한 가족을 이루도록 애썼고, 나를 둘러싼 세상에 언제나 적극적으로 참여했다. 나는 다른 일보다 사회관계를 중요하게 여겼다. 내가 다른 이들에게 도움을 주고 또 도움을 받을 때 온몸을 관통하는 기분이 어떤지 알기 때문이다.

어떤 느낌인지는 당신도 모르지 않으리라 생각한다. 나는 당신이 살면서 적어도 한 번쯤은 누군가로부터 온전한 지지를 받았고 그 기분이 어떤지 느꼈기를 바란다. 당신이 그리 오랜 시간이 아니라도 누군가를 지지할 기회가 있었고 유대를 형성하는 기분이 어떤지 느꼈기를 바란다. 이런 경험이 있는 사람은 그때 느낀 활력을 잊지 못할 것이다. 새로운 생명력이 몸에서 솟아 앞으로 나아갈 힘을 얻었던 순간을 지금도 기억할지 모른다. 우리가 이런 경험을 통해 생명력을 충전한다는 사실이야말로 공동체의 중요성을 나타낸다.

수십 년 동안 나는 하나의 꿈을 놓치지 않았다. 그것은 치유, 생활, 배움을 하나로 통합하는 '생활의학'을 실천하는 마을을 만드는 일이었다. 어떻게 보면 내 꿈은 유년기의 이동 캠프 생활에서 시작되었다. 아울러 치유를 목적으로 사람들이 모여 함께 살고 또 함께 일하는 공동체라는 점에서 전에 없는 새로운 패러다임이다. 사회적 존재인 인간은 서로 어울려 살도록 만들어졌다. 이것이 우리가 성장하고 번성하는 방법이다.

방금 말한 원리를 머리로는 알면서도 갈수록 실천하기 어려워하는 이들이 많다. 미국뿐 아니라 전 세계가 이념 차이로 분열되고 있다. 가족이지만 유대를 형성하지 못하고 휴일이나 명절에도 각자의 공간에서 시간을 보내는 쪽을 선택한다. 이혼율은 갈수록 증가하는 추세다. 사람들이 전자기기를 붙들고 지내면서 거실과 마당을 함께 쓸 일이 갈수록 줄어든다. 가진 것이 많아질수록 떨어져 지내는 시간도 증가한다. 설령 우리가 사람들과 유대를 맺고 싶어도 적어도 이론상으로는 현대 사회에서 이런 필요를 충족하기가 쉽지 않아 보인다. 어쩌면 우리는 사람들과 교감하는 방법을 잊어버렸는지도 모른다.

이런 각박한 현실을 마주하면서 나는 의문을 떨칠 수 없다. 본성상 혼자보다 여럿이 함께하기를 좋아하고 함께할 때 누리는 이점을 알면서도 왜 우리는 다른 사람들과 함께하기를 피할까?

‡

Chapter 20

함께 살아가는
불완전함 받아들이기

장남인 칼Carl이 태어났을 때 나는 신시내티에 살고 있었는데 같은 동네에 사는 젊은 엄마와 친하게 지냈다. 그녀에게는 내 아들과 동갑내기 아들인 해리가 있었다. 우리는 둘 다 같은 병원 인턴이었고 몇 가지 공통점이 있었다. 칼과 해리는 우리 무릎을 벗어나자마자 함께 놀기 시작했다.

둘은 사이가 좋았지만 노는 방식이 달랐다. 다른 이유도 있겠지만 부모의 양육 방식이 달라서였다. 칼은 모험심이 강한 아이였다. 빌과 나는 칼이 어디를 기어다니고 어디를 올라가든 격려했고 옷을 더럽혀도 개의치 않았다. 반면에 해리의 엄마는 놀러 밖에 데리고 나갈 때 꼭 장갑을 끼웠고, 때로는 줄로 몸을 묶어서 행동반경을 통제했다.

요즘에는 의학 정보가 많아서 아이들을 적당히 더럽게 키우는 것이 어째서 유용한지 젊은 부모들이 들을 기회가 많다. 그래서 대부분 지나치게 청결한 환경이 오히려 아이의 발달에 좋지 않다는 사실을 안다. 하지만 해리 엄마는 질병이 세균에서 비롯한다는 의학 이론에 따라 살균을 강조하는 교육을 받았기에 자신이 배운 대로 엄마로서 최선을 다했다. 당시 수많은 여성이 그랬듯이 해리 엄마는 '좋은 엄마'가 되려면 반드시 실천해야 하는 덕목이 있다고 배웠고, 아들을 세균으로부터 지키는 일도 그중 하나였다.

해리와 해리 엄마는 모두 내 환자이기도 했다. 해리가 병치레가 잦았기에 두 사람을 자주 보았다. 해리는 엄마가 최선을 다했음에도 유행성 질병을 달고 살았다. 한번은 칼이 땅바닥에서 놀고 해리가 그 모습을 앉아서 가만히 지켜보고 있는데 해리 엄마가 내게 물었다.

"칼은 아플 일이 거의 없는데 어째서 해리는 툭하면 병원에 가야 할까요? 내가 무척이나 신경 쓰는 데 말이죠!"

칼의 면역 체계가 더 강할 가능성이 크다고 나는 웃으며 설명했다. 내가 칼을 세상에 노출한 덕분에 칼은 회복력이 높아졌다.

이 이야기 자체는 그리 특별하지 않다. 하지만 비유로 받아들인다면 배울 점이 참 많은 이야기다. 세상에는 아이들에게 정말로 해로운 것이 있다. 뜨거운 난로, 높은 절벽, 독사 같은 것은 해롭다. 해리 엄마는 이런 것으로부터 아들을 제대로 보호했을 터다. 하지만 해리 엄마의 보호가 너무 지나친 탓에 해리는 자주 아팠다.

공동체가 작동하는 원리도 이와 같다. 어떤 이들은 우리에게 정말로 해악을 끼치기도 한다. 하지만 다른 사람들로부터 자신을 지나치게 보호하면 우리에게 도움이 되는 교류마저 차단하게 된다. 우리가 사람들로 가득한 세상에 태어난 것은, 이런 세상에서 온갖 혼란과 고난을 겪더라도, 인간은 남들과 더불어 살아가야만 하는 존재이기 때문이다.

우리는 갈등과 혼란에 휘말리기 싫다는 이유로 사람들과 깊이 교류하지 않을 때가 많다. 상대의 결함이나 부족한 점을 인식하게 되면 수용하거나 이해하려고 애쓰기보다 회피하고 싶어 한다. 아예 실망할 일을 만들지 않음으로써 다른 사람들로부터 자신을 보호하려고 한다. 하지만 그 과정에서 우리는 건강한 삶을 놓치고 만다.

현대 사회에서는 각종 편의 시설이 발달해 사람을 상대하지 않고 지내기가 수월해졌다. 서로에게 '의존하는' 불편함이 발생하지 않도록 그럴 가능성 자체를 차단하는 환경을 조성했다. 현대인은 경제적으로 여유만 있으면 사실상 타인에게 아무것도 부탁할 필요가 없는 세상을 만들었다. 정비소에서 차를 찾거나 병원에 갈 일로 도움이 필요할 때 예전 같으면 이웃에게 부탁했겠지만 요즘에는 앱을 이용하면 된다. 정신없이 바쁜 저녁에는 배달 앱으로 잠깐이면 식사를 주문할 수 있다. 클릭한 번이면 개를 산책시켜줄 사람, 가구를 조립해줄 사람, 세차해줄 사람을 고용할 수 있다. 기술이 발전할수록 사람들은 이웃이나 친구에게 아무것도 부탁할 일이 없는 편리한 세상을 원하는 듯하다. 우리는 돈을 주면 모든 일이 해결 가능한 공동체를 구축하고 있다. 이웃과 함께 외양간이나 창고를 짓는 일은 고사하고 설탕 한 컵을 빌리던 시대는 이미 지나갔다.

지금 내가 하는 이야기가 세상이 변해가는 모습이 마음에 안 들어 불평만 늘어놓는 늙은이의 넋두리 같을지 모른다. 하지만 이 이야기에는 훨씬 중요한 의미가 담겨 있다. 우리는 이웃과 설탕 한 컵을 빌리고 또 갚는 방식으로 살아야 한다. 외양간이나 창고를 함께 지으며 서로 혜택을 주고받아야 한다. 이렇게 살아갈 때 이웃과 사소한 일에서도 서로 교류하고 소통할 기회가 생긴다. 과거에는 복잡한 일상을 공유하며 자주 교류하고 살았기에 이웃끼리 잘 알았고, 서로의 삶에서 무슨 일이 일어나는지 파악하고 있었다. 이런 상호작용은 사회적 소외를 방지하는 안전장치로서 사람들이 생명력을 잃지 않도록 지켜주었다.

현대 사회에서는 일상생활에 필요한 상호작용을 최소화하는 것이 가능해졌고, 자신이 원할 때만 타인과 교류해야 행복하다는 생각이 이 같은 경향을 강화하고 있다. 하지만 사람들 간에 상호작용이 감소하면 그만큼 우리가 치를 대가도 커진다. 공동체 안에서 사람들과 교류하지 않을 때 우리는 많은 것을 잃는다. 인간다운 삶을 완성하는 중요한 퍼즐 조각을 놓치기 때문이다.

공동체와 함께하는 삶을 살기로 선택하면 단점도 있다. 우선 내가 온전히 통제할 수 없는 상황이 발생한다. 빌과 내가 애리조나주에 와서 두 번째 살던 집에서 이 사실을 깨달았다. 1958년에 이사한 그 집은 흙벽돌로 지어져 철벽같이 튼튼했으며 바쁜 일곱 식구가 살기에 안성맞춤이었다. 식구는 금방 8명으로 늘었다. 우리 식구는 매일 저녁 함께 저녁을 먹었는데 떡갈나무로 만든 커다란 식탁에서 대개는 15명 이상 둘러앉아 식사했다. 집 안을 깔끔하게 유지하는 일이나 음식을 제대로 차리는 문제로는 고민하지 않았다. 함께 모여 식사하는 것이 더 중요했다.

우리 집에 여러 사람이 워낙 수시로 드나들고 이웃에서 절도 사건이 몇 차례 발생하자 한번은 경찰이 우리 집을 찾아와 저녁에는 문을 잠그라고 경고했다. 그때 비로소 우리 식구 8명 가운데 아무도 집 열쇠가 없다는 사실을 깨달았다. 그 시절에 남편과 나는 우리가 설립하고 지원했던 여러 단체를 위한 기금 모금 행사를 자주 주최했다. 또 전문 의료진과 다양한 분야의 의료 종사자를 초청해 강연회를 열었는데 참석자들은 대부분 행사가 끝나도 우리 집에서 며칠씩 머물면서 식탁에 둘러앉아 편하게 토론을 나누곤 했다. 그리고 거의 매일 동네 아이들이 들락거려서 집 안은 언제나 시끌벅적했다.

빌과 나는 부모로서 우선순위를 정하면서 아이나 어른이나 솔직하게 자기 본모습을 드러내고 즐겁게 지낼 수 있는 가정을 만들기로 했다. 그러다보니 조용하고 깔끔히 정돈된 집을 유지하는 일은 포기했다. 이 선택으로 어수선하고 번잡스러운 시간을 보내게 됐지만 후회하지 않는다. 함께 어울려 살면서 공동체 의식을 키우려면 어느 정도 번잡함은 감수해야 한다.

어느 날 오후 나는 욕조에서 휴식하며 육아와 업무로 받은 스트레스를 풀고 있었다. 우리 집 욕실은 문이 2개여서 하나는 침실로 통하고 다른 하나는 빌의 서재로 통했다. 내가 눈을 감고 막 물속으로 몸을 담그려는 찰나 침실로 통하는 문이 열렸다. 눈을 동그랗게 뜬 소년이 헐레벌떡 욕실로 뛰어들더니 세면대 옆을 지나 서재 문을 활짝 열어젖히고 그 안으로 뛰어 들어갔다. 그 소년이 서재 문을 열고 들어가자마자 한 여자아이가 욕실로 들어와서 소년을 뒤쫓아 서재로 들어갔다. 이어서 덩치가 큼지막한 아이가 세 번째로 욕실을 지나가고, 머리가 덥수룩한 아이가 네 번째로 지나가고, 몸집이 아주 작고 장난기 가득한 꼬마가 다섯 번째로 지나갔다. 몇 분 사이에 10명의 아이가 욕실로 뛰어 들어왔다가 욕조에 있는 나를 그대로 지나쳐 서재로 사라졌다. 그중 3명이 우리 집 아이들이었는데 아무도 욕조에 있는 나를 알아차리지 못했다. 한편으로는 욕조에 알몸으로 누워 혼자만의 시간을 가지려고 했던 차에 짜증이 나면서도, 또 한편으로는 내가 아이들을 위해 이토록 즐겁고 시끌벅적한 집을 만들었다는 사실에 감탄이 나왔다.

다른 사람들을 우리 삶에 받아들인다는 것은 삶이 다소 혼잡하고 어수선해지는 상황을 수용해야 한다는 뜻이다. 우리는 어울려 살면서 모든 것이 자신이 원하는 대로 부족함 없이 움직이기를 기대할 수는 없다. 하지만 이 불완전함에서 얻을 수 있는 중요한 가치가 있다. 상황을 통제하고 싶어 하는 인간의 욕구를 나는 이해한다. 우리 각자는 자신이 갈 길이 있고 그 길

나이 들수록 행복해지는 인생의 태도에 관하여

을 어떻게 걸어갈지 스스로 결정하고 싶어 한다. 하지만 각자 가는 길에서 서로의 길이 교차할 수 있고 또 그 길에서 서로 만 나는 것은 아름다운 경험이다. 삶의 길에서 서로가 만나는 일 이 아름다울 수 있는 이유는 각자 그동안 걸어온 길을 공유하 고, 자신이 배운 것과 앞으로 나아갈 길을 서로 알려주면서 함 께 배우고 성장하기 때문이다.

타인과 자기 경험을 나누고 배우는 일이 어떻게 보면 스트 레스일 수도 있다. 하지만 적당한 강도의 단기 스트레스는 실 제로 우리에게 유익하다. 이 말은 부정적인 사람이나 자신을 끊임없이 괴롭히는 사람과도 오랜 시간을 보내야 한다는 의미 가 아니다. 지속적인 스트레스는 수많은 문제를 일으킨다. 하 지만 여러 연구에 따르면 일부 스트레스는 우리 몸과 마음에 유익한 효과를 내는 것으로 보인다.[17]

타인과의 상호작용에 따르는 불완전함과 성가심이 전혀 없는 무균실 세상을 만들려고 할 때 우리는 야외에서 장갑을 착용하고 놀았던 가엾은 해리처럼 오히려 생명력을 약화하는 결과를 낳는다.

타인과의 상호작용을 아예 차단하려는 이들이 있다. 그런 가 하면 또 한쪽에서는 사람들과 잘 지내려면 모든 사람을 좋 아하고 모든 면을 좋아해야 한다고 우리를 설득한다. 이처럼 양극화된 세상에서는 누구와 친구가 되어야 하는지조차 알기 어렵다.

건강한 삶을 영위하는 데 공동체가 그토록 중요하다면 우리는 무엇부터 해야 할까?

Chapter 21

‡

모든 사람과
친구가 되자

17장에서 밝혔듯이 모든 사람을 사랑하는 것이 내 목표지만 그렇다고 내가 반드시 모든 사람을 좋아한다는 뜻은 아니다. 마찬가지로 정도의 차이는 있지만 모든 사람과 친구가 되는 것도 좋은 방법이 될 수 있다. 모든 이와 친구가 되기로 다짐한다면 상대방의 정체성이나 신념에 구애받지 않고 상대방을 받아들이고 우정을 나눌 수 있다. 상대방의 전부가 아니라 일부만 알아도 우리는 친구가 될 수 있다.

대학생인 엘리사는 겨울 방학을 맞아 집에 왔다가 팔꿈치에 습진이 생겨 내원했다. 엘리사의 엄마도 오래전부터 내가 돌본 환자였기에 어릴 적부터 엘리사를 알고 지냈다. 엘리사는 불안 증세가 있었지만 보통 1~2분 정도 지나면 안정을 되찾았다. 하지만 이번에는 엘리사와 포옹을 나눌 때부터 이상한 느낌이 들었고, 나랑 있으면서도 다른 데 정신이 팔린 듯했다. 엘리사의 팔을 잡고 내가 증상을 살피는 중에도 엘리사는 스트레스 호르몬을 대량으로 분비하는 듯했다. 엘리사는 가만히 앉아 있었지만 눈동자가 바쁘게 움직였고 팔이 떨리는 것이 내 손에 전해졌다. 습진으로 고생한 사람들은 다 알겠지만 스트레스를 받으면 증상이 악화할 때가 많다.

"여기에 피마자기름을 조금 바르면 괜찮아질 거야. 만약 차도가 없으면 연락해. 스테로이드를 처방해줄게."

나는 이렇게 말하고 나서 이번에는 엘리사의 손을 잡아 부드럽게 쥐고 말했다.

"자, 엘리사. 진짜 문제가 뭔지 말해줄래?"

엘리사의 손은 몹시 차가웠고, 나는 내 온기를 나눠주고 싶었다.

"아, 방학 동안 집에 돌아와 지내는 게 생각했던 것과 달랐을 뿐이에요. 괜찮아요. 방학만 끝나면 학교로 돌아갈 거예요."

엘리사는 무뚝뚝하게 말했다.

나이 들수록 행복해지는 인생의 태도에 관하여

나는 가족에게 무슨 일이 생긴 건 아닌가 싶어 물었다.

"생각했던 것과 다른 게 뭐야?"

엘리사는 가족이 모두 잘 지낸다면서 어떻게 잘 지내는지 이야기했다. 기분 좋은 이야기를 하는 사이 마음이 열린 모양인지 엘리사는 이윽고 본심을 털어놓았다.

"친구들과 사이가 조금 이상해진 것 같아요. 그러니까 단짝 친구 클로이랑 좀 그래요. 클로이는 남자친구와 함께 살고, 저는 기숙사에서 지내는데 각자의 삶이 너무 달라졌어요. 클로이에게 연락은 하지만 이제는 공통점이 없어요. 관계가 피상적으로 느껴져요. 무슨 말인지 아시죠?"

"알지."

"저는 얕은 우정에는 관심이 없어요. 그런 관계는 시간과 에너지 낭비 같아요. 지금까지 그 친구랑 시간을 낭비했던 걸까요, 아니면 지금 시간을 낭비하고 있는 걸까요…. 그냥 이 상황이 좀 힘든 것 같아요."

나는 엘리사를 보며 빙긋이 미소를 지었다. 속내를 털어놓으며 활력을 찾은 듯 엘리사의 손이 따뜻해졌다. 나는 엘리사에게 내 친구들 이야기를 했다.

어릴 때 내가 만난 친구 중에는 지금까지 나와 교류하는 친구도 있고 그렇지 않은 친구도 있었다. 피터 이야기도 했다.

피터는 인도에서 나와 함께 성장했고, 신시내티에 사는 내 친구 앨리스와 부부가 되어 지금은 애리조나주에서 우리 이웃으로 지낸다.

"어릴 때부터 지금까지 곁에 있는 친구들도 있고, 떠났다가 돌아오는 친구들도 있어. 영영 멀어진 친구들도 분명 있지. 하지만 모두 소중하고, 결코 시간 낭비가 아니야. 여기 애리조나에서 피는 봄꽃을 생각해봐."

나는 창밖 풍경을 가리키며 말했다.

"아프리카금잔화는 뿌리가 얕아서 몇 주 동안만 꽃을 피우지. 하지만 사구아로선인장은 강풍과 가뭄에도 견딜 만큼 뿌리가 깊어. 둘 중에 어느 한쪽이 더 아름다운 건 아니야. 둘 다 이곳에 생명을 불어넣고 있어. 클로이와의 우정은 끝난 게 아니야. 그저 변화를 겪는 거지."

엘리사와 이야기를 나누면서 어떤 친구들과는 우정이 깊어서 수십 년간 친구로 지낼 인연이라고 설명했다. 이런 우정을 나누는 친구는 우리가 어려울 때 의지할 수 있는 사람들이다. 그런가 하면 짧게 끝날 인연도 있다. 이런 우정은 일정한 역할이 끝나면 자연스럽게 인연이 마무리된다. 마지막으로 오랫동안 만나든 잠시 만나든 피상적인 관계에 머무는 인연도 있다. 우호적이고 긍정적인 관계지만 서로를 속속들이 잘 아는 사이는 아니다. 나는 수천 명의 사람을 알고 지내는데 관계의 성격은 달라도 모두 내 친구라고 생각한다.

"나는 너도 친구라고 생각해."

내가 이렇게 말하자 엘리사가 싱긋 웃었다.

"넌 나보다 어리지. 네가 아이일 때 난 벌써 성인이었으니까 네가 내 친구라고 생각하면 이상해 보일지도 몰라. 하지만 네 영혼의 나이가 얼마인지 나는 몰라. 너도 내 영혼의 나이가 얼마인지는 모르지. 미래에 우리가 서로 어떤 사이가 될지는 아무도 모를 일이야. 어떤 일이든 가능해. 네 친구 클로이도 마찬가지야."

나는 앨리스의 손을 꼭 잡았다. 엘리스가 한숨을 내쉬며 말했다.

"저는 클로이와 영원한 단짝이 되리라 생각했어요…. 그럴 수도 있겠죠. 아닐 수도 있고요. 하지만 그저 저 혼자 애쓰고 싶지는 않아요."

나는 엘리사를 관찰한 그대로 말했다.

"스트레스를 많이 받는 것 같구나."

"맞아요. 하지만 제가 뭔가를 바꾸려고 애쓰는 일을 그만두면 스트레스를 덜 받겠죠. 그냥 흘러가는 대로 내버려둘 거예요."

"바로 그거야. 엘리사에게 다가가려고 최선을 다할 수는 있지만, 이 삶이 어디로 나아갈지는 통제할 수 있는 게 아니야."

우리는 좀 더 이야기를 나누었고 엘리사는 내 말에 긴장이 풀린 듯했다. 엘리사는 방학 기간에 둘 다 집에 있을 때 다시 클로이에게 연락하기로 하고 진료를 마치고 집으로 돌아갔다. 스테로이드 연고가 필요하다고 엘리사가 나를 찾은 일은 없었으므로 나는 피마자기름이(그리고 우리가 나눈 대화가) 효과가 좋았던 모양이라고 생각했다.

나는 사람들에게서 친구가 될 만한 요소를 살펴 모든 이들과 친하게 지낼 방법을 찾는다. 설령 내가 찾은 공통점이 단 하나일지라도 그 사람과 나의 생명력이 함께 흐르는 지점을 찾아 그것을 활용한다. 이 지점에서 그 사람과 내가 오래 교류할 수도 있고 짧게 교류할 수도 있다. 관계가 깊어질 수도 있고 피상적 수준에 머물 수도 있다. 어쨌든 그렇게 교류하는 동안은 친구가 된다. 서로 얼마나 가까워질지 또는 멀어질지 신경 쓰지 않고 다만 하루하루 현재에 충실하면 된다.

'우리'라는 공동체 의식을 키우려면 먼저 가장 가까운 이웃과 교류를 시작하자. 그다음 업무상 교류하는 사람, 가족의 친구, 슈퍼마켓 계산원, 주유소 직원, 치과 의사, 세무사, 반려동물 미용사 등 우리가 자주 만나는 사람으로 범위를 넓혀보자. 어린아이와 청소년, 노인과도 우정을 나누자. 우정에는 다양한 형태가 있으므로 제한된 범위에서나마 모든 사람을 친구로 삼고 그 우정을 유지하며 가꾸자. 약간의 친절과 호기심만 있으면 된다. 상대방을 관찰하면서 자신과 공통된 관심사를 찾아 거기서부터 우정을 쌓으면 된다.

아울러 세상살이의 일반적인 흐름을 따라 나아가는 길에 마주하는 새로운 인연을 거스르지 않는 것도 중요하다. 한번 자문해보자. 최근에 우연히 만난 사람은 누구인가? 내가 관심과 사랑을 나눠줄 사람은 누구인가? 우리에게 다가오는 사람, 우리의 도움이 필요하거나 우리에게 도움을 제공하는 사람 또는 둘 다인 사람을 눈을 크게 뜨고 살피면서, 그들을 통해 우리에게 말을 걸어오는 세상의 메시지에 귀를 기울여야 한다.

모든 사안에 동의해야 즐겁게 우정을 나눌 수 있다고 생각하는 것은 위험하다. 이런 사고방식은 서로의 차이를 인정하지 않고 관계를 극단으로 밀어붙인다. 누군가의 삶이 자신의 삶과 비슷할 때 교류할 수 있는 공통점을 찾기가 더 쉬운 것은 당연하다. 하지만 자신과 매우 다른 사람으로 인해 세상을 보는 새로운 눈을 뜨기도 한다. 이 말은 우리가 그다지 좋아하지 않는 사람과 교류하는 일이 그만큼 귀중하다는 뜻이다. 자신과 다르게 생각하는 사람을 비난하지 않고 호기심을 품고 다가갈 때 우리는 성장한다.

처음 오하이오주로 옮겨왔을 때 나는 물 밖에 나온 물고기처럼 어색했다. 생계가 넉넉한 집안의 여성은 집에서 아이들과 함께 지냈고 생계가 넉넉하지 않은 집안의 여성은 밖에서 일했는데, 나만큼 교육을 많이 받은 여성도 없었고 나처럼 자의에 따라 일하는 여성도 없었다.

어릴 때부터 주변과 동떨어진 별난 사람으로 사는 데 익숙한 나였다. 코끼리 사이에서 자라고 힌두스타니어를 구사하는 사람은 마거릿 언니를 제외하고는 오하이오주에서 나 홀로인 기분으로 대학 시절을 보냈다. 의대 시절에도 마찬가지였다. 병을 치료하는 관점에서 내 소신은 출세 지향적인 다른 의대생들과는 매우 달랐다. 의사가 되어서도 나는 남성이 지배하는 직업 세계에서 내 자리를 지키는 법을 오랫동안 배우고 익혀야 했다. 결혼하고 나서 나와 비슷한 사람을 만나기를 갈망했지만 내가 사는 주변에서는 찾을 수 없었다. 2시간 떨어진 곳에 살게 된 마거릿 언니는 신이 보내준 선물이었다. 남편 빌의 형 부부도 가까운 곳에 살았다. 이들 덕분에 오하이오주에 와서 처음 몇 년간 버틸 힘을 얻었다.

우리 가족 말고는 나를 의사로서 진지하게 받아들이는 사람이 아무도 없어 보였다. 지역 사람들은 남편 빌이나 다른 남성 의사에게 치료받는 것을 선호했다. 우리 부부가 처음 개원했을 때 근방에서 일반의는 6명뿐이고 그중 2명이 빌과 나였는데 하나둘씩 은퇴하고 빌도 군 복무 때문에 병원을 비웠다. 그러니까 여성 의사를 신뢰하지 않는 사람들이 결국 내 환자가 되었다는 뜻이다.

당연히 나는 이전과 똑같은 지식과 똑같은 사랑으로 환자들을 대했고, 얼마 지나지 않아 대다수 주민의 마음을 사로잡았다. 그때부터 정반대 문제가 발생했다. 지역 주민끼리 워낙 허물이 없는 데다 내가 누구에게나 친절하고 솔직한 사람이다 보니 의사와 환자 관계에서 적정한 선이 어디까지인지 사람들이 알지 못했다. 식료품점이나 은행, 길거리에서 내가 보이면 사람들은 언제나 다가와 의학적 조언을 구하곤 했다. 한번은 아주버니 부부와 함께 극장에서 영화를 보려는데 경찰이 극장 인터폰으로 나를 호출했다. 한 주민이 응급 상황도 아니고 작은 문제가 생겼을 뿐인데 나를 찾지 못하니까 경찰에 연락했고, 경찰은 무전기를 동원해 나를 추적한 것이었다.

한번은 볼거리에 심하게 걸렸다. 백신이 생기기 전에는 흔한 질병이었는데 그때 나는 두 마을 떨어진 곳으로 가서 몇 주 동안 병원에 입원했다. 태어나서 그렇게 아픈 적은 처음이었다. 우리 집 아이들도 모두 열이 나서 침대에 누워 있었는데 아이들을 돌볼 수조차 없었다. 하지만 우리가 살던 마을에서 내가 유일한 의사였기 때문에 사람들은 병원에서 치료받는 나를 가만히 두지 않았다. 사람들은 자동차를 타고 강을 건너와 내 병실에 몰래 들어와서는 이런저런 감염 증상에 관해 물어보거나 창문으로 다가와서 큰소리로 나를 부르곤 했다.

"글래디스 선생님!"

나는 정말 힘들었고 휴식이 필요했기 때문에 결국에는 그 병원 의사 친구들 몇 명이 정맥 주사에 필요한 도구를 모두 챙겨서 자기네 집으로 나를 몰래 피신시켰다. 나는 주민들을 피해 친구들 집 거실에서 마지막 회복 기간을 보내며 볼거리를 치료했다. 처음에는 나를 노골적으로 거부하던 사람들이 나중에는 내 몸을 돌보지 못할 정도로 나를 찾아다니게 되었다니 생각하면 참으로 아이러니한 변화였다.

나는 곤란한 상황을 웃으며 넘기는 방법을 항상 찾았지만, 볼거리로 병원에 있으면서 공동체를 구축할 때 많은 이들이 직면하는 중요한 문제를 확인했다. 그것은 바로 경계를 지키는 일이다.

개인 공간이나 사적인 필요를 존중하지 않는 사람과 적절하게 교류하는 방법을 찾기는 쉽지 않다. 때로는 호감이 없을

지라도 나와 성향이 다른 사람과 교류하는 일이 유익할 때가 많다. 하지만 우리의 생명력을 적극적으로 빼앗으려는 사람 또는 그런 행동을 삼가지 못하는 사람과는 어떻게 해야 할까? 어떻게 하면 연결점을 찾아 모든 사람과 우정을 나누되 생명력을 소진하는 일 없이 서로의 생명력을 강화할 수 있을까?

‡

Chapter 22

관계에서
올바른 경계
설정하기

건강한 경계를 설정하는 일은 자신의 정체성과 삶의 목표를 아는 것에서 시작한다. 그러자면 먼저 자신이 무슨 일에서 생기를 얻고, 무슨 일에서 생기를 잃어버리는지 이해해야 한다. 그래야 자신의 영혼이 나아갈 길이 어디인지 분별하고, 무엇이 그 길을 방해하는지 알 수 있기 때문이다. 적절한 지점에 경계를 설정하고 지키려면 자기 자신이 어떤 사람인지 잘 알아야 한다. 자신의 가치를 확실히 알고 자기 길을 가는 다른 사람에게서 영감을 얻을 수도 있지만, 자신만의 길을 찾는 책임은 결국은 각자에게 있다.

마거릿 언니는 내 삶을 이끈 중요한 롤모델이었다. 언니는 여러 면에서 어머니를 닮았을 뿐 아니라 자기 길에 확신이 있었기에 다른 사람의 박자를 무시하는 일 없이 자기 삶의 박자대로 길을 걸었다. 나는 마거릿 언니의 묵묵한 선행을 삶의 본보기로 삼았다. 어렸을 때는 언니에게 대들고 싶을 때가 많았지만 그런 마음을 다스릴 줄 알게 된 후로는 평생 언니를 본받으며 살았다.

첫 아이를 낳았을 때 언니는 형부랑 시어머니 마더 코트라이트Mother Courtwright와 함께 작은 집에서 살고 있었다. 시어머니의 침실은 2층에 있었다. 아기가 아직 몸을 가누지 못해서 품에 안고 키울 때 언니 집에 찾아갔다. 하루는 아기가 우는데 언니가 아무리 달래도 소용이 없어 보였다. 지금 생각하면 배에 가스가 찼거나 배앓이를 한 것뿐 마거릿 언니가 뭘 어떻게 한다고 해서 단박에 해결될 일은 아니었다. 그런데 안사돈이 곧바로 아래로 내려와서는 언니에게 이렇게 저렇게 해야 한다고 잔소리를 했다.

안사돈 말에는 비판적이고 공격적인 에너지가 깔려 있었다. 마거릿 언니에게 엄마 자질이 부족하다고 여기는 모양이었다. 안사돈의 어조는 부정적이었고 불쾌하기까지 했다. 언니가 아기를 더 단단히 감싸서 가까이 끌어안고 계속 어르는 모습을 나는 지켜봤다. 안사돈은 하고 싶은 말을 끝내고 위층으로 올라갔다.

마거릿 언니는 전혀 동요하지 않고 아기에게 다정하게 콧노래를 불러주었다. 나는 그 모습에 깜짝 놀랐다. 만약 내가 그런 대우를 받는다면 정말로 속상했을 터였다. 나는 언니에게 어떻게 그런 일을 겪고도 아무렇지 않을 수 있냐고 물었다.

"그게 시어머니는 늘 저러서."

무릎으로 반동을 주며 아기를 다정하게 어르는 박자에 따라 언니의 목소리도 같이 튀어 올랐다가 내려갔다.

"뭐라고 하시든 난 신경 안 써. 거기에 쏟을 에너지는 없단다. 여기 우리 아기한테 모든 에너지를 쏟아야 하거든."

안사돈은 20년을 더 살았고 사는 동안 대체로 언니를 책잡았다. 하지만 돌아가실 무렵에는 며느리를 소중히 여기게 되었고 자신의 차를 물려주라고 유언을 남겼다.

나는 그날 언니 집 거실에서 있었던 일과 언니의 말을 수없이 생각했다.

"거기에 쏟을 에너지는 없단다."

자신이 설정한 경계를 이 말만큼 명쾌하게 표현한 말을 나는 듣지 못했다. 이 말은 그럴 만한 에너지가 없다는 뜻이 아니라 그 에너지를 다른 데 쓰기로 선택했다는 의미다. 언니에게는 가족이 소중한 가치였고 그렇기에 시어머니와 한집에 사는 것을 마땅하게 여겼다. 언니가 설정한 경계는 이 가치를 실현하는 열쇠였다.

현대 사회에서 경계는 뜨거운 주제다. 사람들은 흔히 경계라 하면 요새의 성벽처럼 두껍고 높은 벽을 쌓아 사람들을 차단하는 수단으로 생각한다. 이것은 오해다. 경계는 우리 내면 깊은 곳에 자리한다. 경계란 자신의 에너지를 어떻게 쓸지 정하는 기준, 주의를 집중할 가치가 있는 일과 그렇지 않은 일을 선택하는 기준이다.

이렇게 볼 때 경계를 정하는 일은 전적으로 자신의 몫이다. 우리 인생에 들어오는 사람이나 그 사람이 전하는 에너지를 우리는 통제할 수 없다. 그러므로 부질없이 그것을 통제하려고 에너지를 쓰면 생명력이 고갈할 뿐이다. 하지만 어떤 이가 마음에 들지 않을 때 그 사람과의 관계에 얼마나 많은 관심을 기울일지는 언제나 우리가 결정할 수 있다. 긍정적인 생명력을 공급하지 못하는 관계는 결국 피상적인 수준에 그치거나 갈수록 멀어질 뿐이다. 하지만 어떤 사람 자체를 완전히 차단할 필요는 없다. 그 사람이 지닌 부정적 에너지만 차단하면 충분하기 때문이다.

이런 관점에서 보면 적절한 경계를 설정하는 일은 사람을 배제하는 일이 아니라 그 사람의 가장 좋은 측면을 받아들이는 일이다.

내 환자 한 사람이 폐암에 걸렸을 때 일이 생각난다. 오랜 흡연자였던 패티는 폐암 진단 직후에 병세가 급속도로 나빠져 입원했다. 나는 패티를 담당하는 의사들에게 전화를 걸어 경과를 알아보았다. 심각한 상황을 넘기고 집으로 돌아갈 수는 있으리라 내심 기대했다.

"상태가 좋지 않아요. 빈혈이 심해서 퇴원하기에는 몸이 쇠약합니다."

수화기 너머로 의사가 말했다.

"수혈 치료를 받을 수 있나요?"

"우리가 시도는 하는데 환자가 거부하고 있어요. 몸은 허약한데 고집이 이만저만이 아니에요!"

나는 패티를 설득할 수 있을지 알아보려고 병원에 찾아갔다. 나는 패티에게 수혈을 받지 않으면 죽을 수도 있다고 설명했다.

패티는 자신이 수혈을 거부하는 이유를 설명했다.

"알아요. 하지만 이건 아니에요. 다른 사람 피가 내 혈관에 흐르게 할 수는 없어요. 그 사람이 누군지도 모르잖아요. 그 사람이 마음에 드는 사람인지 아닌지 어떻게 알아요? 게다가

나이 들수록 행복해지는 인생의 태도에 관하여

그 혈액에 병균이라도 있으면 어떡해요? 이건 정말 아니에요. 수혈받지 않고 내 몸이 나을 수도 있잖아요."

패티가 하는 걱정을 이해했지만 의무 기록을 살펴보니 반드시 수혈 치료를 받아야 했다. 패티의 몸이 치유될 가능성은 있었지만 철분 수치가 그토록 낮은 상태에서 불필요한 위험을 감수할 이유는 없었다.

패티가 직면한 상황을 재구성하면 문제 해결에 도움이 될지도 모른다고 나는 생각했다. 그러니까 수혈받을 정도로 몸이 아프다는 생각에서 벗어나 기적 같은 일을 맞이하는 상황으로 관점을 전환하기로 했다. 인식을 바꾸면 다른 사람이 주는 사랑을 받아들일 숭고한 기회로 여길 수도 있다.

이 세상에 사는 어떤 이가 자신의 목숨과도 같은 피를 나눠줄 정도로 패티를 사랑한다는 것은 아름다운 일이라고 나는 패티에게 말했다. 그 사람이 어떤 사람이든 그 안에 있는 가장 고귀하고 선한 마음이 혈액을 제공한 것이라고 설명했다. 패티의 몸은 매우 허약한 상태라고 말하고 있었기에 이런 지원을 받는 것이 필요한 상황이었다. 그런데 다행히 지역 사회의 누군가가 바로 이런 환자들을 위해 헌혈을 했다. 그 사람이 누구인지는 중요하지 않았다. 중요한 것은 그 사람이 자신의 피를 나눠줄 만큼 환자를 걱정했다는 사실뿐이다.

이러한 관점의 전환이 변화를 이끌었다. 패티는 기증자의 가장 고귀하고 선한 마음에서 나온 사랑의 선물이 공여 혈액이라고 생각할 수 있게 되었다. 당연히 패티는 수혈을 받았고 몸이 한결 나아졌다. 공동체의 지원을 받아들이는 법을 배움으로써 패티는 암과 싸우는 데 필요한 힘을 얻었다.

우리가 정한 경계는 자신의 정체성과 필요를 반영하고, 이 요소들은 모두 유동적이므로 경계도 유연하게 바뀔 수 있어야 한다. 그렇다고 다른 사람이 우리의 경계를 정하도록 허용해야 한다는 뜻은 아니다. 주기적으로 자신을 살펴 무엇이 필요한지 파악하고, 모든 상황에서 자신의 퍼즐 조각이 전체 그림에 꼭 맞는지 자문하면서 자신의 경계를 조정할 수 있어야 한다는 뜻이다.

우리가 자신의 경계를 올바로 설정할 때 이는 우리와 관계 맺는 이들이 자신의 퍼즐 조각 모양을 파악하고 제자리를 찾는 데 도움을 주기도 한다.

14장에서 이야기했듯이 밀턴 에릭슨은 1950년대 후반에 우리 집 거실에서 최면을 주제로 토론 모임을 시작했다. 처음에는 이 토론회를 우리 집에서 주최하는 게 좋았다. 고립된 섬처럼 오하이오주에서 살다가 애리조나주로 이사 와서 토론 활동의 중심에 서게 되어 기뻤다. 하지만 다섯째 아이의 출산이 가까워지면서 나는 휴식이 필요했고, 매주 화요일 의식의 본질을 놓고 밤늦도록 벌어지는 열띤 토론에 스트레스를 받기 시작했다. 나는 대화에 더는 참여하지 않았고 잠을 자고 싶은 생각뿐이었다. 어느 날 밤 나는 빌과 밀턴에게 말했다.

"이제 됐어요. 토론회는 새로운 장소를 물색하는 게 좋겠어요."

임신 중인 데다 피곤해서 토론회가 별로 달갑지 않았다.

빌과 밀턴은 불만을 토로했다. 빌은 중요한 토론에서 중심 역할을 하는 것을 좋아했고, 밀턴은 해오던 대로 토론회를 진행하기를 원했기 때문이다.

하지만 얼마 지나지 않아 토론회 취지와 격에 맞는 장소를 찾아냈고, 이는 장기적 관점에서 토론 모임의 목표를 숙고하는 계기를 마련했다. 그 결과 주요 회원들이 미국임상최면학회American Society of Clinical Hypnosis, ASCH를 창설하기에 이르렀다. 이 학회는 현재 미국에서 임상 최면을 사용하는 의료 전문가 조직으로는 가장 큰 단체다.

그때 내가 정한 경계는 내 영혼의 여정에서 중요했다. 당시 나는 무의식을 놓고 펼치는 기나긴 논쟁을 듣고 있기보다 내 안에서 자라는 아기를 맞이할 준비를 해야 했다. 이 결정은 밀턴의 영혼이 나아가는 여정뿐 아니라 이후 수십 년에 걸쳐 미국임상최면학회 활동에 영향받게 되는 사람들의 영혼이 나아가는 여정에도 중요한 역할을 했다. 내 결정은 토론회 장소를 둘러싸고 잠시 위기를 낳았지만 결과적으로 토론회에 최선의 길을 제시했다. 건강한 경계는 모두에게 보탬이 되는 방향으로 작동한다.

경계를 설정하는 일이 항상 쉬운 것만은 아니다. 빌과 밀턴이 편안한 모임 장소에서 쫓겨나는 것을 싫어했듯이 나 역시 불평하는 임산부가 되는 것이 좋을 리 없었다. 내 상태가 더 좋았더라면 유머를 발휘해 상황을 더 부드럽게 풀어갈 수도 있었을 텐데 그러지 못한 점은 아쉬웠다.

오하이오주에서 살던 시절에 식료품을 사려고 슈퍼마켓에 들를 때조차 환자의 질문 공세에 시달리는 일이 계속되자 나는 한계에 도달했다. 어느 토요일 아침 나는 아이 넷을 데리고 동네 슈퍼마켓에 갔다. 남편도 곁에 없고 아이들이 유난히 정신 사납게 구는 바람에 지쳐서 짜증이 나던 차였다. 그런데 한 환자가 과자 진열대 쪽에 있는 나를 보더니 곧장 다가왔다. 나는 한숨이 나왔다. '또 시작이군.'

그렇게 다가온 이본은 놀랍게도 간단한 질문이 아니라 본격적으로 질문 공세를 퍼부었다. 이본은 자신이 한참 전부터 앓아온 질염에 관해 나를 붙잡고 일일이 설명하기 시작했다.

나이 들수록 행복해지는 인생의 태도에 관하여

당시는 1940년대였다. 진료실에서라면 아무 문제 없었겠지만 과자 진열대 통로에서 그런 대화를 나누는 것은 아무래도 어색했다. 큰 애 둘은 바닥에서 뒹굴고 있었고 작은 애 둘은 카트에 앉아서 이본이 세세하게 언급하는 내용을 눈을 껌뻑이며 듣고 있었다.

이본이 체액까지 거론하며 자세하게 증상을 설명하자 큰 아들이 귀를 쫑긋 세웠다. 나는 참을 만큼 참았다고 생각했다. 나는 슈퍼마켓 바닥을 가리키며 말했다.

"이본, 그냥 여기에 눕는 게 어때요? 속옷을 내려봐요. 여기서 진찰해줄 테니."

내가 뱉은 말을 이행할 준비가 되었음을 알리듯 나는 이본을 보며 다정하게 웃었고, 진찰 도구를 꺼내려는 양 내 가방을 향해 손을 뻗었다. 바닥에서 씨름하던 두 아들 녀석이 내 말투가 달라지자 갑자기 얼어붙었다. 게다가 "속옷" 같은 야한 단어를 놓칠 리가 없었다.

이본은 얼굴이 빨갛게 달아올랐다. 그녀는 주위를 두리번거리며 물었다.

"여기서요?"

"아니면 월요일에 약속을 잡을래요?"

나는 그것도 좋은 생각이라는 듯이 선택지를 또 하나 제안했다.

"오! 그래요. 그렇게 할게요."

이본이 외쳤다.

"그럼 월요일에 봐요!"

이렇게 인사하고 나는 식료품 진열대 쪽으로 카트를 밀며 이동했다. 엄마의 대응에 놀랐던 큰 녀석 둘은 나를 뒤따르며 히죽거렸고, 카트에 타고 있던 어린 두 녀석도 킥킥거렸다. 내가 유머를 발휘한 덕분에 상대가 조금이나마 기분 좋게 내가 정한 경계를 받아들였으리라 믿고 싶고, 네 아이에게는 분명히 잊지 못할 경험이었다고 생각한다.

지역 주민들이 지나칠 정도로 나를 친근하게 느낀 이유 중 하나는 내가 환자들에게 필요한 것을 제공했기 때문이라고 생각한다. 사람들이 겪는 문제를 언제나 해결해줄 수는 없었지만 어쨌든 나는 그들에게 삶의 일부가 되었다. 처음에는 노골적으로 거부당했던 내가 그들의 삶과 긴밀하게 엮이면서 내가 살아남기 위해서라도 경계를 설정하지 않으면 안 되었다.

우리 자신이 공동체 안에서 얻는 이득만큼이나 우리가 공동체에 제공하는 이득도 중요하다. 이 사실을 잊기 쉬운데, 많은 이들이 공동체에서 자신이 취할 수 있는 이득이 무엇인지부터 생각하는 경향이 있다. 하지만 자신이 가진 것부터 제공하고 나눌 때 많은 것을 얻을 수 있다.

　공동체에 도움이 되는 사람이 되려면 어디서부터 시작해야 할까? 어떤 상황에서든 자신이 지닌 장점을 발휘해 공동체의 생명력에 일조하려면 어떻게 해야 할까?

Chapter 23

‡

경청은 힘이 세다

마거릿 언니와의 교류는 오하이오주에서 분주하게 보낸 긴 세월을 견딜 수 있게 해준 원동력 중 하나였다. 마거릿 언니는 우리 집에서 2시간밖에 걸리지 않는 피츠버그에 살았는데 이는 축복이었다. 언니 역시 의료계에 종사하면서 어린 자녀들을 키우고 있었다. 존스홉킨스대학교에서 간호사 교육을 받았고, 우리 테일러 집안의 자녀답게 의대에 진학해 의사가 되었다. 또 부모님이 강조하신 건강하고 행복한 삶의 개념을 전파하는 데 관심이 많았다. 우리 두 사람에게는 서로를 하나로 묶는 공통점이 많았다.

우리는 가능한 한 자주 만났고 아이들끼리 노는 동안 이야기를 나누곤 했다. 나는 파격적인 아이디어를 제시하며 활력을 불어넣었고, 감수성이 풍부한 언니는 온화하고 상냥하게 나를 감싸주었다. 언니는 내가 만나는 사람 중에 가장 따뜻하고 사랑스러운 친구였다. 가끔 내가 어떤 문제로 불같이 화를 내면 언니는 크고 파란 눈을 깜빡이며 잠자코 내 이야기를 들어주었는데 그러면 저절로 마음이 진정되었다. 직접 만나지 못할 때는 전화로 수시로 연락했다. 내가 전화를 걸어 이야기를 쏟아내면 언니는 내 이야기를 끝까지 들어주었고, 그러고 나서 언니가 자신의 삶에서 무슨 일이 일어났는지 이야기하면 내가 들어주었다.

환자를 만나면 나는 그들의 이야기를 듣는 데 많은 시간을 할애했다. 몸에 생긴 질병뿐 아니라 그들이 삶에서 겪는 어려움이 무엇인지 내 앞에서 풀어낼 수 있도록 애써 시간을 냈다. 환자들은 특히 여성일수록 이른바 전문가나 힘을 가진 사람이 자신의 이야기를 진심으로 들어준 경험이 한 번도 없었다. 여성들은 처음에 내게 속마음을 털어놓기 어려워하다가 차츰 편해지면 달라지기 시작했다.

경청하는 기술은 평생 내게 도움이 되었다. 많은 경우에 공동체와 긍정적으로 상호작용을 시작하기에는 이보다 좋은 방법이 없기 때문이다. 진심으로 타인의 이야기에 귀를 기울이면 그 사람의 관점과 어려움을 이해하는 데 도움이 된다. 우리가 성심으로 상대방 이야기를 들어줄 때 상대방은 혼자가 아님을 느끼고, 경청하는 우리도 혼자가 아님을 깨닫는다. 이야기를 들어주는 것은 우리가 주변 사람을 위해 할 수 있는 가장 중요한 일 중 하나다.

마거릿 언니와 오빠 칼은 경청의 가치를 알았다. 나를 "다마르 돌dhamar dhol"(힌두스타니어로 '덜렁거리는 양동이'라는 뜻으로 흐느적거리는 내 기다란 팔과 다리를 놀리는 표현)이라 부르며 놀려대길 좋아했던 칼 오빠는 내게 주먹질하는 법을 가르치며 원기 왕성한 유년기를 보낸 후 하버드대학교 의대에 진학했다. 파나마와 인도에서 의사로 일하다가 미국으로 돌아와서는 존스홉킨스대학교에서 수행한 연구로 '국제 보건'이라는 분야를 학문적으로 정립했다. 칼 오빠가 진행한 여러 프로젝트 가운데 '미래 세대Future Generations' 프로젝트는 지역 사회와 협력해 아프가니스탄 시골 지역에 거주하는 여성의 출산을 돕고 건강을 개선하는 것이 목표였다. 칼 오빠가 내게 전화를 걸어 이 일을 도와줄 수 있는지 물었을 때 오빠도 나도 여든이 넘은 나이였다.

"다마르, 문제가 있어. 이 여성들이 남편 허락 없이는 누구와도 말하지 않고, 설령 허락이 떨어져도 말을 거의 하지 않는다는 거야. 그러니까 우리가 그곳에 들어가서 이 여성들이 어떻게 출산하는지 알아보고 문제가 뭔지 파악해야 해. 일부 지역에서는 영아와 산모 사망률이 충격적일 정도로 높아. 빈곤과 위생 문제 말고도 다른 원인이 더 있을 거야. 넌 사람들 말을 경청할 줄 아니까 이 여성들이 너한테는 진실을 털어놓지 않겠니.”

나는 이 일에 협력하기로 수락했고 얼마 후 아프가니스탄으로 향하는 비행기에 몸을 실었다. 동료 의사인 슈크리아 Shukria와 나는 함께 프로그램 실행 지역을 선정하고, 분만을 주로 여성이 도우므로 각 마을에서 여성 2명이 우리 프로그램에 참여하도록 초청했다. 이 프로그램에 마을 여성이 등록하도록 만드는 작업은 쉽지 않았다. 우리가 이야기를 나누고 싶다고 요청했을 때 실제로 많은 남성이 아내를 보내고 싶어 하지 않았다. 그래서 아내 대신 장모를 초청하자 이번에는 남편들이 기꺼이 응했다.

일주일 동안 우리는 프로그램 참가자들과 집에서 함께 지내며 서로 알아가는 시간을 가졌다. 나와 슈크리아는 무엇이 문제인지 파악하고자 이 여성들에게 출산 경험담을 들려달라고 요청했다. 이 여성들의 이야기를 들어주는 것만으로도 효과는 굉장했다. 대다수 여성은 임신과 출산 과정에서 겪는 어려움을 토로할 기회가 그전까지 한 번도 없었다. 심지어 같은 마을에 사는 여성들끼리도 이런 이야기를 들어주는 사람이 아무도 없었다. 우리가 그저 이야기를 경청해주는 것만으로 이들은 자신이 중요한 존재로 느껴졌고, 자신들이 각자 들려주는 경험담이 소중하게 대접받는 기분을 느꼈다.

여성들이 경험담을 털어놓기 시작하자 상황을 파악하기가 수월해졌다. 몇몇 여성은 이야기하는 동안 스스로 문제점을 알아차리기도 했다. 아프가니스탄 여성들은 출산 중 금식하는 관행 탓에 체력이 더욱 약해져 분만 때 힘을 주기가 어렵거나 아예 힘을 주지 못하는 일이 발생했다. 멸균 처리하지 않은 도구로 탯줄을 절단하는 관행 탓에 신생아가 감염에 노출되는 일도 잦았다. 이런 관행은 사망률 감소를 위해 간단하게 개선할 수 있는 문제였다. 우리가 지역 여성들의 말에 귀를 기울였기에 이들도 기꺼이 우리의 조언에 귀를 기울였다.

슈크리아와 나는 여성들에게 위생, 영양, 해부학 등 관련 정보를 이해하기 쉽게 제공했다. 그런 다음 여성들이 마을에 돌아가 그 정보를 지역 사회에 전파하도록 요청했다. 여성들은 뭔가를 알게 되면 서로 전수한다. 우리가 제공한 정보는 알음알음 인맥을 거쳐 몇 주 만에 지역 전체로 퍼졌다. 그 과정에서 다른 건 필요 없었다. 우리 프로그램에 참여한 각 여성이 정보를 이야기하고 나머지 사람들이 그 여성의 말을 경청하기만 하면 되었다.

친절한 영혼을 지닌 사람들, 그러니까 칼 오빠와 내 동료인 슈크리아를 비롯해 전 세계 오지에서 의료 서비스를 제공하는 수백만 명의 국제 구호 활동가들은 도움이 필요한 사람들 곁에 그저 함께하는 것이 우리가 그들에게 줄 수 있는 가장 중요한 선물임을 보여주었다. 아프가니스탄에서 우리가 맡은 첫 번째 역할은 문제를 해결하는 것이 아니라 그저 경청하는 것이었다. 프로그램 초기 단계에서 지역 여성들이 자신의 경험담을 토로할 수 있도록 안전한 공간을 제공한 것은 나중에 그들에게 제공한 교육과 자원 못지않게 중요한 역할을 했다고 나는 확신한다. 우리는 지역 여성들의 이야기를 듣는 시간이 중요하다는 사실을 믿었다.

그 보답으로 아프가니스탄 여성들은 자신들이 털어놓은 이야기가 중요하다는 사실을 믿어야 했다. 대부분은 자신의 분만 과정이 어땠는지 한 번도 이야기한 적이 없었다. 자신이 겪은 유산이나 사산 경험, 분만 도중이나 직후에 목숨을 잃은 친구들의 이야기, 오래도록 치료받지 않은 회음부 파열과 누공 같은 문제에 관해 여성들은 공개적으로 이야기한 적이 없었다.

그리고 자신이 들려주는 이야기가 우리에게 또는 서로에게 귀중한 정보가 되리라는 사실을 미처 몰랐다.

그렇지만 다른 측면에서 보면 아프가니스탄 여성들은 공동체를 명확히 이해하고 있었다. 내 눈에 비친 여성들은 서로 깊이 의지하며 살았다. 이 여성들은 함께 일하고, 함께 요리하고, 가진 것을 서로 나누고, 필요한 일이 있으면 서로 부탁했다. 나는 그들과 언어와 문화가 다르고 교육 수준이나 경제 형편이 달랐지만 그들은 나를 공동체에 받아들이고 환영해주었다. 하지만 우리는 모두 출산 경험이 있는 어머니였고, 다음 세대를 키우는 할머니로서 맡은 역할이 있었기에 이 공통점을 기반으로 관계를 형성했다. 우리는 각자의 삶을 보여주고 공통점을 찾아 교류하며 새로운 공동체를 형성했다.

우리 프로그램이 끝날 즈음에 내가 아프가니스탄 여성들과 형성한 유대감이 어느 정도인지 깨닫고 놀란 일이 있었다. 주말에 몇몇 마을 여성이 산으로 당일치기로 여행을 떠나는 데 나를 초대했다. 당나귀를 타고 먼 거리를 이동해야 했다. 나는 체력이 좋은 편이지만 그때 여든여섯이었고 이동하는 내내 당나귀 위에서 몸이 출렁일 텐데 견딜 수 있을지 걱정스러웠다. 내가 당나귀를 타고 가며 허리를 꼿꼿이 세우려고 힘겨워하는 모습을 보고 한 여성이 나를 도와주려고 다가왔다. 그 여성은 당시 내 몸에서 유일한 '등반 벨트'라고 할 만한 장비를 붙잡았다. 다름 아닌 내 브래지어 끈이었다. 그렇게 나는 브래지어 끈을 단단히 잡은 여성의 도움을 받으며 한 무리의 아프가니스탄 여성들과 당나귀를 타고 산에 올랐다.

공동체 안에서 우리는 자신이 할 수 있는 일로 어떻게든 서로를 돕는다. 각자가 줄 수 있는 것들을 들고 서로 앞에 나타날 때 우리는 생명력을 얻는다. 두려움 없이 열린 마음으로 서로가 손을 잡는 것을 허용할 때 오르지 못할 산은 없다. 당나귀도 좋고 브래지어 끈도 좋고 우리가 가진 것을 나누면 된다.

이런 식으로 각자의 생명력이 공동체 안에서 힘을 합칠 때 엄청난 효과가 나타난다. 상상하지도 못한 가능성이 우리 앞에 펼쳐진다. 생명 자체가 공동체를 통해 우리를 지원하기 위해 나선다. 우리에게 생명력이 절실히 필요할 때, 생명은 조력자나 인간 천사를 우리에게 보내준다.

‡

Chapter 24

온 세상이
당신을 돕는다

미국에서 선도적인 병원으로 꼽히는 디커너스병원Deaconess
Hospital은 1888년 오하이오주 신시내티에 설립된 최초의 종합
병원이다. 내가 이 병원에서 인턴으로 일한 것은 그때로부터
거의 60년이 지난 후의 일이었는데 이때까지 여성 의사는 한
사람도 고용된 적이 없었다. 어머니가 먼저 보여주었듯이 나는
의료계에 종사하는 여성으로서 내 길을 스스로 개척해야 하리
라는 사실을 늘 염두에 두고 있었다. 하지만 나는 여자의과대
학에서 전문 경험을 쌓았고 전시에는 특정 분야에서 여성 인력
을 환영하는 분위기였기에 디커너스병원에서 최초의 여성 전

공의로 일하는 나 역시 환영받기를 기대했다.

이 희망은 순식간에 산산조각이 났다. 일단 그곳에는 내가 당직을 설 때 머물 장소가 없었다. 남성 의사들은 당직을 설 때 이용할 수면실이 있었지만 나는 담요와 베개를 가져와 엑스레이 테이블 위에서 자야 했다. 인턴 과정에는 산부인과에서 몇 달간 근무하는 것이 포함되어 있기에 기대가 컸다. 하지만 그 후 몇 달 더 정형외과에서 인턴으로 일하게 되었다. 이때부터 나는 진짜 문제에 봉착했는데 몇 달간 우리 전공의들을 책임질 외과 수석 레지던트가 처음부터 나를 탐탁지 않아 하기로 작정한 것 같았기 때문이다.

이때 나는 의료계에서 처음으로 노골적인 성차별을 경험하게 되었는데 이는 이후로도 계속 겪을 일이었다. 외과 수석 레지던트는 여성은 의사가 되어서는 안 되며 임신한 여성은 더더욱 안 된다는 생각을 분명히 밝혔다. 인턴을 시작했을 때 나는 빌과 결혼한 지 몇 달 되지 않았고, 계획대로 6명의 아이를 낳고 싶다는 열망이 있었다. 첫 번째 임신 징후가 나타나자 수석 레지던트는 공공연하게 자신의 소견을 드러냈다. 수석 레지던트는 오전 7시 30분에 내가 참여할 수술 일정을 잡았다. 이 말은 내가 아침에 아무것도 먹지 못한다는 뜻이었다. 구내식당은 오전 8시에 문을 열었기 때문이다. 게다가 수석 레지던트는 가장 어렵고 오래 걸리는 정형외과 수술을 내게 배정하기 시작했다. 입덧은 갈수록 심해졌지만 나는 몸이 좋지 않다는 사실을 숨기려고 그럴수록 더 열심히 일했다. 그러자 수석 레지던트는 내 삶을 더 고되게 만들고 싶은지 사소한 문제나 업무가 생길 때마다 인터폰으로 나를 호출했고 나는 머리를 식힐 틈도 피곤한 다리를 잠시 쉬게 할 틈도 없이 움직여야 했다.

이런 상황을 목격한 몇몇 간호사가 나를 지원해주었다. 밤에 병원 바닥을 청소하는 루실도 내게 친절을 베풀었다. 한번은 갑자기 입덧이 나서 옷장에 숨어 수술 도구를 담는 철제 트레이에다 구토를 했는데 루실이 나를 돕고 보호해주었다. 구토가 끝났을 때쯤 수석 레지던트가 나를 호출하는 바람에 트레이를 어떻게 처리해야 할지 몰라서 나는 무척 당황했다. 내가 옷장 문을 열고 나오니 루실이 있었다. 루실은 고맙게도 자신이 대신 처리해주겠다고 했고 덕분에 나는 제 시간까지 변덕스러운 상사의 호출에 응할 수 있다.

나는 이를 악물고 힘든 상황을 견디며 그곳에서 버텼다. 수석 레지던트가 나를 향해 적대감을 드러낼수록 나는 다짐했다. 인턴 과정을 마치는 것은 물론, 임산부를 비롯한 모든 여성이 남성과 똑같이 의사 역할을 감당할 수 있음을 증명하겠노라고 말이다.

그런데 수술실 바닥에 세워놓은 칠판에 매주 게시되는 수술 일정이 신기하게도 내게 유리하게 바뀌기 시작했다. 하루 중 너무 이르거나 늦지 않은 시간대에 그리고 이전보다 짧은 수술 일정 옆에 내 이름이 적혀 있었다.

어느 날 수석 레지던트가 복도에서 나와 마주쳤을 때 성을 내며 말했다.

"수술 일정을 누가 멋대로 바꾸라고 했습니까?"

"전 안 바꿨는데요!"

내 말은 사실이었다. 나는 칠판에 적힌 일정을 누가 바꿔 놓았는지 전혀 알지 못했다. 마치 온 세상이 내 기도에 응답하는 것 같았다. 나는 그 일이 놀랍지 않았다. 감사했다. 내가 알지 못하는 누군가가 나를 걱정하며 돌봐주고 있었다.

많은 이들이 이런 경험을 해봤을 것이다. 부모님이 인도로 이주하고 여러 해가 지나서 작은고모인 벨 테일러Belle Taylor가 어머니에게 영감을 받아 의대에 진학해 정골의학을 전공했다. 벨 고모는 미혼이었기 때문에 당시 우리는 "노처녀"라고 불렀다. 벨 고모는 이때가 1920년대였음에도 인도에 가서 독자적으로 선교 활동을 시작했다. 나중에 고모는 선교 활동을 접고 부모님 집과 몇 시간 떨어진 곳에 정착해 고아원을 설립해 운영했다.

1969년 부모님이 계신 인도에 갔을 때 나는 벨 고모를 만나러 고아원에 찾아갔다. 많은 아이가 점토 벽돌을 만들어 햇볕에 말리는 대규모 작업을 수행하고 있었다. 나는 고모에게 무슨 이유로 벽돌을 만드는지 물었고, 고모는 새 외양간을 지으려 한다고 설명했다. 고아원에는 배고픈 아이들을 먹일 식량이 항상 부족했는데 벨 고모는 좋은 젖소를 기르는 것이 문제의 해결책이 될 수 있다고 생각했다.

젖소가 한 마리도 보이지 않아 혹시 내가 착각한 것은 아닌지 천천히 주변을 둘러보며 말했다.

"그런데 젖소가 없잖아요."

벨 고모가 말했다.

"아직은 한 마리도 없지. 하지만 믿음은 이런 식으로 작동해. 내기해도 좋아. 우리가 외양간을 지으면 주님께서 이 아이들에게 젖소를 보내주는 것이 합당하다고 여기실 거야."

몇 주에 걸쳐 아이들은 벽돌을 충분히 만들어 외양간을 지었다. 햇빛에 모르타르가 마르는 동안에도 젖소는 보이지 않았다. 그러자 아이들은 구유를 만들고 거기에 건초를 채우고 기다렸다.

며칠 후 젖이 가득한 젖소 한 마리가 마당에 들어왔다. 젖소는 건초 냄새를 맡고는 바로 외양간으로 들어갔다! 벨 고모는 무릎을 꿇고 기적을 베풀어주신 신께 감사했다. 그리고 몇 분 후 고모는 다시 일어나 일터로 돌아갔다. 고모는 소가 나타난 것에 조금도 놀라지 않고 감사 기도를 드렸다.

주변 세계와 도움을 주고받는 관계를 발전시키면 거의 모든 곳에서 도움의 손길을 찾을 수 있다. 좋은 에너지를 보내면 좋은 에너지를 돌려받는다. 벨 고모가 그랬듯이 우리는 이 관계에 의지할 수 있게 된다. 공동체를 형성하고, 공동체를 강하게 결속하는 노력을 멈추지 않았다면 도움이 필요할 때 공동체가 자신을 지원하러 나타나리라고 신뢰해도 좋다. 하지만 여기에는 믿음이 필요하다. 이 믿음이 반드시 영적이거나 종교적인 믿음일 필요는 없다. 벨 고모가 매일 그랬듯이 초월적인 존재를 향한 믿음도 좋고, 아니면 그저 자기를 향한 믿음도 좋다. 아니면 도움을 주고받는 관계망을 구축할 줄 아는 자기 역량을 향한 믿음도 좋다. 어느 쪽이든 우리가 공동체를 일구는 데 쏟는 노력은 공동체의 생명력을 창조한다. 이때 온 세상은 그 보답으로 공동체의 손길을 빌려 우리를 도울 것이다.

신이 도와주실 것이라는 벨 고모의 확고한 믿음은 부모님의 믿음과 마찬가지로 내게 큰 영향을 미쳤다. 나는 자신의 것을 공동체와 나누고 또 그만큼 받기를 기대하는 어른들을 보며 자랐다. 이 덕분에 나는 나를 둘러싼 세상을 전적으로 신뢰할 줄 아는 사람이 되었다. 나 자신이 세상을 구성하는 일부이기 때문이다.

빌과 내가 의대에 다닐 때 우리는 몹시 가난했다. 그래도 신혼집에 병원 친구들을 초대해 함께 추수감사절을 보내고 싶었다.

추수감사절 날 우리는 모두 미식축구 경기를 보러 갔다. 관람 후에 집으로 돌아가서 다 함께 식사하기로 계획을 세웠다. 전반전이 끝나고 휴식 시간에 나는 친구 앨리스에게 집에 준비해둔 요리가 하나도 없다고 솔직히 털어놓았다. 장 볼 돈이 없었기에 나는 하늘에 기도하고 그저 만사가 잘되기를 바랄 뿐이라고 빌에게 말했다. 빌은 고개를 절레절레 흔들면서도 나를 믿었다. 내가 일이 잘 풀릴 것이라는 느낌이 들 때면 정말로 그렇게 된 적이 많았기 때문이다. 만약의 경우에는 최후의 수단으로 땅콩버터 샌드위치를 제공할 계획이었다.

내가 사정을 이야기하자 앨리스는 당황한 얼굴로 나를 쳐다보며 소리쳤다.

"땅콩버터 샌드위치라고요?"

하지만 나는 그럴 일은 없으리라고 생각했기에 싱긋 웃고 말았다. 왠지 일이 잘 풀릴 것이라는 확신이 들었다.

나는 기적이 일어나기를 바라며 집에 돌아와 주방으로 통

나이 들수록 행복해지는 인생의 태도에 관하여

하는 문을 열었다. 식탁 위에 추수감사절 요리가 가득 차려져 있었다. 식탁 한가운데는 칠면조 구이와 스터핑stuffing, 으깬 감자, 그레이비소스가 놓여 있었다. 내가 최고급 식기로 미리 아름답게 차려놓은 식탁에 음식이 채워진 것이다. 앨리스는 어깨 너머로 쳐다보고는 웃음을 터뜨렸다.

"글래디스, 깜빡 속았잖아요!"

"아니에요! 이 음식이 다 어디서 왔는지 나도 전혀 모르겠어요! 정말이에요!"

바로 그때 식탁에 놓인 쪽지가 보였다. 위층에 사는 이웃이 보낸 것이었다. 이들은 음식을 차려놓고 막 저녁 식사를 하려던 순간 집안에 급한 일이 생겼다는 연락을 받고 다들 공항으로 서둘러 가야 했다. 윗집 가족은 음식이 버려지는 것이 싫어서 우리 집에 가져다주고 떠났다.

급한 일이 생겨 윗집 가족이 공항으로 간 것은 우연이었지만 우리 집에 음식을 주고 가기로 한 것은 우연이 아니었다. 우리는 친하게 지내는 이웃 사이였다. 윗집 사람들은 우리가 근처에 친인척도 없는 환경에서 고생하며 지내는 신혼부부임을 알았고, 우리를 좋아했다.

온 세상이 나를 보살피라는 믿음이 있었고, 그런 일이 일어날 만한 적절한 환경을 내가 조성해두었다는 믿음이 내게는 있었다. 그렇기에 아무 걱정 없이 미식축구 경기를 관람할 수 있었다. 사실 기적이 일어나지 않아서 땅콩버터 샌드위치를 내놓게 되었더라도 나는 부끄럽지 않았을 것이다. 그것이 우리가 가진 전부라면 그것만으로 충분했으리라. 하지만 나는 모든 면에서 공동체의 생명력과 나를 연결해 기적이 일어날 여지를 만들어두었고, 실제로 기적이 일어났다.

만약 주변 사람들로부터 아무 도움도 받지 못한다고 느낀다면 스스로 물어볼 필요가 있다. "나는 주변 사람들을 도우며 사는가? 공동체의 생명력에 보탬이 되는가, 아니면 그 생명력을 빼앗고 있는가? 내가 에너지를 쏟는 일에 방해받지 않도록 분명하게 경계를 설정하고 지키는가? 나와 연결할 수 있는 공통점이나 장점을 찾아 모든 사람과 우호 관계를 유지하는가? 주변 사람들에게 기쁨과 긍정적인 에너지를 제공하는가? 이웃이나 공동체가 나를 신뢰하는가?"

이 질문 중 하나라도 "아니요"란 대답이 나온다면 어떻게 공동체 안에서 생명력을 얻으리라 기대할 수 있겠는가?

공동체란 주고받는 관계다. 다른 사람들과 자신을 연결하고 모든 차원에서 작동하는 사회관계망을 형성할 때 우리는 이 관계망의 도움을 받는다. 내가 거듭 경험한 바에 따르면, 생명력이 샘솟는 일에 헌신하고 공동체와 유대를 형성해 그 생명력

나이 들수록 행복해지는 인생의 태도에 관하여

을 키울 때 우리가 나아가는 길에 천사가 나타나 무거운 짐을 덜어준다. 이는 마치 생명 자체가 우리를 지원하는 것과 같다.

디커너스병원에서 일정표를 바꾼 이도 이런 천사 중 한 사람이었다. 나는 칠판에 적힌 이름이 바뀐 것에 별로 신경 쓰지 않았다. 내가 누군가에게 친절을 베풀었고, 아마 그 사람이 보답으로 내게 친절을 베풀었겠거니 여겼을 따름이다. 아니면 벨 고모에게 일어난 기적처럼 신께서 축복을 베푸셨다고 생각할 수도 있었다. 솔직히 말하면 너무 피곤하고 과로한 상태여서 그 문제에 주의를 기울일 여력이 없었다. 그때는 그저 '감사하다'라고 생각했고 환자들을 잘 돌볼 수 있도록 수면을 보충하려고 애썼다.

그러던 어느 날 밤늦게 환자를 도와달라는 호출을 받았다. 나는 엑스레이 테이블에서 일어나 베개와 담요를 치운 뒤 문을 열고 복도로 나왔다. 누가 칠판 옆에 놓인 의자에 올라가 있었다. 루실이었다. 루실은 오전 7시 30분 수술 일정 옆에 적힌 내 이름을 조심스럽게 지우고 다른 인턴의 이름으로 바꾸는 중이었다.

나는 루실이 알아차리기 전에 엑스레이 촬영실로 조용히 되돌아갔다. 다른 사람에게 들키면 직장을 잃을 수도 있으니 몰래 이름을 수정하는 것이 틀림없었다. 나는 누군가 루실에게도 똑같이 친절을 베풀어달라고 가만히 기도했다. 잠시 후 다시 문을 열고 나오니 루실은 아무 일 없었다는 듯 복도 맨 끝에서 청소 카트를 밀고 있었다.

그날부터 나는 루실을 더욱 소중히 여기며 최대한 친절을 베풀고 진심을 다해 존중했다. 아울러 내가 도울 수 있는 사람이 있으면 똑같은 방식으로 나도 도우리라 다짐했다.

우리가 공동체의 생명력을 향상하면 우리 자신의 생명력이 그 안에서 힘을 얻는다. 일상에서 더 큰 삶의 목적과 의미를 깨닫는다. 우리 각자가 전체의 일부라는 '사실'을 깨달을 뿐 아니라 그 안에서 우리가 맡은 '역할'이 무엇인지 이해하게 된다. 생명이 애초에 우리에게 의도한 목적에 부합하는 삶을 살게 된다.

나이 들수록 행복해지는 인생의 태도에 관하여

Practice

◊

서로 돕는 공동체 만들기 연습

· I ·

친구, 동료, 가족, 이웃 등 일상에서 가장 자주 만나는 사람들을 떠올린다. 다음과 같이 자문해보자. "내가 속한 공동체는 어떤 식으로 내 삶을 지원하는가? 또는 내가 속한 공동체가 내 삶을 지원하지 않는가? 구체적인 사례는 무엇인가? 공동체와 유대감을 느끼는가? 공동체 안에서 서로 의지하는가?"

· 2 ·

자신이 속한 공동체에서 도움을 받았다고 실감한 순간을 떠올린다. 집안일을 거들어준 사람, 울고 싶을 때 어깨를 내어준 사람, 정비소까지 차를 태워준 사람 등 사소한 도움일 수도 있다. 그때 기분이 어땠는지 떠올려보자.

· 3 ·

다른 사람에게 자신이 시간을 내주거나 도움을 준 때를 떠올린다. 누군가에게 기쁨을 주었던 작은 행동을 떠올린다. 그 사람이 웃었을 때 어떤 기분이었는지 기억해보자.

· 4 ·

이번에는 마음에서부터 사랑이 동심원을 그리며 뻗어나간다고 생각하며 이렇게 자문해보자. "내 사랑과 보살핌이 필요한 관계는 어떤 관계인가? 내가 소통하거나 관계를 형성할 수 있는 사람이 있는가? 내가 용서할 사람이 있는가? 내가 집중하는 일에 방해되지 않도록 확실하게 경계를 설정해야 하는 관계가 있는가? 어떻게 하면 모든 사람에게서 친구가 될 만한 요소를 찾을 수 있을까? 마음에 들지 않는 사람에게서도 친구가 될 만한 요소를 찾을 수 있을까? 어떻게 하면 관계를 더 풍요롭게 하고, 서로의 삶을 더 긴밀하게 짜나갈 수 있을까?"

· 5 ·

기도하는 자세로 두 손을 깍지 낀다. 사랑은 마음 깊은 데서 나오는 기도이자 우리 삶을 가장 진실하게 표현하는 행위다. 깍지 낀 두 손이 단단하게 엮여 서로 지지하는 것을 느낀다. 주변 사람들의 사랑을 떠올릴 필요가 있을 때마다 이렇게 깍지를 껴보자.

나이 들수록 행복해지는 인생의 태도에 관하여

모든 것이
당신의
스승이다

The Well-Lived Life

‡

Chapter 25

인생은 언제나
새로운 가르침을 준다

삶을 긍정하고 앞으로 나아가는 것은 하나의 과정이다. 우리 자신과 우리를 둘러싼 세상에서 자신이 맡은 역할을 제대로 이해하는 데는 수년 또는 수십 년이 걸린다. 이 과정은 작은 순간, 즉 우리가 반복해서 내리는 사소한 선택으로 이루어진다. 우리는 자신에게 묻는다.

"이 문제는 어떻게 처리할까?" "저 문제는 어떻게 처리할까?" "인생이 내게 제공하는 모든 것을 최대한 활용하려면 어디에서 기회를 찾아야 할까?" "기회가 나를 두렵게 하거나 심지어 나를 벼랑 끝으로 밀어붙일 때 어떻게 하면 마음을 열고 이 기회를 활용할 수 있을까?"

어떤 일을 겪든 호기심을 품고 배우려는 열정을 불태울 때 우리는 가장 행복한 삶을 살 수 있다. 경험에서 배우고, 성장하고, 진화하는 것, 이것이야말로 인생의 핵심이라고 나는 믿는다. 언제 어디서나 가르침을 구할 때 우리는 가장 보람찬 인생을 살 수 있다. 배우려고 용기를 내기만 하면 인생은 언제나 우리에게 새로운 가르침을 선사한다.

하지만 대개는 배움에 필요한 이 용기를 내는 일이 가장 어렵다.

수십 년 전, 그러니까 내가 예순아홉 살이던 때의 일이다. 당시 우리 집은 피닉스에서 1시간 이상 떨어진 곳에 있었다. 어느 날 밤 나는 집 뒷마당에 나와 있었는데 밤하늘을 빼곡히 채운 찬란한 별빛 아래 우뚝 서 있는 사구아로선인장과 오코틸로가 유난히 돋보였다. 사구아로선인장은 가시투성이 두툼한 줄기들을 직각으로 세운 채 꼿꼿하게 서 있었고, 오코틸로는 막대기 같은 가지들을 하늘의 별들을 향해 쭉 뻗고 있었다. 나는 가운 차림에 낡은 슬리퍼를 신고서 운명에 불복하려는 듯 하늘을 향해 두 팔을 뻗었다. 마치 옷걸이에 걸어두고 잊어버린 낡은 코트처럼 버림받고, 배신당하고, 아무도 찾지 않는 존재가 된 기분이 들었다. 슬픔과 불신에 휩싸인 나는 그곳에 서

나이 들수록 행복해지는 인생의 태도에 관하여

서 하늘을 올려다보며 소리를 질렀다.

나는 빌이 버리고 간 슬리퍼를 온종일 신고 있었다. 내 발도 작은 편은 아니었지만 슬리퍼가 너무 커서 옛날에 유행했던 핀볼 기기처럼 덜그럭거리는 소리를 냈다. 빌의 슬리퍼를 신고 집 안을 돌아다니자 걸을 때마다 밑창이 타일 바닥에 부딪히며 큰 소리가 났다. 빌의 신발을 신고 걸으면 어떤 느낌인지 궁금했다. 빌의 영혼이 나아가는 여정에서 무슨 일이 일어났기에 내 인생을 송두리째 뒤흔드는 선택을 하게 되었는지, 왜 이토록 견디기 힘든 고통을 내게 안겨주었는지 이해하고 싶었다.

돌아보면 이때가 내 인생에서 가장 힘든 시기였다. 이 일에 관해서는 곧 자세히 설명하겠다. 먼저 언급하고 넘어갈 것이 있다.

"모든 것이 당신의 스승이다."

나는 이 다섯 번째 비밀을 받아들이고 실천하는 일이 쉽다고 결코 착각하지 않는다. 특히 부당한 일을 당하거나 불운이 닥치거나 분노가 치미는 상황에서도 가르침을 구하는 일은 절대로 쉽지 않다. 그러자면 있는 힘을 다해야 한다. 대단한 자제력이 필요하다. 이 비밀을 실천하는 과정에서 우리는 실수하고 넘어지고 일을 그르치기 십상이다. 이는 분명한 사실이다.

하지만 삶에서 가르침을 구하는 일은 영혼의 여정에서 우리가 할 수 있는 가장 중요한 일 중 하나다. 배움이 습관이 되면 가르침을 구하는 일이 즐거워진다. 물론 인생에서 가장 힘든 순간이라면 가르침을 구한다고 해서 괴로움이 줄어들 리 없다. 그렇지만 이런 순간에도 가르침을 구한다면 이보다 덜 힘든 상황에서는 수월하게 헤쳐나갈 수 있다. 우리가 삶을 긍정하고 앞으로 나아갈 때 삶이 우리를 긍정하며 다가온다. 삶은 늘 우리에게 뭔가를 보여주고 싶어 한다. 우리 앞에 나타난 사건, 사람, 사물을 매개로 삶은 우리와 소통하고, 우리가 살아 있음에 감사할 기회를 제공한다.

이제 하늘이 무너질 것 같은 이야기를 하기 전에 덜 충격적인 사건부터 이야기하겠다. 불과 몇 년 전, 그러니까 내가 빌의 슬리퍼를 신고 돌아다닌 때로부터 수십 년이 지난 후 나는 운전을 그만두는 어려운 결정을 내렸다. 나는 운전을 좋아했다. 대학 시절에 포드 모델 A를 몬 이래로 운전은 나의 자립을 상징했다(물론 모델 A는 당시 이미 단종된 고물차였지만 나는 마음에 들었다). 하지만 백 살을 코앞에 두자 시력이 나빠졌다. 눈이 영원히 좋을 수는 없는 노릇이고, 내가 대다수 사람보다 훨씬 오랫동안 눈을 사용한 것은 틀림없었다.

운전을 그만둔 것은 삶이 내게 운전을 그만둘 때가 되었다는 신호를 보내왔기 때문이다. 어느 날 스코츠데일에서 익숙

　나이 들수록 행복해지는 인생의 태도에 관하여

한 길을 따라 운전하던 중 경계석을 넘어 인도로 들어서고 말았다. 나는 늘 조심스럽게 운전하는 사람이었기에 이것은 이례적인 사건이었다. 내가 도로 경계석을 보지 못한 것이다. 그 순간 나는 선택의 기로에 섰음을 알았다. 하나는 방금 일어난 일이 실제로 일어나지 않았다고 생각하거나 별일 아닌 척 행동하는 것이었다. 또 다른 선택은 자동차 열쇠를 넘기는 것이었다. 길에서 자전거를 타고 노는 증손주들이나 반려견을 산책시키러 나온 이웃과 친구들, 또는 내가 알지는 못하지만 나만큼이나 살아 있을 권리가 있는 수천 명의 다른 운전자들을 생각했다. 결국 나는 자동차 열쇠를 넘겼다.

이 도로 경계석 사건이 없었다면 나는 운전을 계속했을지도 모른다. 이 사건은 내가 이대로 계속 운전하다가는 큰 사고를 낼 수 있겠다는 경각심을 불러일으켰다. 도로 경계석을 넘어선 사고는 삶에서 교훈을 얻은 사건이었고, 다행히 나는 삶이 주는 교훈을 간과하지 않고 올바르게 처신했다.

지금까지 살면서 나는 항상 주변 세계에서 가르침을 얻으려고 노력했다.

"세상의 모든 것이 나를 가르치는 스승이다."

이것이 내가 알려주려는 다섯 번째 비밀이다. 가르침을 구할 때 우리는 고통에서 시선을 돌려 다시 삶에 집중할 수 있다.

인생에서 마주하는 모든 것이 스승이 된다. 모든 일에서 가르침을 구한다면 매 순간이 생동감 넘치는 과정이 된다. 이는 인생의 여정에서 마주하는 모든 사건에 능동적으로 참여하고 상호작용해야 한다는 뜻이다.

도로 경계석의 가르침을 내가 이해한 것은 정말 다행이었다. 이 가르침을 이해하지 못했다면 훨씬 심각한 사건이 벌어져 비싼 대가를 치르고서야 뼈아픈 교훈을 얻었을지 모르기 때문이다. 그러니까 나 자신에게나 다른 사람에게 훨씬 치명적인 해를 입히는 사건이 발생했을 수 있다.

내 환자였던 뎁도 몸이 아프면서 이와 비슷한 경험을 했다. 뎁은 여느 때와 다름없는 하루를 보내다가 갑자기 한쪽 귀가 들리지 않았다. 몇 시간이 지나도 청력은 돌아오지 않았다. 뎁은 깜짝 놀라 응급실을 찾았다. 처음에는 의사도 원인을 설명할 수 없었고 그래서 MRI 검사를 받았다.

뎁이 MRI 기계에서 나왔을 때 한바탕 소동이 벌어졌다. 동맥류가 발견된 것이다! 뎁이 병원에 와 있었고, 전문의가 주변에 있었기에 천만다행이었다. 갑작스러운 청력 상실이 아니었다면 뎁은 내출혈로 목숨을 잃었을지 모른다. 치명적인 위기를 모면한 뎁은 갑작스러운 청력 상실에 감사할 수 있었다. 청력 상실은 몸에 어떤 문제가 있음을 알려주었고, 결국 목숨을 구하는 데 가장 크게 일조했다. 내가 운전하다가 도로 경계석을 넘은 일에 감사했던 것처럼 뎁은 병원을 찾을 일이 생긴 것에 감사했다.

최근 들어 모든 일에 감사하는 마음의 문제점을 지적하는 목소리가 나오고 있다. 지나친 낙관주의가 오히려 부정적인 영향을 미친다는 주장이다. 오늘날에는 이를 "해로운 긍정성toxic positivity"이라 부른다. 긍정적인 면만 강조하는 태도는 현실을 부정하는 태도로 보이기 때문이다. 용어가 새로 생겼을 뿐 이 개념은 이미 오래전부터 사람들 사이에서 익숙했다.

내가 빌의 슬리퍼를 신고 집 안을 돌아다니며 분노하기 얼마 전 일이었다. 주방에서 남편과 이야기를 나누다가 내가 뭔가에 대해 "좋네요"라고 말한 것 때문에 빌이 화를 냈다. 아마이 일이 장차 벌어질 사건의 전조였지 싶다.

빌은 나를 쳐다보며 분을 참지 못하고 허공에 팔을 휘두르며 화를 냈다.

"왜 모든 게 좋다고만 말하는 거요? 이것도 좋아요, 저것도 좋아요. 어떻게 모든 게 항상 좋을 수 있지? 당신이 그런 말을 하니까 사람들이 화가 나는 거요. 사람들은 이런 걸 좋다고 생각지 않으니까. 당신은 현실을 있는 그대로 받아들이지 못해."

나는 빌의 말에 깜짝 놀라 답변하기까지 시간이 걸렸다. 나는 살면서 내가 지닌 가장 큰 장점 중 하나가 '낙관주의'라고 생각해왔다. 나는 차분하게 설명했다.

"모든 것이 '정말로' 좋으니까요. 내게는 좋은 점이 눈에 보이니까요. 나는 어떤 문제든 좋은 면을 찾으니까 좋은 점이 보여요."

빌은 머리를 흔들며 짜증을 냈다.

나는 이 대화에 관해 자주 생각했다. 만일 과거로 돌아갈 수 있다면 나는 다음과 같이 말하고 싶다.

진정한 낙관주의는 해롭지 않다. 긍정적인 면에 집중한다는 것이 부정적인 면을 부정하는 것은 아니기 때문이다. 몸에서 느끼는 고통이든 마음에서 느끼는 고통이든 고통과 단절되는 것을 의미하지도 않고, 상황이 좋지 않은데도 괜찮은 척 꾸며대는 것도 아니다. 그보다는 그런 상황에서도 좋은 면을 찾는 것을 의미한다. 아픈 것은 아픈 채로 놔두고, 거기에 담긴 교훈을 계속 찾고 그 가르침에 감사하는 것이다.

삶의 가르침을 이해한다면 귀가 안 들리거나 운전할 자유를 포기해야 하는 힘든 순간에도 감사한 마음을 지닐 수 있다. 실제로 힘겨운 순간일수록, 그러니까 고통스러울 때, 소중한 것을 잃어버렸을 때, 낙담하고 상처받았을 때 우리는 삶이 전하는 가르침을 발견하는 경우가 많다.

삶에서 가르침을 구하는 자세를 잃지 않으면 세상을 낙관적으로 바라보고 감사할 줄 알게 된다.

하지만 이러한 태도를 유지하기는 절대 쉽지 않다. 이것을 '쉬운' 일로 만들지는 못하더라도 조금이나마 '더 쉽게' 접근할 방법은 없을까?

삶에서 가르침을 찾는 태도를 유지하고 싶다면 삶의 흐름에 저항하려는 충동부터 자제하는 것이 좋다.

‡

Chapter 26

삶의 흐름에
저항하지 마라

삶이 힘들어지면 온 세상이 자신을 적으로 돌린 것처럼 느끼기 쉽다. 신비로운 힘이나 운명 같은 개념을 믿지 않는 사람에게는 자신을 힘들게 하는 사건이나 사람, 환경은 그저 자신이 불운함을 증명하는 증거로 보일 것이다. 삶이 신의 뜻대로 흘러간다고 여기는 사람에게는 시련을 주는 사건이나 사람, 환경이 신의 형벌로 보이고, 이 형벌은 자신이 축복받을 자격이 없음을 보여주는 증거로 보일 것이다. 삶에서 시련을 마주할 때 우리는 거부하고 싶은 욕구를 느끼기 마련이다.

사는 동안 우리는 끊임없이 시련에 처한다. '무엇'이 시련이고 시련이 '얼마나' 감당하기 힘든지는 사람마다 공동체마다 다르다. 하지만 "삶은 고되다"라는 사실에서 벗어날 수 있는 사람은 아무도 없다. 그러므로 사소하지만 중요한 관점의 전환이 필요하다. 괴로운 삶을 거부하며 저항하는 대신 두 팔 벌려 환영하는 자세가 필요하다.

어렸을 때 나는 싸움꾼이었다. 나는 싸움을 잘했고 난독증으로 유급해 1학년 과정을 다시 하자니 싸울 일이 많이 생겼다. 오빠는 내게 싸우는 법을 가르쳐주었고, 마거릿 언니와 고든은 놀란 눈으로 우리를 지켜봤다. 나는 나 자신과 가족을 보호할 일이 생기면 새로 배운 기술을 써먹었다. 부모님이 사회에서 천대받는 계층과 함께 일한다든지, 흙먼지 날리는 야외에서 의료 활동을 한다는 등 우리 가족과 관련된 이야기로 아이들은 나를 괴롭혔다.

인도에서 우리 가족은 평범하지 않은 삶을 경험했다. 물론 내 어린 시절을 사랑했지만, 아이들이란 항상 친구들과 사이좋게 지내고 싶어 하는 법이지 혼자 별난 존재가 되기를 바라지는 않는다.

어느 날 한 외교관 딸이 우리 어머니와 아버지가 함께 일한다는 이유로 나를 놀려댔다. 금발을 예쁜 머리띠로 깔끔하게 쓸어 올린 어린 클로디아 놀스는 완벽한 영국식 억양으로 우리

어머니가 의사일 리가 없다고 했다.

"너네 엄마는 간호사가 틀림없어. '직업'이 있는 여자는 간호사뿐이거든."

클로디아는 '직업'이라는 말이 마치 쥐나 바퀴벌레나 되는 것처럼 묘사하면서 비웃었다.

"그리고 여자는 대부분 그런 일도 안 해. 제대로 된 엄마라면 집에 있으면서 손님이 오면 차를 대접하는 게 정상이야."

내가 정확히 뭐라고 대답했는지는 기억나지 않는다. 하지만 얼굴을 한 대 쥐어박았을 때 클로디아의 놀란 표정은 지금도 기억한다.

이 사건 이후부터 나는 운동장에서 남자애들과 몸싸움을 하거나 방과 후에 여자애들과 말다툼을 자주 벌였다. 나는 칼 오빠가 가르쳐준 라이트 훅으로 콧대 높은 영국 아이들의 코를 때려주곤 했다. 곱슬머리 여자아이 하나는 내가 입은 옷을 조롱하다가 내게 한 대 얻어맞았다. 그 옷은 엄마를 속상하게 할 만큼 내가 고집스럽게 고른 옷이었다. 나를 바보라고 놀리거나 나를 조롱하는 노래를 부르는 아이들을 볼 때면 내가 왕따를 당하고 있다는 게 실감이 났다.

그러던 어느 날 아침 눈을 떴는데 형제자매를 제외하면 내 곁에 친구가 한 명도 없다는 사실을 깨달았다. 막 사춘기에 접

　　　　나이 들수록 행복해지는 인생의 태도에 관하여

어들던 시기였다. 대다수 아이가 자신의 사회적 지위를 깨우치는 이 시기에 나 또한 내가 어떤 비극적 상황에 놓였는지 문득 깨달았다. 나는 침대에 누운 채 내가 행동을 바꾸지 않으면 평생 친구 하나 없이 지내리라는 사실을 인정했다. '이제는 싸우지 말아야겠다'라고 생각했다. '하지만 어떻게?' 나는 그때도 지금처럼 남의 의견을 무턱대고 따르거나 남한테 만만하게 보이는 것이 싫었다.

나는 주변 사람을 하나씩 떠올리며 그중 누구와 덜 싸웠는지 따져봤다. 나와 적게 싸운 사람이라면 자신과 다른 관점을 지닌 상대방을 이해할 줄 아는 사람일 테니 어쩌면 나도 그 사람처럼 상대방을 이해하는 법을 배울 수 있을지 모른다고 생각했다.

나와 가장 적게 싸운 사람은 다름 아닌 어머니였다. 어머니는 다른 사람과 싸워본 일이 '한 번도' 없었다. 단언컨대 어머니는 흙먼지를 뒤집어쓴 채 다른 사람과 뒤엉켜 싸운 일도 없었고, 말로도 상대방과 싸움을 벌인 적이 없었다. 하지만 결코 만만한 사람이 아니었다. 어머니는 상대방과 싸우지 않고도 인생에서 자신이 원하는 바를 얻어내는 사람이었다.

어머니는 언제나 기쁨과 유머를 잃지 않았다. 나는 그 비밀이 궁금했다. 어머니는 상대방에게 동의하지 않더라도 그 사람에게서 호기심을 거두지 않았고, 그 사람이 가치 있는 견해를 제시할 가능성도 있다고 생각했다. 어머니는 자기애가 단단한 사람 특유의 여유로움이 있었다. 우리 가족이 시장에 갔을 때 내가 만져본 비단처럼 어머니는 단단하면서도 유연했다.

내가 사람들과 좋은 관계를 유지하고 삶을 즐기려면 나를 괴롭히려는 아이들과 싸우기보다는 긍정적으로 교류할 줄 알아야 함을 깨달았다. 어머니처럼 행동해야 했다. 내게 적의를 드러내며 나를 도발하는 사람과 똑같이 적의를 갖고 맞서 싸우지 않으려면 그 사람들을 다룰 수 있는 유머와 지혜, 자존감을 갖추어야 했다.

이날 잠에서 깨어 자신을 깊이 성찰한 것이 내게는 중요한 전환점이 되었다. 이후로 나는 사람들과 돈독한 관계를 형성했다. 나중에 나와 친해진 사람들은 내가 어려서 친구가 하나도 없을 만큼 사교성이 부족했다는 사실을 믿지 못했다. 90여 년이 지난 지금 돌이켜보면 관점의 변화가 내게 여러모로 좋은 영향을 미쳤음을 깨닫는다. 나는 아이들과 싸우지 않는 법을 배웠을 뿐 아니라 '삶 자체'와도 싸우지 않는 법을 배웠다.

그날 침대에 누워서 나는 힘든 상황이 닥쳐도 내게 주어진 삶을 거부하며 싸우려들기보다 삶을 받아들이고 상호작용하는 일에 에너지를 쏟기로 마음을 고쳐먹었다. 그날부터 나는 내가 수긍하기 힘든 상황에 부닥치든 마음이 아픈 상황에 놓이든 곧바로 화를 내며 싸우지 않고 그 상황에서 삶이 내게 무엇을 가르치려 하는지 귀를 기울였다. 상황을 바꾸려고 애쓰며 에너지를 소모하기보다 이 어려운 상황에서 내가 배울 만한 교훈이 무엇인지를 찾는 데 에너지를 쏟았다. 그러자 비단처럼 또는 어머니처럼 나도 차츰 강인하면서도 부드럽고 유연한 성품을 갖추게 되었다.

인생에서 어떤 일이 일어났을 때 거기에 얼마나 중요한 의미가 있는지 곧바로 알아차리지 못할 때가 많다. 그날 아침 침대에서 나는 그저 인간관계 문제를 어떻게 해결할지 고민했을 뿐이었다. 내 사고방식에 중요한 변화가 생겼음을 알았지만 이 변화가 내 삶에 얼마나 큰 영향을 미칠지는 전혀 몰랐다. 하지만 "내게 주어진 삶과 싸우지 말자"라는 간단한 선택은 인생을 통틀어 가장 큰 깨달음 중 하나가 되었다. 이 깨달음을 얻기까지 많은 고통을 겪었다. 사람들에게 거절당했고, 외톨이로 지냈고, 상황이 전혀 나아지지 않을지 모른다는 두려움 속에서 지냈다. 즐겁지 않고 무거웠던 내 삶은 그날 아침 침대에서 깨달음을 얻은 이후로 모든 것이 이롭게 바뀌었다.

인생에서 겪는 많은 사건이 그렇지만 어려운 문제가 우리를 앞으로 나아가게 만든다. 앞서 소개한 밀턴 에릭슨이 떠오른다. 훌륭한 정신과 의사이자 심리치료사인 밀턴은 우리 집 거실에서 소소하게 이루어지던 토론회를 발전시켜 최면요법을 연구하는 전문가들의 자랑스러운 학회로 만들었다. 밀턴이 의식과 무의식, 그리고 이 2가지가 함께 작용하는 방식에 관심을 둔 것은 10대 시절에 소아마비와 싸우며 침대에서 오랜 시간을 보내면서부터였다. 밀턴은 무의식에 저장된 근육 기억을 이용하면 마비되고 위축된 두 다리의 근육을 회복할 수 있으리라는 이론을 세우고 그 이론을 자신의 몸에 실험한 끝에 걸을 수 있게 되었다.

하지만 내가 밀턴을 만나기 10년 전 소아마비가 재발해 밀턴은 다시 걸을 수 있도록 자신의 이론을 실험하고 있었다. 소아마비가 재발한 밀턴의 상태는 이전보다 더 심각했다. 밀턴은 몹시 괴로워했다. 하지만 홀로 탐구하며 정신과 신경계에 관해 많은 사실을 깨달았고 이때 얻은 깨달음 덕분에 밀턴은 위대한 업적을 성취했다. 자신의 삶에서 가르침을 얻은 덕분에 밀턴은 자신이 사랑했던 심리치료 분야의 전문가가 되었다. 그가 이 분야에서 이룬 성과는 오늘날까지도 영향력이 크다.

밀턴은 자신의 신경계에 침입한 바이러스에 관심을 기울였고, 정신력으로 이 병을 극복하는 것이 가능한지 알고 싶었다. 나는 친구 하나 없는 내 모습에 주의를 기울였고, 그 모습

　　　나이 들수록 행복해지는 인생의 태도에 관하여

에서 내가 깨달아야 할 바가 무엇인지 자문했다. 그 결과 주어진 삶에 반항하는 태도를 버렸다. 밀턴과 내가 경험한 것은 전혀 달랐지만 관점의 전환이 일어난 것은 똑같았다. 밀턴과 나는 주어진 삶을 인정하지 못하고 저항하던 태도를 바꿨다. 이미 잃어버린 것이 아니라 앞으로 얻을 것에 주의를 집중했다.

시련을 겪지 않는 사람은 진정으로 살아 있는 것이 아니다. 요즘 부모들을 보면 자녀가 아무 어려움 없이 자라기를 바라며 지나치게 보호하는 경향을 보이는데 심히 우려스럽다. 자녀가 두려운 상황을 마주해 위험을 무릅쓸 때 부모가 이를 말리는 것은 자녀를 망치는 행위다. 과잉보호는 자녀를 현실 세계와 단절시킨다. 자녀가 영원히 어린아이로 남게 만드는 것이기에 자녀에게 무척 해롭다. 부모가 계속 보호자 역할을 해야만 가능한 것이 과잉보호이므로 부모에게도 해롭다. 그렇다고 자녀를 모든 위험에 노출해야 한다는 말은 아니다. 소아마비 백신은 세상에 매우 유익한 것이었고, 어머니도 전갈과 뱀으로부터 우리를 보호하려고 신발을 신으라고 강요했다. 하지만 약간의 위험은 자녀에게 유익하다.

영적 성장을 추구하는 수많은 가르침은 고통의 필요성을 언급한다. 인간이 고통을 겪는 일은 피할 수 없다. 부모는 아이가 고통을 겪는 일을 항상 막으려 해서는 안 된다. 아이는 심신을 치유하며 성장할 수 있음을 알아야 한다. 그러려면 어느 정도 아픔은 감수해야 한다. 어른도 마찬가지다. 한동안 고통스러운 시간을 보내더라도 다시 삶을 긍정하는 방향으로 에너지를 쏟는 모습을 보여주어야 한다. 스스로 성장하는 모습의 본을 자녀에게 보여야 한다.

삶을 긍정하는 방향으로 에너지를 쓰는 일은 선택의 문제다. 이 선택을 하려면 특히 힘든 순간일수록 자기 안에서 '최고의 나'를 끌어내는 노력이 필요하다. 삶을 긍정하는 방향으로 에너지를 쓰기로 선택하면 삶을 전혀 다르게 경험하게 된다. 주변 세계와 다시 상호작용하고, '최고의 나'를 보여주고, 그 대가로 최고의 것을 얻는다.

삶을 긍정하는 쪽에 에너지를 투자하기로 선택하려면 때로는 의식적인 노력이 필요하다. 그런데 삶이 너무 힘들어서 이런 노력을 기울일 에너지가 부족할 때는 어떻게 해야 할까? 그럴 때는 무의식과 잠재의식에서 도움을 얻을 수 있다.

‡

Chapter 27

때로는 꿈이
길을 안내한다

우리가 의식과 손잡으면 의식은 훌륭한 협력자가 된다. 긍정적 사고는 우리의 삶과 건강에 극적인 변화를 일으키는 힘을 발휘한다. 하지만 아무리 애써도 어려운 문제 앞에서 물러서고 싶은 욕구를 항상 억누르지는 못한다. 긍정적 사고를 습관화하는 데는 시간이 걸린다. 그리고 습관화에 성공했더라도 우리를 몹시 우울하게 만드는 사건이나 상황에 반복해서 부닥치면 마음을 다스리기가 훨씬 더 어려워질 수 있다.

그렇기에 크나큰 역경에 직면할 때는 꿈을 들여다보는 것이 매우 중요하다. 힘든 순간에는 의식적인 생각들은 통제하기가 몹시 어렵다. 하지만 자신이 꾼 꿈을 떠올리고 꿈 내용을 살피는 일은 할 수 있다.

우리가 사는 동안 꿈은 중요한 기능을 한다. 꿈은 우리의 잠재의식과 무의식이 우리 자신에게 말을 거는 방식이다. 때로는 영적 스승이나 조상, 또는 전생에 알았던 존재가 꿈에 나타나 강력한 메시지를 전하기도 한다. 때로는 꿈이 문제의 해답을 보여주기도 하고, 그게 아니어도 새로운 시각으로 문제를 바라볼 수 있게 도와준다. 설령 당신이 신을 믿는 사람으로서 꿈을 신의 계시로 이해한다 해도 이런 꿈의 기능은 바뀌지 않는다. 초월적 존재가 내미는 도움의 손길로 꿈을 바라보든, 아니면 일반적으로는 접근하기 어려운 내면의 자아가 건네는 도움의 손길로 꿈을 바라보든 꿈은 우리에게 든든한 지원군이 될 수 있다.

인간은 수천 년 전부터 꿈을 길잡이로 이용했다. 야곱의 아들 요셉이 꿈의 인도를 받았다는 《구약성경》 이야기는 유명하다. 여러 문화권에서 샤먼들이 꿈에서 도움을 받고, 프로이트와 융 심리학에서도 꿈 해석이 매우 중요하다. 예지몽을 꾼 사람들도 적지 않다. 에이브러햄 링컨 대통령은 사건이 발생하기 바로 전날 암살당하는 꿈을 꾸었다고 한다. 인류는 문화와 종교, 시대를 초월해 꿈을 지혜의 원천으로 삼았다.

　나이 들수록 행복해지는 인생의 태도에 관하여

나는 중요한 선택이나 결정을 할 때 항상 꿈을 활용해왔다. 나는 환자들에게도 이 방법을 권한다. 그렇다고 꿈을 항상 문자 그대로 해석해야 한다는 의미는 아니다. 꿈은 상징을 사용해 핵심을 전달한다. 평소에 상징에 관심이 별로 없는 사람이라면 꿈에 나타난 상징을 혼자 힘으로 해석하려면 난감하기 마련이다. "꿈을 해석하려면 어디서부터 뭘 해야 하나요?"라고 묻고 싶을지도 모른다. 꿈은 '당신'의 마음(또는 영적 스승, 신, 조상, 전생 등)에서 나오는 것이므로 이를 해석하는 데 가장 적합한 사람은 바로 '자기 자신'임을 아는 것이 중요하다. 꿈은 정확히 당신 자신을 겨냥한 메시지다. 다시 말해 당신 꿈에 보이는 상징은 당신에게만 의미가 있을 가능성이 매우 크다. 만일 당신이 꾼 꿈이 중요한 메시지를 전한다고 느꼈다면 실제로 그럴 가능성이 크다.

1970년대에 내가 전인의학에 관한 워크숍을 진행했을 때 한 여성이 찾아왔다. 이 여성에게는 가슴 아픈 사연이 있었다. 남편이 두 아들 중 한 아들을 성폭행하는 것을 목격한 것이다. 이 여성은 즉시 남편과 이혼했고 남편은 아동학대죄로 교도소에 갔다. 그런데 나중에 여성이 모르는 사이에 출소한 남편이 두 아들을 납치해 가버렸다.

나를 찾아왔을 때 이 여성은 몇 년째 두 아들 소식을 듣지 못한 상태였다. 아이들이 어디에 있는지 전혀 알 수 없었다. 세월이 흐른 데다 이렇게 꼭꼭 숨은 사람을 추적할 수단이 거의 없었기에 이 여성은 아이들을 다시는 만나지 못하리라고 거의 체념한 상태였다.

정말로 어찌할 도리가 없는 상황이었다. 나는 이 여성에게 남편을 용서해야 한다거나 슬픔을 참고 이겨내야 한다거나 마음의 상처를 치유해야 한다는 등의 이야기를 할 수 없었다. 이렇듯 너무 참담하지만 해결할 도리가 없는 일도 있다.

하지만 나는 이 여성이 하루하루 살아나가도록 도울 수는 있었다. 슬픔에 잠겨 잠을 제대로 자지 못한다는 점이 걱정스러웠다. 악몽이 반복되어 불면에 시달리는 날이 많았다. 주방에서 전남편이 아이들을 덮치는 꿈을 밤마다 꾸었다. 꿈속에서 이 여성은 부엌칼을 들고 남편을 찌르려고 했다. 하지만 마지막 순간에 전남편은 항상 아이를 들어 올려 방어했고, 결국 이 여성은 자기 아들을 찌르고 말았다. 수년째 이 악몽을 꾸며 이 여성은 괴로워했다.

두 아들에게 벌어진 일로 괴로워하던 이 여성은 나와 함께 문제를 해결하려고 노력하면서 자신의 꿈이 전달하려는 메시지를 알아차렸다. 그 꿈은 전남편에게 에너지를 쏟는 것이 증오심을 반복해서 불러일으킬 뿐이라는 사실을 보여주었다. 아이들에게는 엄마의 사랑이 필요했다. 자신이 전남편을 향한 증오심에 사로잡혔음을 깨달았다. 증오하는 데는 엄청난 에너지가 소비되었다. 그 에너지를 자신과 마찬가지로 비극적인 상황에 놓여 있을 아이들에게 쓰는 편이 훨씬 유익할 것이다. 증오심은 이 여성에게도 아이들에게도 도움이 되지 않지만, 사랑하는 마음만은 이들에게 도움이 될 수 있다.

내가 이 여성에게 해결책을 제시했다고 말하려는 것이 아니다. 해결책은 제시하지 못했다. 만약 내게 이 비극적 상황을 바꾸고 아이들을 무사히 집에 데려올 방법이 있었다면 당연히 그 방법을 썼을 것이다. 나는 내가 할 수 있는 일을 했다. 다시 말해 영혼의 여정이라는 관점에서 이 상황을 이해하는 데 도움이 되는 말을 해주었다. 나는 고통뿐인 상황에서도 사랑의 힘을 깨닫도록 곁에서 도왔다. 사랑의 힘을 느끼기까지 참으로 힘겨웠지만 이 여성은 마침내 사랑의 힘을 느끼는 법을 배웠고 자신의 영혼이 고양되는 순간을 맞이했다.

이렇게 이 여성은 남편을 향한 증오심에 쏠린 주의를 전환해 두 아들을 향한 사랑으로 바꿔나갔다. 물론 현실을 마주할 때 느끼는 참담한 심정이 바뀌지는 않았지만, 자신의 생명력을 쏟을 대상이 바뀌었다. 이것이 바로 그녀가 반복해서 꾸는 꿈이 전하는 메시지였다. 그 꿈은 건설적인 대상에 에너지를 쓰도록 길을 안내했던 것이다.

많은 환자가 꿈에서 나아가야 할 길을 안내받았다. 사람들은 삶의 목적을 찾을 때, 건강에 이상이 있을 때, 중요한 의사결정을 내릴 때 꿈으로 길 안내를 받는다. 꿈은 의식이 감당하기에 너무 벅차 보이는 질문을 명확히 이해하도록 돕는다.

그렇다면 꿈의 인도를 받는 가장 좋은 방법은 무엇일까?

우선 꿈을 꾸게 해달라고 요청해야 한다. 신을 믿는 사람이라면 신에게 꿈을 요청하고 꿈에서 길을 안내받을 준비를 하자. 신을 믿지 않는 사람이라면 이 행위를 초자연적이거나 영적인 행위로 받아들일 필요 없이 심리 현상으로 이해하면 된다. 곧 잠이 들 자신을 향해 꿈을 꾸게 해달라고 부탁하고, 아직 깨닫지 못하는 사실이 있다면 그것을 꿈으로 알려달라고 부탁하면 된다.

일단 꿈을 꾸었다면 잠에서 깨어난 뒤 꿈에서 상징이라 할만한 요소를 찾아보자. 꿈에 나타난 상징이 당신에게 어떤 의미를 지니는가? 꿈에서 당신을 찾아온 사람이 있는가? 그 사람은 당신에게 무엇을 상징하는가? 우리에게 가장 많은 것을 보여주는 것은 꿈의 분위기다. 꿈에서 전개되는 내용을 전혀 이해하지 못할지라도, 기저에 흐르는 느낌은 우리의 질문에 답을 제시하고 문제 해결에 필요한 관점을 찾도록 돕는다.

꿈에서 어떤 관점을 찾더라도 시간이 지나면 또 다른 꿈을 꾸면서 관점이 바뀌기도 한다. 이는 좋은 일이다! 꿈을 꿀 때마다 기록해두면 나중에라도 그 꿈을 이해하는 데 도움이 된다. 꿈을 자주 기록할수록 꿈을 잊어버리지 않고 기억해낼 가능성이 커진다. 꿈을 기록하는 행위 자체가 이 꿈은 기억할 가치가 있다는 신호를 잠재의식에 보낸다. 중요한 꿈을 꾸고 나면 일기든 그림이든 또는 음성 녹음이든 어떤 방법으로든 기록하는 습관을 들이자. 그렇게 하면 꿈에서 더 많은 의미를 추출하는 데 도움이 된다.

살아가는 동안 꿈을 자주 기록하고 해석하는 것이 좋다. 나는 나이 들수록 꿈 내용이 더 풍성해짐을 느낀다. 특히 반복해서 우리를 괴롭히는 문제에 부딪힐 때 꿈을 꾸고 해석하는 일이 문제를 헤쳐나가는 데 큰 도움이 된다. 건강 문제든 감정 문제든 또는 영적 문제든(3가지 모두 해당하는 복합적인 문제일 때가 더 많을 테지만) 사람들은 어떤 종류가 되었든 만성적인 문제에 맞닥뜨리기 마련이다.

Chapter 28

‡

관점을 전환하라

모든 것을 자신의 스승이라고 생각하다보면 이 접근법에 신뢰가 쌓인다. 그러면서 현재 마주한 문제가 도저히 해결할 수 없을 것처럼 보일 때도 관점을 전환하며 뭔가를 배우려고 시도하게 된다. 문제에 맞닥뜨렸을 때 관점 전환을 시도하는 것은 효과적인 전략이다. 이렇게 노력하다보면 의식적으로 관점을 전환하려고 애쓰지 않아도 자연스럽게 관점 전환법을 익히게 된다. 특히 반복되는 어려움과 마주할 때 관점 전환은 유용한 기술이다.

모든 것에서 배움을 구하는 자세가 가져다주는 효과를 과학적으로 증명한 연구가 있다. 한 연구 결과에 따르면 만성 통증을 다스리는 일과 사고방식 사이에 상관관계가 있는 것으로 나타났다.[18] 이러한 이유로 류머티즘성 관절염이나 편두통 같은 만성질환을 앓는 환자들에게 인지행동치료cognitive behavioral therapy, CBT를 자주 권장한다. 류머티즘성 관절염이나 편두통은 간헐적으로 재발하고, 심한 통증을 동반하며, 몸을 쇠약하게 만드는 만성 통증이다. 이 만성질환을 앓는 환자들은 반복되는 증상을 보이는데 이 증상은 특정한 사고방식과 관련이 깊은 것으로 나타났다. 하지만 통증을 바라보는 관점을 바꾸면 이 사고방식에 변화를 줄 수 있고, 사고방식이 바뀌면 증상에도 큰 변화가 생긴다.

　만성 통증 환자 중에는 통증 때문에 삶에 의미를 부여하는 특정한 활동을 찾아내는 이들이 있다. 18장에서 설명했듯이 산티아고 순례길을 걸었던 내 친구 에블린은 늘 긍정적인 사람인데 오랫동안 만성 통증을 안고 살아왔다. 에블린은 통증이 재발해 참을 수 없을 만큼 심해지면 붓을 들고 색칠하는 것으로 통증을 다스린다. 그렇게 그림을 그리다가 기쁨이나 행복, 해방감 같은 느낌이 들면 그리기를 마치고 일상으로 돌아간다. 에블린은 이 느낌을 "팅ting"이라 부르고, 이렇게 그린 그림을 "페인-팅pain-ting"이라 부른다(그림을 뜻하는 단어 painting을 활용한 언어유희다—옮긴이). 에블린이 통증을 다루는 방식은 우리가 마음을 열고 관점을 전환하면 어떤 일이 가능한지 보여준다. 관점이 지닌 힘을 깨우치는 것이야말로 만성 통증에서 우리가 배울 중요한 교훈 중 하나다.

요즘 내가 치료하는 환자 가운데 안구질환인 황반변성을 앓는 사람이 있다. 시력을 서서히 잃어가는 상황에서 두렵지 않을 사람은 거의 없다. 이 여성은 시력을 잃어가고 있지만 더 많은 것을 인지할 수 있게 되었다고 이야기한다. 한번은 내게 이렇게 말했다.

"앞을 못 보게 될지는 몰라도 이미지를 떠올리는 능력이 사라지는 건 아니에요."

이 여성은 다른 감각이 제공하는 정보에 주의를 기울임으로써 차츰 시력을 잃어가는 자신의 현실을 받아들이는 법을 배웠다. 시력을 완전히 잃기 전까지 자신이 무엇을 성취하고 싶은지 분명하게 깨달았다고 한다. 물론 시력을 상실하는 일은 비극이지만 이 비극적 상황을 삶의 목적을 돌아보는 유익한 계기로 삼은 것이다. 그뿐 아니라 비극적 상황에 의연히 대처하는 모습으로 많은 사람에게 영감을 준다.

100년 넘게 사용한 내 눈은 이제 운전에 부적합할 만큼 기능이 저하되었고 글을 읽는 것조차 힘들어지고 있다. 이 때문에 나는 황반변성 환자가 말한 능력의 의미를 생각하게 된다. 나는 집에 있을 때 오디오북을 들으며 다음에 무엇을 하고 무엇을 만들지 상상한다. 운전을 그만둔 덕분에 다음에 무엇을 할지 상상하며 보내는 시간이 많아진 점을 나는 감사하게 생각한다.

때로 어떤 문제가 반복해서 일어나는 것은 우리가 그동안 간과했거나 제대로 육성하지 못한 자질이 있기 때문이다.

최근에 내 환자 사릿이 우리 집에 찾아온 적이 있다. 사릿은 창의성이 필요한 분야에 종사했고 그 분야가 적성에 잘 맞았지만 컴퓨터 앞에 앉아 장시간 일해야 했다. 사릿은 오른쪽 어깨에 근육 긴장과 지속적인 통증을 겪었고, 특히 코로나 팬데믹 기간에는 컴퓨터 사용 시간이 증가하면서 일하기가 힘들 정도로 증상이 악화되었다. 사릿은 내 삶의 흔적들이 가득한 거실에 앉아 어떻게 해야 하는지 내게 물었다.

나는 사릿에게 먼저 물어보고 싶은 것이 있었다. 어렸을 때나 청소년기에 오른쪽 어깨를 자주 사용한 적이 있는지 물었다. 사릿은 어렸을 때 소프트볼을 여러 해 동안 했으며 항상 오른팔로 공을 던졌다고 설명했다. 그 말을 하는 사릿의 표정이 굳어져서 나는 소프트볼에 관한 기억을 더 듣고 싶다고 했다. 팀원들과 사이가 좋았는지, 소프트볼 경기를 좋아했는지 등을 물었다.

사릿은 기억을 되살리려는 듯 내 어깨 너머로 창턱에 놓인 화분을 바라보았다. 처음에는 소프트볼을 좋아했다고 하더니 곧 말을 바꿔서 그렇게 좋아했던 것은 아니라고 정정했다.

"내가 좋아했다기보다는 아버지가 좋아했던 것 같아요. 아버지는 내가 소프트볼 경기에서 뛰는 걸 원했고, 난 아버지를 기쁘게 해드리고 싶었죠. 내 실력이 점차 나아진 건 사실이에요. 하지만 애초에 그 운동을 내가 선택했어야 했는지는 의문이 들어요."

나는 이 점을 이상하게 여겼다.

"소프트볼 대신 선택하고 싶었던 운동이 있었나요?"

사릿의 얼굴이 밝아졌다가 이내 그늘이 드리웠다.

"분명 무용수가 되었을 거예요. 항상 꿈꿔왔으니까요."

사릿은 이렇게 말문을 열더니 설명을 이어갔다. 학교 근처에는 유명한 무용 학원이 있었고, 사릿의 친구들이 그곳에 많이 다녔다고 했다. 하지만 사릿의 부모님은 어린 딸을 그 스튜디오에 보내면 여자는 소프트볼 같은 스포츠에는 부적합한 체형이라는 편견을 내면화할까봐 우려했다. 그래서 무용 학원에 보내지 않고 대신 소프트볼을 권유했지만 의도와 달리 사릿은 다른 편견을 내면화했다.

나이 들수록 행복해지는 인생의 태도에 관하여

"내가 소프트볼 하는 걸 부모님이 원했기 때문에 난 무용을 하기에 부적합한 몸이라고 생각하며 자랐어요. 부모님이 그런 생각으로 반대한 건 아니었죠. 이제 부모가 되고 보니 나도 알겠더라고요. 하지만 그때는 그렇게 받아들였죠."

사릿은 이렇게 말하곤 나를 보더니 감정을 억제하려는 듯 입술을 꾹 다물었다.

나는 사릿에게 꼭 공연을 위한 것이 아니라 그냥 이유 없이 춤추는 것을 일과에 포함하도록 제안했다. 사릿은 집에서 일할 때 5분간 춤추며 쉬는 시간을 만들었고, 그러자 어깨 근육이 서서히 풀리기 시작했다.

춤을 추기에 '부적합한' 체형을 지닌 소프트볼 선수라는 잘못된 정체성이 어깨 통증을 유발했다. 사실 이 통증은 사릿에게 춤출 '능력'이 있음을 알리는 메시지였다. 사릿은 이제 일상의 모든 일을 자신이 온전히 책임지는 성인이었다. 성인이 된 사릿이 춤추지 못하도록 막는 것은 자기 자신뿐이었다.

사릿은 그날 나와 함께 깨달음을 얻었다. 어깨에 긴장이 느껴질 때 그저 괴로워하고만 있을 게 아니라 일어나 춤출 수도 있음을 깨달은 것이다. 근육의 긴장은 몸이 보내는 신호였고 사릿은 그 신호가 전하는 메시지를 알아차리고 어떻게 반응할지 선택했다.

우리가 겪는 만성 통증은 대체로 우리에게 전하는 메시지가 있다. 통증은 몸이 우리에게 주는 기회다. 자신에게 유익한 반응이 무엇인지 찾고, 그중 자신에게 유익한 반응을 선택하고 실천하는 기회로 삼아야 한다.

오래전부터 내 진료실에는 만성질환을 앓는 환자가 많이 찾아왔다. 만성질환은 원인을 파악하기 쉽지 않을뿐더러 치료하기도 까다로울 때가 많다. 만성질환 환자의 증상은 다른 질환과 달리 개인마다 고유한 원인이 복합적으로 작용한 결과여서 의료계에서도 전인적 치료가 필요하다고 보는 경우가 많다.(나는 만성질환뿐 아니라 거의 모든 질병이 이와 같다고 보지만 의료계에서 모든 사람이 내 의견에 동의하는 것은 아니다.)

나는 만성인 증상을 지닌 환자들과 협력해 병을 치료하는 것을 좋아한다. 대다수 환자는 자신의 삶과 질환 간의 상관성을 매우 쉽게 파악한다. '빠른 해결책'을 다양하게 시도했으나 효과를 보지 못한 만성질환 환자는 의사와 함께 전인적 관점에서 문제를 해결할 마음의 준비가 되어 있다.

나는 만성질환인 만성 염증성 전신 자가면역질환 루푸스를 앓는 재닛과 로라라는 두 중년 여성을 여러 해 동안 정기적으로 만나 치료하는 일에 협력했다. 두 여성을 동시에 진료한 덕분에 증상과 해결 방법을 동시에 검토할 수 있었고, 한 사람에게 효과가 있는 방법이라도 다른 사람에게 똑같이 효과가 있는 것은 아니라는 사실을 확인했다.

재닛은 증상이 호전되는 것으로 보였다. 시간이 지날수록 재닛이 루푸스 증세에 대처하는 방식이 성숙해지는 것이 보였다. 재닛은 다양한 식단을 시도했고 새로운 수면 방법과 운동 루틴을 채택했다. 또 너무 분주해지지 않도록 사회생활을 조정했다. 재닛은 루푸스를 앓은 이후로 훨씬 균형 잡힌 삶을 사는 법을 배웠다. 내 진료실에 들어서는 재닛을 보면 워낙 표정이 밝고 쾌활해서 재닛이 두통이나 관절통, 염증 등 여러 증상을 나열할 때마다 나는 깜짝 놀란다. 일상생활에서 그런 심한 어려움을 겪으면서 어떻게 그토록 긍정적인 태도를 유지하는지 나로서는 상상할 수 없었다.

한편 로라는 증세가 호전되지 않아 답답함을 느꼈다. 로라 자신만 그렇게 느낀 것이 아니었다. 나 역시 로라에게서 에너지의 흐름이 막혀 있다고 느꼈다. 로라가 뭔가를 놓아 보내지 못하거나 놓아 보내고 싶어 하지 않는 듯 보였다. 로라가 엄살이 심했다는 말이 아니다. 루푸스는 환자들의 삶에 심각한 영향을 미치는 매우 힘든 질환이다. 하지만 로라는 자신의 삶보다 루프스 증상을 다스리는 일에 더 많은 에너지를 쏟는 것 같았다. 재닛에게 시도했던 모든 방법을 로라에게도 시도했지만 로라의 증세는 좀처럼 완화되지 않았다.

두 환자와 협력하면서 나는 재닛이 질환을 대하는 태도를 로라가 조금이나마 본받기를 간절히 바랐다. 두 여성 모두 통증을 느꼈고, 다양한 염증으로 괴로움을 겪었다. 하지만 로라가 항상 괴로워하는 것처럼 보이는 반면 재닛은 그러지 않을 때가 더 많았다.

재닛에게 루푸스는 생명력을 고갈시키기보다 생명력을 되찾는 데 일조하는 것처럼 보였다. 재닛은 몸이 아프지만 오히려 삶의 가르침을 깨우치는 듯했다. 즉 삶의 목적을 찾아 거기에 몰입하고, 병이 호전되는 데 도움이 되지 않는 음식과 활동에는 "별것 아냐"라고 말하며 작별을 고하고, 자신을 사랑하고 돌보며, 공동체에 의지하는 법을 배웠다. 재닛은 통증을 느끼면서도 거기서 삶을 최대한 즐기는 법을 배웠다.

나는 재닛이 얻은 지혜를 로라에게 어떻게 가르칠 수 있을지 고민했다.

두 여성이 같은 병으로 고통받으면서도 대처하는 방식이 얼마나 다른지 이해하려면 우리가 심각한 통증을 느낄 때 어떤 과정을 거치는지 살펴보면 안다. 우리는 인생이 던져준 고통 때문에 사리 판단이 어두워질 때가 많다. 불치병에 걸렸다는 진단을 들었을 때, 경제적으로 위기에 처했을 때, 인간관계

나이 들수록 행복해지는 인생의 태도에 관하여

가 갑자기 파탄 났을 때, 몹시 괴로울 때 우리는 어떻게 인생의 가르침을 발견할 수 있을까?

우리 몸과 마음이 다치고 돌이키지 못할 정도로 희망이 무너진 듯한 순간에 긍정적인 면을 찾고 가르침을 구하려면 우리는 어떻게 해야 할까?

‡

Chapter 29

절망과 고통으로부터
생명력 회복하기

이제 내가 겪은 가장 절망적인 순간을 말할 때가 되었다. 일흔 살이 다 되었을 무렵 나는 가장 견디기 힘든 시련을 겪었다. 다섯 번째 비밀을 적용해 어려운 상황에서도 배움을 구해야 했지만 여태껏 내가 경험한 일 중에서 이 원칙을 적용하기가 가장 힘든 사건이었다.

80대 초반에 여행하다가 만난 사람이 내가 매우 행복해 보인다며 '평탄한 삶'을 산 게 틀림없다고 말한 적 있다. 나는 이렇게 말하며 그저 웃고 말았다.

"내가 살아온 삶을 당신이 어떻게 알겠어요!"

그때 나는 인생에서 가장 괴로웠던 10여 년을 보내고 괴로움에서 갓 해방되었을 뿐이었다. 그뿐 아니라 그때 내가 겪은 고통은 주변 사람에게 전부 노출되었다. 당시 내가 속한 공동체 구성원은 다들 내게 일어난 사건의 내막을 속속들이 아는 것 같았다. 그건 바로 빌이 우리 병원 간호사와 바람이 나서 나와 이혼하고 병원을 그만둔 사건이었다.

빌이 이혼하려고 했던 것이 이때가 처음이 아니었다는 사실만큼은 누구도 몰랐을 것이다. 나는 아무에게도 이 사실을 이야기한 적이 없었다. 빌이 인정하지는 않았지만 예전 오하이오주에 살 때도 다른 간호사랑 바람을 피운 적이 있었다. 하지만 나는 사실이 아니라는 빌의 말을 믿어주기로 했다. 그런데 어느 날 갑자기 빌이 폭탄선언을 했다. 빌은 서류 가방에 이혼 서류를 넣고 다닌 지 6개월이나 되었고 되도록 빨리 서류에 서명해주었으면 한다고 말했다.

당시 우리에게는 열 살 미만의 자녀가 넷이나 있었고, 이혼이 흔한 시대가 아니었다. 나는 아무 잘못도 하지 않았기에 큰 충격을 받았다. 나는 남편이 오하이오주 밖에서 군 복무를 했을 때도 긴 세월 동안 남편 없이 아이들을 키우고 병원을 운영했다. 특히 우리 병원 간호사가 다른 주에 사는 병중인 어머니를 만나러 간다고 주기적으로 자리를 비웠기 때문에 더 힘들었다. 그러다가 문득 이 간호사가 자리를 비우는 이유에 의구심이 들기 시작했다. 두 사람이 바람을 피우고 있음을 알게 된 나는 내 생각을 남편에게 전했다. "우리는 결혼식장에서 한 서약을 12년간 지켜왔죠. 함께 아이를 낳았고 함께 삶을 꾸려왔어요. 나는 당신과 앞으로도 함께 살고 싶어요. 무엇이 잘못되었든 함께 고쳐나갈 수 있으리라고 생각해요"라고 말했다.

우리는 캔자스주까지 가서 일주일간 결혼생활을 놓고 집중 상담을 받았다. 나는 고분고분한 아내가 어떤 아내인지 비록 잘 모르지만 심리치료사의 조언에 따라 그런 아내가 되어보려고 시도했다. 심리치료사는 내가 빌에게 너무 고집을 세운다고 말했다. 내가 밖에서 일하는 여성으로서 야심 차게 생활하는 것이 남편을 지배하려드는 모습으로 비친다고 했다. 내가 평소에 남편과 소통하는 방식, 즉 내 주장을 피력하고, 철학적 주제로 길게 토론하고, 배우자이자 동업자로서 동등하게 함께 일하려는 태도가 해롭다고 평가했다.

당시에는 아내가 남편에게 그런 식으로 행동해서는 안 된다고 여겨졌다. 1950년대였기에 사회가 여성에게 요구하는 덕목이나 순종의 미덕이 무엇인지는 나도 수없이 들어 알고 있었다. 하지만 빌과 결혼할 때만 해도 나는 빌이 여느 남성과는 달라서 통념과 다른 아내를 바란다고 여겼는데 결혼생활 내내 잘

못 생각한 모양이었다. 뒤늦은 깨달음에 실망스럽고 혼란스러웠지만 심리치료사의 조언을 따르기로 했다. 나는 남편이 모든 일을 주도하도록 한발 물러섰다.

얼마 후 빌이 이끄는 대로 우리는 애리조나주로 이사했고, 거기서 우리는 함께 대체의학에 관심을 두게 되었다. 나는 생각했다. '아하! 그러니까 빌은 내가 고분고분한 아내뿐 아니라 동료가 되어주기를 바랐던 거구나!' 우리의 우정은 더 깊어졌고 업무상 관계는 더 견고해졌다. 이후 수십 년에 걸쳐 우리는 엄청나게 성장했다. 함께 심포지엄과 학술 대회, 워크숍을 이끌었고, 전 세계로 보낼 소식지를 만들었고, 소식지를 담은 봉투마다 일일이 우표를 붙였다. 우리가 운영한 병원은 좋은 성과를 올리며 유명해졌다. 지역 사회에서 많은 친구가 생겼고, 그들은 우리 부부를 보며 훌륭한 사람 둘이 힘을 합치면 얼마나 대단한 일을 이룰 수 있는지를 보여주는 모범 사례라고 칭찬했다. 우리는 밤늦게까지 대화를 나누었고, 서로 격려하며 새로운 사실을 이해하고 새로운 가능성을 발견했다.

빌과 나는 함께 아이들을 키웠고, 애리조나주에 살며 기쁜 마음으로 두 아이를 더 낳았다. 심리치료사의 조언 덕분에 우리의 부부생활은 한층 성숙한 듯 보였다. 대체로 남편이 논쟁에서 이기고 공적 생활에서 주도적 역할을 맡도록 허용하는 한

나의 활달하고 호기심 많은 성격이 눈총을 살 일은 없는 듯했다. 아이들은 다 자라서 결혼했고 어느덧 우리는 손주까지 보았다. 삶은 그렇게 계속되었다.

그러던 어느 날, 그러니까 빌이 처음으로 이혼을 요구한 이래로 35년이 지난 어느 날이었다. 빌은 분주해진 우리 병원의 총책임자 자리에 한 간호사를 앉힐 것을 요구하기 시작했다. 그러려면 내가 그 자리에서 물러나야 했다. 그 간호사가 괜찮은 간호사이기는 했지만 아무리 봐도 조직을 이끌 만한 역량은 없어 보였기에 빌이 이런 제안을 한다는 것이 이상해 보였다. 실제로 그 간호사를 좋아하는 사람은 거의 없었다. 그 간호사를 좋아하는 사람은 남편뿐이었다. 두 사람은 함께 출장을 가기도 하고 가끔 사무실에서 함께 야근도 했다. 수년간 같은 곳에서 일하며 상당히 가까워진 그 간호사와의 우정에 관해 빌에게 여러 번 물어봤지만 빌은 언제나 웃음으로 그 상황을 빠져나갔다.

나는 그 간호사를 총책임자에 앉히기를 망설였다. 빌에게 우리가 중요한 결정을 앞두고 즐겨 찾는 장소인 오크크릭캐니언에 가서 병원 총책임 업무를 그 간호사에게 맡길지 내게 맡길지 진지하게 고민해보라고 제안했다.

그 주말 내내 나는 빌 맥게리가 정신을 차리고 예전의 좋

나이 들수록 행복해지는 인생의 태도에 관하여

은 사람으로 돌아오기를 기도했다. 나는 여전히 남편과 싸우고 싶어 하는 나, 그리고 내 안의 현명한 상담가 글래디스 박사와 많은 대화를 나누었다. 나는 몹시 두려워했지만 글래디스 박사는 앞으로 무슨 일이 일어나든 이겨낼 수 있다고 확신했다.

결국 최악의 상황이 벌어졌다. 아니 당시에는 최악의 상황으로 보였다. 빌은 집에 돌아와서 갑자기 내게 편지를 건넸다. 빌은 그 편지를 나에게만 건넨 것이 아니라 이미 성인이 된 여섯 자녀에게도 보냈고 우리 병원 이사회에도 보냈다. 빌은 편지에서 자신의 영혼이 혼자만의 시간을 가질 필요가 있고, 따라서 우리가 이혼할 것이라고 했다. 나는 이때 처음으로 빌의 이혼 결심을 들었지만, 이 시점에는 이미 다른 사람들도 전부 아는 소식이 되었다. 빌은 그것이 자신의 영혼이 나아가야 할 길이기 때문에 그렇게 하는 것이 옳은 일이라고 설명했다. 내 영혼이 나아가야 할 길은 조금도 고려하지 않는 것 같았다. 빌과 내가 부부로 함께 지낸 지 46년째 되던 해였다.

빌은 그날 밤 손님방으로 들어갔고, 얼마 지나지 않아 집을 나갔다.

빌은 돌아올 생각이 없음을 증명하듯 자기 물건을 대부분 가지고 떠났다. 그가 남긴 몇 가지 물건 중에 낡은 슬리퍼 한 켤레가 있었다. 빌이 떠난 후 며칠간 나는 집 안을 돌아다니며 흐느껴 울고, 두려움에 사로잡히지 않으려고 몸을 계속 움직이며 그 슬리퍼를 자꾸만 쳐다봤다. 슬리퍼는 마치 내게 윙크하는 것 같았다.

내 안의 현명한 상담가 글래디스 박사가 말했다.

"글래디. 엄마가 항상 말씀했지. 사람을 이해하려면 그 사람 입장이 되어봐야 한다고. 빌의 입장이 되어 이해하려고 노력해봐."

나는 정신을 차리고 남은 기운을 끌어모아 어머니의 조언을 따르려고 시도했다.

나는 그 슬리퍼를 신고 온종일 밤새도록 집 안을 돌아다녔다. 정처 없이 거닐다가 어느덧 마당으로 나왔다. 그리고 거기서 나는 울고 또 울었다.

그로부터 몇 달 후 빌은 내게 또 다른 편지를 우편으로 보내왔다. 병원 총책임자가 된 간호사와 빌의 결혼식을 알리는 청첩장이었다. 한때는 우리 병원이었던 곳에 빌이 그 간호사를 총책임자로 앉혔다. 이 때문에 나는 두 사람이 운영하는 병원에서 물러나야만 했다. 자신의 영혼을 위해 혼자만의 시간이 필요하다는 빌의 말은 알고 보니 거짓이었다.

의심이 들긴 했지만 둘이 그저 좋은 친구 사이일 뿐이라는 빌의 대답을 진심으로 믿었다. 어쨌든 우리 결혼생활은 탄탄하다고 느꼈고 모든 면에서 우리는 진정한 동반자였다. 빌은 나를 떠나기로 선택하며 우리 결혼생활을 파괴했고, 그가 보낸 청첩장으로 나와 이혼한 이유가 명확해졌다. 우리가 부부로 지낸 수십 년의 세월이 하루아침에 아무것도 아닌 것이 되었다. 내 평생 그토록 상처받고 굴욕감을 느낀 적은 없었다.

빌은 내가 새로 개원한 병원에도 청첩장을 돌렸다. 나는 이를 악물고 그날 하루를 버텼다. 하지만 집으로 돌아오는 길에 고속도로를 질주하면서 나는 핸들을 붙잡은 채 소리를 지르기 시작했다. 이전에 마당을 거닐 때 고통에 탄식하며 흘리던 눈물이 아니었다. 억눌린 신음으로 시작된 소리가 으르렁거리는 소리로 바뀌고 마침내 사나운 짐승이 울부짖는 소리로 변했다. 순수하고 꾸밈없는 분노였다. 초등학교 운동장에서 나를 괴롭히던 아이에게 라이트 훅을 날렸을 때 느꼈던 원초적인 분노였다. 살아남으려면 싸워야 한다고 내게 요구했던 그 분노였다. 나는 신을 향해 고함을 질렀고, 빌을 향해 고함을 질렀다. 온 세상을 향해 고함을 질렀고, 내 삶을 향해 고함을 질렀다. 거의 10분 동안 쉬지 않고 고함을 질렀다. 멈출 수가 없었다. 멈추고 싶은 생각이 들지 않았다.

별안간 고함을 지르기 시작했던 것처럼 어느 순간 갑자기 잠잠해졌다.

그 순간 알 수 없는 뭔가가 내게 다가오고 있음을 깨달았다. 내 안의 또 다른 목소리가 등장해 감정을 제어했다. 여태껏 나는 빌과 결혼생활을 유지하는 미래를 떠올렸을 뿐 다른 미래는 생각해본 적이 없었다. 하지만 이제는 상상해본 적 없는 미래가 나를 기다렸다. 그리고 그 미래에는 내가 감사할 거리가 있을 터였다. 다가올 미래는 내게 새로운 기회였다. 이혼이라는 비극적 상황에서도 내가 배울 것이 있었다. 그것이 무엇인지 아직 알지 못할 뿐이었다.

나는 외유내강이란 말이 잘 어울렸던 어머니를 떠올렸다. 또 단단하면서도 부드러운 비단을 떠올렸다. 대학 시절 다른 여학생들이 나를 "해피 바텀Happy Bottom"이라 불렀던 일을 떠올렸다. 이 별명은 놀리려고 내 이름을 바꿔 부른 "글래드-애스Glad-ass"보다는 완곡한 표현이었다.('글래드'와 '해피'는 '기쁜', '바텀'과 '애스'는 '엉덩이'를 뜻하는데 '애스'는 비속어다―옮긴이)

나는 빌이 내린 결정을 바꿀 수는 없었다. 하지만 나 자신의 반응은 바꿀 수 있었고, 그랬기에 기뻐할 수 있었다. 내 안의 글래디스 박사가 조언했다.

"이런 상황에서도 여전히 감사할 거리는 있어."

나는 갓길에 세웠던 차를 다시 몰아 고속도로를 달렸다. 며칠 후 나는 새 번호판을 신청해 오랫동안 달고 다녔다. 번호

나이 들수록 행복해지는 인생의 태도에 관하여

판에는 이렇게 적혀 있었다.

"기뻐하라BE GLAD."

내 결혼생활이 파탄 났다는 사실이 모두에게 공개된 상황이지만 여전히 감사할 거리가 있음을 나는 깨달았다. 그렇게 피닉스 도심지를 가로질러 차를 몰았다. 나는 은퇴할 나이가 지났음에도 개인 대출을 받아 딸 힐린Helene과 함께 개원한 새 병원 주차장에 차를 세웠다. 장차 무엇을 해야 할지 알고 있는 내 안의 목소리에 귀를 기울이며 가르침을 얻었고 결국 삶은 계속된다는 사실을 깨달았다.

아무리 큰 충격에 사로잡히더라도, 지금 일어나는 일을 어떻게 처리할지 모르더라도, 우리 안에는 정확히 무엇을 해야 하는지 아는 또 다른 '나'가 존재한다. 인생이 우리에게 던져주는 역경을 헤쳐나가도록 우리를 안내하는 내면의 목소리가 늘 존재한다. 나는 내 안에 있는 더 지혜로운 '나'를 "글래디스 박사"라고 부른다. 당신도 당신 안의 목소리, 또 다른 '나'를 원하는 이름으로 부르면 된다. 장담하는데 당신에게도 더 현명한 '나'가 틀림없이 존재한다.

우리는 모두 절망적인 순간을 헤쳐나갈 수 있는 지혜를 지녔다. 이 사실을 의심하지 말자.

살면서 아무리 크나큰 시련에 직면할지라도 내가 자동차

안에서 그랬듯이 너무나 괴롭더라도 지혜와 가르침을 구하려고 선택하자. 그러면 이 선택이 생명력에 다시 불을 붙인다. 생명력이 되살아나면 움츠렸던 영혼이 고개를 들고, 몸이 가벼워지고, 자신을 얽매던 사슬에서 풀려난 자유로움을 느낀다. 생명력이 본래 그렇듯이 무한한 힘과 에너지가 솟구치는 기분이든다.

죽음과도 같은 절망의 순간이 닥치기 전과 다름없이 삶은 계속된다. 당신은 또다시 새로운 문제와 맞닥뜨리고, 긍정과 희망을 선택하기로 결정한 가운데서도 수시로 흔들린다. 당신이 어떤 선택을 했다고 해서 단번에 치유가 완료되는 일은 없다. 치유는 지속적인 과정이다. 그래도 멈추지 않고 앞으로 나아갈 때 마법 같은 일이 일어난다. 당신은 시간이 흐를수록 과거의 고통에서 더 많은 가르침을 끌어내고 통찰력이 깊어진다.

이제 당신은 자신이 과거의 상처에서 끊임없이 배울 수 있고, 과거의 경험으로부터 얻는 가르침은 앞으로 자신이 맞닥뜨릴 또 다른 시련에 대처할 힘과 방법을 선물한다는 사실을 깨닫게 된다.

Chapter 30

‡

인생이란 학교의
학생이 되자

인생을 스승으로 바라본다는 것은 살아갈수록 더 많은 가르침을 얻을 수 있다는 의미다. 조급해하지 않아도 된다. 때가 되면 가르침을 얻는다.

남편이 나를 떠난 직후 며느리이자 목사인 바비가 내게 말했다.

"그 일은 어머님 인생 전체를 직조한 태피스트리에서 지극히 작은 일부에 불과해요. 그 일만 가까이서 바라보는 건 태피스트리 뒷면의 실과 매듭만 유심히 보는 것과 같아요. 어머님이 지난 일을 잊고 앞으로 나아간다면 그때 태피스트리에 담긴 전체 그림이 보이기 시작할 거예요.”

며느리의 말이 맞았다.

이혼 사건이 내게 주는 가르침을 온전히 얻어내기까지는 오랜 세월이 걸렸다. 이 사건에서 가르침을 얻겠다고 그날 마음을 바꾸긴 했어도 차를 몰고 가는 동안 가르침을 전부 받아들인 건 아니었다. 이 일은 절대로 단번에 이루어지지 않는다.

시간이 흐르면서 나는 알게 되었다. 설령 내가 결혼생활을 유지하고 싶어 하더라도 빌이 다른 사람과 함께 지내고 싶어 한다면 그것만으로도 우리가 함께 지내지 못할 이유는 충분했다는 사실을.

빌에게는 고분고분한 아내가 필요하다고 생각해 그런 아내가 되려고 오랜 시간 나 자신을 억누르며 살았다. 처음에는 이 선택이 결혼생활에 도움이 되었다고 생각했다. 하지만 지금은 이 선택으로 우리 결혼생활에 균열이 발생한 것 아닐까 생각한다. 고분고분한 아내가 되려고 선택했기에 나는 한발 물러섰고, 우리 삶과 커리어에서 중요한 선택을 빌이 단독으로 결정하게 되었다. 빌이 주도권을 갖지 못했다면 빌이 우리 집에 데려온 사람들이나 빌이 제시한 생각들을 내가 순순히 받아들였을까? 빌이 애리조나주로 이사 가자고 했을 때 내가 순순히 따랐을까?

나의 필요보다 빌의 필요를 더 중시하는 태도는 시간이 흐르면서 내 영혼의 성장에 걸림돌이 되었다. 그렇지 않아도 오랜 세월 스스로 머리가 좋지 못하다고 생각해왔는데, 빌의 필요를 무조건 먼저 챙기는 것이 내게 더는 이롭지 않은 상황임에도 모든 일의 주도권을 빌에게 넘기는 지경에 이르렀다. 나는 빌이 소식지를 작성하고, 내 연설문을 고치게 내맡겨두었으며, 글 마지막에도 '글래디스 맥게리'를 내세우지 않고 '빌 맥게리와 글래디스 맥게리'라고 빌을 앞에 내세웠다.

따지고 보면 내 영혼은 '글래디스 맥게리'가 아닌 '글래디스 박사'라는 존재로 활동할 때 훨씬 많은 것을 배울 수 있었다. 이혼으로 내 인생이 끝장난 듯 보였지만 전혀 그렇지 않았다는 사실을 34년이 지난 지금에는 자신 있게 말할 수 있다. 실제로 내 삶은 이혼 이후 훨씬 더 나아졌다. 나는 책을 쓰기 시작했고 모든 일을 내가 주도하면서 일찌감치 찾아야 했던 내 본모습을 되찾았다. 나는 딸 헐린과 함께 병원을 새로 열고 25년 동안 운영했다.

물론 그 기간에도 여러 번 힘든 일을 겪었다. 가장 힘들었던 일은 고집 세지만 똑똑했던 딸의 죽음이었다. 사랑하는 딸 애널리어Analea, 그러니까 애니 루Annie Lou는 50대에 암으로 세상을 떠났다. 내 형제자매 넷도 모두 수명을 다해 세상을 떠나고 나만 남았다.

　사랑하는 이를 여읜다는 것은 가장 큰 비극 중 하나다. 매우 소중한 사람의 죽음이 가져다준 커다란 상실감이든, 반려동물의 죽음이든, 심지어 유리창 아래 죽은 새를 보고 느끼는 작은 슬픔이든 죽음은 그 자체로 시련이다. 하지만 인간은 조금 늦거나 빠를 뿐 모두 죽음을 맞는다. 그러므로 소중한 이의 죽음을 애도하되 그 과정에서도 여전히 감사할 줄 알아야 한다. 죽음은 일상의 일부다. 바다에 밀물과 썰물이 있듯이 삶에는 생과 사가 있다.

　죽음이라는 고통을 직시하지 않는 사람은 삶의 본질에서 멀어지게 된다. 부모는 죽음이 가져다주는 슬픔을 아이들이 경험하도록 허용해야 한다. 만약 우리가 살아 있는 동안 죽음이라는 끝을 직시하지 않는다면 삶의 복잡성과 어려움으로부터 자신을 차단하는 것이므로 현재 순간을 더 풍요롭게 살아갈 수 없다.

　내 이혼 또한 일종의 죽음이었고, 이혼으로 얻은 가르침이 이후에 뒤따르는 슬픔을 헤쳐나가는 데 큰 도움이 되었다. "기뻐하라"는 내 번호판일 뿐 아니라 내 삶의 철학이 되었다. 차 안에서 관점을 바꿨다고 해서 내 삶이 모두 바뀐 것은 아니지만 그 순간이 거대한 변화의 시작점이 되었던 것은 분명하다.

그 순간 내가 얻은 가르침은 어린 시절에 얻은 가르침과 같았다. 이를 계기로 깨달음은 더욱 깊어졌고 주어진 삶에 저항하기보다 삶을 긍정하며 받아들이기로 선택할 때 어떤 일이 가능한지 다시 확인했다.

그래도 분노와 배신감을 남김없이 떨쳐내기까지는 족히 10년이 걸렸다. 나는 내 곁을 떠난 남편을 여전히 사랑하고 있음을 깨달았다. 사실 지금도 사랑한다. 내가 배우자로 선택한 빌 맥게리를 여전히 사랑한다. 빌은 내 삶의 동반자이자 친구였다. 내 영혼과 빌의 영혼은 이 세상에서 함께 걸어갈 운명이었고, 우리는 그 함께 걷기를 완료했다.

나는 감정을 추스르면서 새로운 깨달음을 얻었다. 오랜 세월 나는 빌의 아내로 살아왔다. 빌이 떠난 후에도 처음에는 빌의 첫 아내, 빌의 전처, 빌에게 버림받은 아내라는 정체성에서 벗어나지 못했다. 새로운 정체성을 받아들이기까지 많은 시간이 걸렸다. 독립적인 여성이라는 새로운 정체성을 얻고 나자 비로소 나는 빌의 친구라는 정체성을 받아들일 수 있었다. 물론 빌의 친구라는 정체성은 이혼한 뒤부터 언제든 선택할 수 있는 것이었지만 그전까지는 이 역할에 마음을 열지 못했다. 빌은 여러 해 전에 세상을 떠났지만 오늘날 나는 우리 관계를 친구로 규정한다. 빌과 나는 친구다. 우리 두 사람의 삶은 실타

래처럼 얽혀 있어 내세에서도 분명 어떤 형태로든 다시 만날 것이다. 우리는 함께 많은 것을 배웠다. 우리 영혼의 여정은 아직 끝나지 않았다.

살면서 낡은 정체성에 갇혀 있을 때 우리는 흔히 괴로움을 겪는다. 이 문제에서도 인생을 스승으로 삼는 자세가 중요하다. 인생을 스승으로 삼는 사람은 학생이라는 정체성을 갖고 인생의 가르침을 구하기 때문이다. 학생이라는 정체성은 우리 삶에서 가장 중요한 정체성 중 하나다. 우리는 누군가의 딸이나 아들, 아버지나 어머니, 형제나 친구가 된다. 우리는 특정 종교의 신자나 영적인 사람이 되기도 하고 무신론자가 되기도 한다. 우리는 한 나라의 시민이기도 하고, 자신에게 중요한 정치적 정체성을 형성하기도 한다. 그렇지만 인생 학교에 다니는 학생이라는 정체성을 지니는 것이 가장 중요하다. 그래야 우리가 경험하는 시련과 기쁨을 훨씬 큰 맥락에서 이해할 수 있기 때문이다.

우리가 배우는 자세로 삶을 대하면 때로 실패할 때도 있겠으나 시련을 기쁨으로 전환할 가능성이 열린다. 나는 28장에서 소개한 두 루푸스 환자 재닛과 로라를 보며 이 가르침을 되새겼다. 두 사람은 각자 루푸스를 전혀 다른 관점에서 받아들였다.

하루는 증상에 차도가 없는 로라와의 힘든 치료 세션을 마치고 몇 시간 후 재닛과 치료 세션을 가졌다. 재닛의 증상이 호전되는 것을 목격하면서 나는 로라를 떠올렸다. 그래서 재닛에게 어떤 식으로든 통증을 자신의 일부로 여기는지 물었다. 재닛이 대답했다.

"아, 아니에요. 루푸스를 앓고 통증을 느끼지만 루푸스나 통증이 나의 일부일 수는 없죠."

재닛은 통증이 심해지면 이 질환을 의인화해서 교실에 있는 의자에 앉혀놓는다고 설명했다. 재닛은 교사였고, 교실에는 항상 빈 의자가 있었다. 통증이 심해질 때마다 재닛은 빈 의자를 바라보며 생각했다.

'통증아, 넌 거기 앉아. 일어날 생각은 하지도 마. 난 여기 있을 거야.'

그렇게 통증을 의자에 앉혔다. 재닛은 통증과 함께 교실에 있지만 거리를 두고 떨어져 있었다.

재닛이 통증을 대하는 방식이 무척 인상적이어서 나는 다음에 로라를 만났을 때 로라에게도 통증을 자신의 일부로 여기는지 물었다. 로라는 루푸스를 안고 살아가며 많은 고통을 이겨내는 자신을 대견하게 생각한다고 재빨리 대답했다.

"실은 나도 글래디스 선생님처럼 맞춤형 번호판을 달았어요. 보여요?"

로라는 창밖을 가리키며 말했다. 병원 주차장을 내다보니 내 차에서 몇 칸 떨어진 곳에 로라의 차가 주차되어 있었다. 로라의 번호판에는 "루푸스"라고 적혀 있었다.

나는 이 광경에 잠시 말문이 막혔다. 로라는 내 번호판의 메시지를 한참 잘못 이해했다. 나는 내가 닮고 싶은 모습을 나 자신의 일부로 삼은 반면, 로라는 극복하려고 애쓰는 병을 자신의 일부로 삼았다. 로라가 루푸스로 고통에 시달리는 것이 로라의 책임이라는 뜻은 아니다. 하지만 로라가 왜 그토록 심한 고통을 느끼는지 그 순간 이해가 되었다.

나는 로라가 병의 증상을 자신의 일부로 여기는 생각에서 벗어나도록 유도했다. 루푸스를 '경험하는 것'과 루푸스를 '자신의 일부로 삼는 것'은 다르다는 사실을 로라가 이해하기를 바랐다. 이 새로운 방식의 치료 세션 덕분에 로라의 증상이 호전되었다고 말할 수 있었으면 좋겠지만 그런 일은 일어나지 않았다. 로라는 내 환자로 있는 동안 루푸스 때문에 줄곧 괴로워했고, 자신이 루푸스 환자임을 상기시키는 번호판을 단 차량을 계속 타고 다녔다.

만약 당신이 도저히 헤어나올 기미가 없는 문제를 안고 있다면, 그래서 빌이 떠난 후 내가 그랬듯이 온 세상을 향해 비명을 지르고픈 심정이라면 지금 당신이 얼마만큼 힘겨운 싸움을 치르고 있는지 인지하는 것이 중요하다. 먼저 당신이 겪는 어려움의 크기를 가늠해보라. 어려움이 클수록 그만큼 많은 기회와 가능성이 잠재해 있다는 사실을 인정할 줄 알아야 한다. 중요한 기회가 왔다고 생각하고 이런 질문을 던져야 한다.

"이 기회에 나는 무엇을 배워야 할까?" "삶은 이 경험으로 내게 무엇을 가르치려 하는 걸까?" "이 경험을 다른 관점에서 바라볼 수 있을까?"

그런 다음 가능하다면 기뻐하라! 아직은 감사한 마음이 들지 않아도 괜찮다. 다르게 반응하기로 선택한 것에 감사하면 된다. 가능하다면 한번 웃어보자. 미소를 지을 수 있는지 시험해보고, 가능하다면 이번에는 소리를 내어 웃어보자. 배를 부둥켜안고 넘어질 정도로 큰소리로 웃어보자. 전혀 웃기지 않고, 그러면 뭐가 달라지는지 이해되지 않아도 일단 해보자. 설령 웃을 수 없다 해도 그런 당신을 탓하려는 것이 아니다. 당신 자신만이 상황을 뒤집을 수 있음을 기억하라는 뜻이다.

재닛이 교실에서 자신과 통증을 분리하고 의자에 앉힌 것처럼 당신이 겪는 어려움을 자신과 분리하는 방법을 찾는 것도 도움이 된다. 당신이 방 안에 있다고 생각하고 주위를 둘러보라. 거기에는 온통 고통뿐인가? 분노뿐인가? 아니면 슬픔뿐인가? 당신을 힘들게 하는 문제를 앉혀둘 의자가 있는가? 다른 가구는 없는가? 기쁨, 호기심, 경외감 같은 다른 긍정적인 감정은 주위에 없는가? 방 안에는 또 무엇이 있으며, 그 모든 것 속에서 당신 자신은 어디에 자리하고 있는가? 당신은 자신에게 일어난 끔찍한 일뿐인 존재인가? 아니면 더 중요한 뭔가를 지닌 존재인가?

어떤 상황을 마주하든 관점을 전환할 수 있으려면 훈련이 필요하다. 처음 몇 번은 어색하고 억지처럼 느껴질 수 있다. 훈련을 거듭할수록 억지로 애쓰지 않아도 자연스럽게 관점을 전환하게 된다. 이 관점 전환하기는 궁극적으로 삶을 변화시키는 힘을 발휘한다. 그리하여 훨씬 더 즐겁고 목적의식으로 가득한 삶을 경험할 수 있도록 해준다.

모든 것이 자신의 선택에 달렸고, 매 순간이 배움의 기회임을 안다면 우리는 어떤 상황에서도 뒤로 물러날 이유가 없다. 인생이란 본래 좋은 때든 나쁜 때든 모두 겪으며 마지막 순간까지 제대로 누려야 하는 법이다.

나이 들수록 행복해지는 인생의 태도에 관하여

◊

인생에서 가르침 얻기 연습

인생에서 가르침을 얻는 법을 익히기는 쉽지 않다. 실패할 때가 많겠지만 결국 성공하리라 희망하며 거듭해야 하는 훈련이라고 여기자. 실패하더라도 자신을 너무 나무라지 말고 다정히 대하자.

· I ·

처음부터 어려운 문제보다는 편안하게 떠올릴 수 있는 사례부터 시작하는 것이 좋다. 인생에서 가르침을 얻었던 사건을 하나 떠올려보자. 그리 어렵지 않고 평범한 가르침을 깨우친 사건이면 충분하다. 너무 힘들게 깨달음을 얻었던 사건은 여기서는 선택하지 않는 것이 좋다. 너무 강렬한 감정을 불러일으키는 사건 말고 다른 사례를 선택하면 된다.

· 2 ·

그 사건에서 배운 가르침과 긍정적인 면을 떠올린다. 그 긍정의 기운이 햇빛처럼 당신에게 쏟아진다고 상상해보자. 긍정적인 에너지에 푹 잠겨서 기운을 얻은 뒤에 다음 단계로 넘어가자.

・3・

마음의 준비가 되었으면 현재 내 삶에서 힘든 문제가 무엇인지 떠올린다. 몸과 마음의 건강 문제, 인간관계 문제, 재정 문제, 나를 힘들게 하는 주변 세상 또는 그 밖의 어떤 문제라도 될 수 있다. 쉽게 극복하기 힘든 문제를 선택한다. 자신에게 일어난 일이 불공평하거나 부당하다고 느껴지는 상황을 떠올린다.

・4・

현재 직면한 문제를 모든 각도에서 고려한다. 자신에게 다음과 같이 묻는다.

"이 문제를 더 큰 관점에서 보면 내 영혼의 성장과 관련해 어떤 의미가 있는가?"

"이 일에서 어떤 가르침을 얻을 수 있을까?"

"지금은 너무 고통스럽지만, 이 일에서 어떤 지혜를 얻을 수 있을까?"

"이 문제는 지난 삶이나 미래의 삶 또는 현재의 삶에 어떤 변화를 가져올 수 있을까?"

"여기서 나는 무엇을 배울 수 있을까?"

지금으로부터 몇 년 후에 현재 겪은 어려움을 회상한다고 상상한다. 이 문제에서 무엇을 배웠고, 이 경험을 계기로 당신이 어떻게 변모하고 성장하며 더 풍성한 삶을 살게 되었는지 상상한다. 고통이나 괴로움을 헤쳐나가는 일은 힘들 때가 많지만 그 고통 속에 뜻밖의 선물이 숨겨져 있으니 이 선물을 찾아보자.

· 5 ·

깨어 있을 때 당신이 알아차리지 못한 것은 꿈의 힘을 빌려 발견한다. 당신의 잠재의식이 꿈에서 문제 해결의 실마리를 찾도록 하고, 꿈을 꾸고 나면 다음 6단계로 나아간다. 잠에서 깨거든 그 내용이 이해되지 않아도 세부 내용을 잊지 않도록 곧바로 기록한다.

· 6 ·

기록해놓은 꿈을 읽어본다. 그 꿈을 어떻게 해석할 수 있을까? 꿈에 나오는 여러 인물이나 장소, 문구, 행동 또는 사건이 현재 직면한 어려움을 이해하는 데 어떻게 도움이 되는지 의미를 찾는다.

· 7 ·

어떤 해답을 얻든 감사한 마음을 표현한다. 힘든 일을 겪게 된 것에 감사하라는 의미가 아니다. 현재 상황에서 사소하더라도 긍정적인 요소를 찾아냈다면 그 자체가 기적임을 감사하라는 의미다. 아무리 사소해 보일지라도 배울 점을 찾아낸 사실에 감사해야 한다. 어려운 현실을 회피하지 않고 가르침을 얻으려고 용기를 낸 자신을 칭찬하자.

· 8 ·

이 과정을 모두 마쳤으면 손바닥을 마주 대고 엄지손가락을 심장

쪽에 놓는다. 기도하는 손 모양 또는 인도 사람이 "나마스테"라고 인사하는 손 모양은 보편적으로 감사를 상징한다. 힌두스타니어에서 '나마스테'는 문자 그대로 "당신에게 경의를 표합니다"라는 뜻이다. 8단계에서는 이 손동작으로 우리의 스승인 인생을 향해 감사의 예를 표한다.

나이 들수록 행복해지는 인생의 태도에 관하여

에너지를
마음껏
사용하라

The Well-Lived Life

Chapter 31

‡

에너지를 아끼지 말고
투자하라

어린 시절 싸우지 않는 법을 배운 순간부터 나는 날마다 행복하고 기분 좋은 일에 에너지를 쏟으며 살았다. 덕분에 장수를 누리며 매우 행복한 삶을 살아왔다. 내가 워낙 행복해 보이니 남들과 다른 점이 무엇인지 묻는 이들이 많다. 내 대답을 말로 표현하기는 쉽지 않아서 설명하는 데 거의 102년이 걸렸다.

말로 표현하기 어려운 건 내 대답의 핵심이 에너지에 관한 것이기 때문이다.

'생명 자체'가 에너지다.

나는 오랜 세월을 살았고 많은 환자를 치료했으며 여러 차례 강단에 올라 이 에너지가 무엇인지 설명했다. 내 이야기가 너무 '다른 세상' 이야기처럼 들리지 않도록 애썼다. 분명 에너지는 다른 세상에 있지 않고 바로 여기에 있다.

열역학 제1법칙에 따르면 에너지는 생성되거나 파괴되지 않는다. 그저 형태만 바뀔 뿐이다. 우리가 아는 세상은 전부 에너지다. 에너지는 우리 주변에 있고, 우리 안에 있다. 버섯, 꽃, 애벌레, 코끼리가 에너지로 이루어진 것처럼 우리 인간도 에너지로 이루어져 있다. 인간의 생명력이란 에너지가 우리를 통해 움직이는 방식이자 에너지가 흐르는 방향성을 나타낸다. 생명력은 에너지가 나오는 원천이자 돌아갈 목적지다.

건강하게 사는 것은, 그러므로 에너지를 어떻게 자신의 삶에 쓰는지 그 방법을 배우는 게임이다. 우리 안에서 고동치는 에너지에 사랑하는 마음으로 주의를 집중하고 에너지가 어떻게 순환하는지 각자 고유한 리듬을 찾아 거기에 몸을 맡겨야 한다. 에너지에 자신을 조율할 때 삶이 활기를 띤다. 우리 자신과 삶 사이에 즐거운 상호작용이 일어난다. 사랑의 에너지가 안팎에서 막힘 없이 흐를 때 우리는 날마다 순간마다 행복을 발견한다. 100년 넘게 살아본 내가 산 증인이다.

이 일이 일어나려면 그동안 배운 삶의 개념을 완전히 다시 생각해야 한다. 삶이란 더 풍요로운 생명력을 누리기 위해 노력하는 여정이다. 따라서 우리 영혼의 생생히 고동치는 생명력의 리듬을 있는 그대로 받아들이고, 매 순간 자신이 이 세상에 존재하는 이유를 발견하고, 하면 할수록 생기가 솟는 일을 찾아 그 일에 우리의 생명력을 쏟아야 한다.

이 책을 읽다보면 내가 생명력, 에너지, 사랑, 이 3가지 용어를 혼용하고 있음을 눈치챘을 것이다. 내게는 이 3가지가 거의 같은 의미기 때문이다.

첫 번째 비밀에서는 자기 안에 있는 생명력을 찾는 법을 배웠다. 두 번째 비밀에서는 생명력이 흐르는 곳을 찾는 일이 왜 그토록 중요한지 배웠다. 세 번째 비밀에서는 생명력이란 사랑과 거의 동일하며, 사랑으로 생명력이 활성화된다는 사실을 배웠다. 네 번째 비밀에서는 공동체를 일구어 사랑과 생명력을 증폭하는 방법을 배웠다. 그리고 다섯 번째 비밀에서는 아무리 힘든 일을 겪더라도 그 경험에서 앞으로 나아가도록 돕는 가르침을 얻을 수 있다고 강조했다.

마지막으로 당신과 나눌 여섯 번째 비밀은 이것이다.

"에너지를 마음껏 사용하라."

처음 5가지 비밀을 모두 통합해 적용하면 당신은 자신에게 생명력을 되돌려주는 일에 자신의 생명력을 의식적으로 투자할 수 있다. 이때 우리는 긍정과 밝음의 끝없는 에너지 흐름을 활용할 수 있다.

자신의 에너지를 생명력을 위해 사용하면 당신은 생명력의 원천과 서로 주고받는 관계, 서로 나누는 관계를 생성하게 된다.

당신 스스로 에너지를 생산하려고 애쓸 필요 없다. 어차피 이 노력은 부질없는 일이기도 하다. 에너지는 새로 생성되거나 파괴되지 않기 때문이다. 에너지를 새로 만들어내려고 애쓸 일이 아니라 당신의 에너지를 생명력에 투자해야 한다. 그래서 당신의 에너지가 줄어들면 그저 생명력의 원천으로부터 다시 에너지를 공급받기만 하면 된다.

이 비밀을 마지막으로 소개하는 것은 설명하기가 가장 까다롭기 때문이다. 이 비밀은 머리로 이해하기보다 '느껴야만' 한다. 이 비밀을 이해하려면 생각하는 이성을 거치지 않고 우리 몸과 영혼 깊이 새겨진 직관을 활용해야 한다.

나는 이 비밀을 "에너지를 지혜롭게 사용하라"라고 하지 않고 "에너지를 마음껏 사용하라"라고 표현했다. 지혜로움은 우리가 갖출 아름다운 자질이지만 지혜롭게 사용하라고 하면 지나치게 인지적 측면에 얽매이는 사람이 많기 때문이다. 이 비밀은 이성으로 깨닫는 지혜가 아니라 인간의 야성이 알려주는 지혜, 우리 몸에 새겨진 지혜, 우주의 순환에 담긴 지혜다.

에너지가 증가하는 일에 주의를 집중하면 따로 애쓰지 않아도 에너지를 소진하기만 하는 일에서 자연히 멀어진다.

우리는 개인주의를 칭송하는 시대에 산다. 현대 문화는 자기 중요성과 독립성을 장려한다. 그래서 우리는 의아해할 수 있다.

"내가 나보다 더 중요하고 위대한 것과 연결될 수 있는 존재라고?"

"내가 위대하지 않거나 중요하지 않은 존재라는 거야?"

이러한 개인주의 사고방식은 자원을 최대한 많이 비축하도록 부추긴다. 우리는 흔히 자원을 아끼고 정확히 분배해 자원이 부족해지는 일이 없도록 하라는 말을 듣는다. 개인주의 사고방식으로 세상을 바라보면 에너지를 쓰지 않고 아껴서 가둬두어야 한다.

그러나 이는 생명의 흐름 자체를 거스르게 된다. 지금 이 글을 읽는 순간에도 당신의 심장은 거침없이 뛰고, 혈액은 온몸을 돌고, 숨은 쉼 없이 드나들고 있다. 당신에게 여전히 사용할 수 있는 에너지가 충분히 남아 있다는 의미다. 에너지가 부족할까봐 두려워 자신이 지닌 에너지를 사용하지 않는다면 자신의 생명력이 세상으로 나가는 것을 차단할 뿐 아니라 자신에게 돌아오는 생명력까지 차단하게 된다.

자원이 부족해질 것을 두려워하는 마음은 먼 과거로까지 거슬러 올라간다. 삶의 경험에 반응해 '활성화'되거나 '비활성화'된 유전 정보가 후세에 전달되는 방식을 다루는 후성유전학epigenetics의 최근 연구에 따르면, 오늘날 우리가 조상들이 겪은 적 있는 특정한 어려움에 더 이상 직면하지 않더라도 현재 상황과 무관하게 해당 어려움에 대비하는 반응을 보인다고 한다.[19]

대다수 우리 조상들은 실제로 궁핍에 시달렸다. 부모와 앞세대 선조들은 자신들의 불안감을 아이들에게 그대로 대물림했을 것이다. 어른들의 두려움은 이렇게 아이들의 두려움이 되었다.

많은 환자가 내게 던지는 질문의 중심에는 두려움이 자리한다. 앞으로 살아갈 시간이 줄어드는 것이 두려운 이들은 내가 어떻게 장수했는지 알고 싶어 한다. 같은 맥락에서 사람들은 식량을 놓고도, 돈을 놓고도, 또는 주의력을 놓고도 줄어드는 일을 걱정한다.

"식량이 부족해지면 어쩌지?"

"돈이 모자라면 어쩌지?"

"주의력이 떨어지면 어쩌지?"

하지만 두려움에 먹이를 줄수록 두려움만 커질 뿐이다.

만약 진심으로 생명력을 활용하고 싶다면 걱정하며 던지는 질문을 뒤집어서 생각할 줄 알아야 한다. 당신은 이렇게 물어야 한다.

"내가 충분히 가지고 있는 건 무엇일까?"

"내가 넉넉하게 갖고 있어서 남에게 나눠줄 수 있는 건 무엇일까?"

"내가 주어야만 받을 수 있는 건 무엇일까?"

이런 질문은 직관에 반하는 것처럼 느껴질 수 있다. 이 질문들에 답하는 것 자체가 가뜩이나 부족한 에너지를 허비하는 일처럼 보일지도 모른다. 하지만 우리가 쏟는 에너지를 투자로 바라본다면 새로운 가능성이 열린다. 텅 빈 통장을 보며 "도대체 어디에 에너지를 다 써버린 거야?"라고 걱정하지 말고 이렇게 물어야 한다.

"최근에 내가 어디에 에너지를 투자했지?"

대가 없이 사랑을 베풀면 더 많은 것을 돌려받게 된다는 말을 많이 들어봤을 것이다. 자녀나 손주가 어렸을 때 이 말을 해준 사람도 있을 것이다. 아이들에게 주는 가르침은 대체로 어른들에게도 똑같이 적용된다는 사실을 우리는 흔히 망각하곤 한다.

생명력, 사랑, 에너지는 기본적으로 성격이 같다. 따라서 쓸수록 많이 돌려받는다는 원리가 이 3가지 모두에 적용된다.

다시 말해 에너지를 '어디에' '어떻게' 써야 하는지 알고 나면 에너지는 쓸수록 더 많이 되돌려받을 수 있다.

나이 들수록 행복해지는 인생의 태도에 관하여

‡

Chapter 32

당신이 사랑하는 일에
에너지를 쏟아라

에너지가 부족해질지 모른다는 두려움을 극복하려면 두려움
에 방해받지 않고 사랑이 막힘 없이 흐르는 영역을 찾는 것이
도움이 된다.

세상에서 가장 사랑하는 일, 하면 할수록 기분이 좋고 성
장에 도움이 되는 일을 찾아야 한다. 사랑하는 일에는 에너지
를 쏟을수록 에너지가 사라지는 게 아니라 다시 생긴다는 사실
을 알게 될 것이다.

몇 달 전 나는 부모님이 인도에서 활동할 때 어머니가 교
회 지도자들에게 보낸 편지들을 살펴볼 기회가 있었다. 부모님

이 치료한 사람들과 치료 항목, 지출 내역을 자세히 기록하고 더 많은 지원을 정중하게 요청한 월별 보고서로 거의 50년 치 분량이었다. 1916년 부모님은 몇 년간의 노력 끝에 지금의 우타라칸드주에 여성 병원을 설립하는 데 성공했다. 당시까지만 해도 여성들은 지역 병원을 이용할 수 없었고 야외 진료 캠프에서만 진료를 받았기에 이 지역 최초의 여성 병원이었다. 부모님이 병원을 운영한 지 4년 차가 되었을 무렵 선교부에서 편지를 보내왔다. 경제가 어려워져 지금까지 지원한 사업을 모두 실행하기에는 자금이 부족하다는 내용이었다. 부모님은 결단을 내려야 했다. 야외 캠프 진료 활동을 중단하거나 여성 병원을 폐쇄하거나 둘 중 하나를 선택해야 했다.

중대한 결정을 앞두고 두 분은 히말라야산맥에 올랐다. 내가 어머니에게 들은 바로는 아야와 다른 선교사에게 자녀를 한 달간 맡겨둔 채 눈 덮인 산봉우리를 향해 출발했다. 짐을 운반할 노새와 노새를 돌볼 어린 소년만 데리고 떠났다. 어머니가 그 이야기를 들려주었을 때 나 역시 나머지 형제자매와 함께 남겨진 줄 알았다. 하지만 편지 날짜로 볼 때 산행은 어머니가 나를 임신한 초기에 있었던 일임을 뒤늦게 알게 되었다.

부모님은 모두 의사였고, 어머니는 이미 세 번이나 출산한 경험이 있었으므로 그때쯤이면 임신한 사실을 알았을 것이다.

히말라야 고산 지대의 위험성에 대해서도 모를 리 없었다. 두 분은 피곤했을 테고, 임신 초기 여성이 흔히 그렇듯 어머니는 몸이 좋지 않았을 가능성이 컸다. 두 분이 겪고 있던 여러 어려움에다 병원 폐쇄 가능성까지 겹쳐 두려움이 한층 커졌을 테다. 부모님은 가장 어려운 결정을 내려야 하는 상황에서 배 속에 있는 나와 함께 산속으로 들어갔다. 조용히 숙고할 시간이 필요했기 때문이다.

부모님은 모험을 좋아했다. 미지의 세계를 사랑했다. 특히 히말라야산맥을 사랑했다. 두 분은 중요한 결정을 내려야 할 때는 당신들이 사랑하는 대상에 에너지를 쏟아부었다. 분명 많은 이들은 그런 때 두 분이 히말라야산맥에 올랐던 일을 부적절하다고 여길 것이다. 아니 사실 '어느 때든' 히말라야산맥을 오르는 일은 대다수가 위험하게 여긴다! 하지만 부모님에게는 히말라야산맥을 오르는 일이 중요한 결정을 내리는 데 필요한 에너지를 얻기에 더할 나위 없이 좋은 방법이었다. 캠프를 떠난 지 한 달 만에 부모님은 중요한 결정을 내리고 히말라야산맥에서 돌아왔다. 야외 진료 활동을 계속하고 병원을 폐쇄하기로 두 분은 결정했다.

부모님은 믿기지 않을 만큼 야성적인 삶을 살았다. 그렇게 사는 삶을 절대 멈추지 않았다. 두 분은 에너지를 비축하는 법이 없었다. 오히려 당신들이 좋아하는 일에 에너지를 남김없이 쏟아부었다.

어머니는 같은 문화권의 여성들이 중요하게 여기는 것을 별로 중요하게 여기지 않았다. 옷과 외모는 항상 단정한 상태를 유지하려고 애썼지만 머리 리본보다 타자기 먹지를 더 소중하게 여겼다. 어머니는 죽는 날까지 유머를 잃지 않았다. 소천하기 전에 한번은 낙상을 당했다. 우리는 어머니를 병원으로 급히 옮겼는데 들것에 실려 가는 동안 고통스러워하면서도 농담을 던지며 우리 기분을 북돋아주려고 했다. 어머니는 나와 아버지를 향해 웃는 얼굴로 말씀했다.

"늙어빠진 회색 암말이 예전 같지 않네."

어머니는 에너지가 남아 있는 한 자신에게 기쁨을 가져다주는 일에 에너지를 써야 한다는 중요한 사실을 알았기에 그렇게 농담을 했다. 아버지와 내가 웃음을 터뜨리는 모습을 볼 수 있다면 그런 순간에도 농담을 건네는 것이 어머니에게는 가치 있는 일이었다.

사랑하는 일에 에너지를 쏟는 일이 중요하다. 사랑하는 일에 에너지를 쏟으면 삶을 긍정하게 되고 생명이 제공하는 에너지를 얻는다.

그렇다고 언제나 에너지를 전부 쏟아야 한다는 말은 아니다. 자신에게 맞는 생명의 주기를 찾아야 하고, 이 흐름에 맞게 에너지를 써야 한다.

생명은 일정한 주기에 따라 흐른다. 숲에는 주기가 있다. 숲은 불에 타서 잿더미가 되었다가도 다시 자라서 숲을 이룬다. 신체에도 주기가 있다. 사람은 육신을 입고 태어나 사는 동안 많은 가르침을 얻고 예외 없이 모두 죽음을 맞는다. 농사에도 주기가 있다. 땅을 갈고, 씨앗을 뿌리고, 가꾸고, 수확하고, 땅을 쉬게 한다. 〈창세기〉에 나오는 일곱째 날의 안식 개념처럼 여러 경전에서는 자연의 주기를 수용하는 것을 영적인 차원에서 중요하게 다룬다.

사람들에게는 자신에게 맞는 주기가 있고, 이 주기를 결정하는 사람은 자기 자신이다. 임신 중에도 산을 올랐던 어머니처럼, 102세까지 건강하게 사는 나처럼, 우리에게는 자신만의 주기가 있다.

생명의 주기에서 휴식은 필수다. 우리 몸이 가장 많이 성장하는 유아기와 청소년기는 잠을 가장 많이 자야 하는 시기다. 대다수 식물은 밤에 가장 많이 성장하는 경향이 있다.[20]

치유에도 휴식이 중요할 때가 많다. 나는 분만하는 여성에게 진통 사이에 긴장을 풀고 휴식하라고 조언한다. 그렇게 하면 진통이 더 효과적으로 이루어지고 분만 과정을 지속하는 데 필요한 에너지를 얻을 수 있다. 이렇게 보면 휴식이 어떻게 우리에게 생기를 주는지 쉽게 이해할 수 있다.

　나이가 들어 수면 시간에 변화가 생겨도 휴식이 중요하다는 사실은 변하지 않는다. 수면 시간이 줄어드는 것은 자연스럽다. 많은 사람이 노년에 이르면 잠을 덜 자게 된다. 사람들은 흔히 "잠을 못 자"라며 문제인 양 말한다. 하지만 나는 그 사람들에게 수면 시간이 줄어든 것을 문제라고 규정하기 전에 왜 그것이 '진짜' 문제라고 생각하는지 묻고 싶다. 물론 불면증으로 괴로워하는 이들이 실제로 있고 이 문제를 해결하는 데 여러 의학적 방법이 동원된다. 하지만 불면증 환자가 아닌 사람은 그저 자연스러운 생체 주기를 따르는 것뿐이다. 그러므로 노년에 수면 시간이 줄어드는 것은 대부분의 사람에게 문제가 아니다.

　나 역시 내 수면 시간이 줄어드는 현상을 문제라고 생각하지 않는다! 밤중에 깨어 있을 때가 많지만 나는 잠을 못 자서 불안해하기보다 그 시간을 생산적으로 사용하며 내게 기쁨과 행복을 가져다주는 일에 집중한다. 현재 고민하는 문제를 처리하고, 목표와 계획을 세우고, 내가 아끼는 사람들과 함께했던 순간을 하나하나 떠올리며 추억을 되새긴다. 이런 시간은 수면 시간을 박탈당하는 것이 아니다. 만약 정말로 수면이 부족한 상황이라면 내 몸은 자연히 잠에 빠져들 것이다. 이렇듯 잠들지 않고 깨어 있는 시간은 생기를 되찾고 다음 날에 최고의 에너지를 쏟을 수 있도록 돕는 일종의 휴식 시간이다.

나는 잠들면 신나는 꿈을 꾼다. 나이가 들수록 꿈이 더 아름답고 강렬해진다. 침실에서 새로운 세계로 여행하고 새로운 통찰을 얻는다. 꿈속에서도 나는 활동적이다. 온몸에 생기가 넘친다. 내 몸이 휴식을 원하는 방식은 이처럼 자연스럽다.

진정한 휴식은 '활동'이다. 아무것도 하지 않는 상태가 아니라 뭔가를 '행하는' 상태를 의미한다. 휴식하는 동안 우리는 자신을 격려하고 다정한 생각을 품으며 심신을 회복한다. 현재에 몰입해 느긋하게 시간을 보내며 기운을 차린다.

휴식은 게으름과는 다르다. 게으름을 피울 때 사람은 공동체에 생명력을 제공하지 않는다. 즉 공동체를 위해 에너지를 쓰거나 참여하지 않는다. 게으름은 우리 자신의 생기를 고갈시킬 뿐이다. 휴식의 목적은 정반대로 공동체를 위해 에너지를 쓰고 참여하는 것이다. 휴식이란 자신에게 가장 중요한 일에 의식적으로 에너지를 쏟는 행위를 말한다. 휴식할 때 우리는 삶의 목적과 방향성을 재고한다. 즉 긍정적이고 좋은 일을 추구하고, 사람들에게 좋은 결과를 가져다주는 목표를 추구한다. 진정한 휴식은 우리 육신을 소중히 다루고 이 땅에 태어날 때

부여받은 원대한 목표를 추구하도록 돕는다. 이런 식으로 자기 자신을 재충전할 때 우리는 자신이 지닌 '전부'를 삶에 쏟을 수 있다.

자신의 에너지를 '전부' 쏟아야 한다고 하면 에너지가 부족해질까봐 염려해서 많은 이들이 오히려 두려움을 느끼기도 한다. 하지만 기적은 전부를 쏟을 때 일어난다. 가장 절실한 순간에 천사가 나타나듯 우리가 지닌 에너지가 바닥을 드러낼 것 같은 순간에 비로소 에너지가 다시 샘솟는 기적이 일어난다.

Chapter 33

‡

에너지를 전부 쏟으면
기적이 일어난다

1930년대 후반, 벨 고모는 인도에서 출발해 무전여행으로 미국에 돌아왔다. 고모는 중동, 아시아, 유럽을 가로질러 마침내 배를 타고 미국 동부 해안에 도착했다. 아버지의 또 다른 여동생이자 반듯한 성품의 메리Mary 고모가 벨 고모를 데리러 뉴욕으로 마중을 나갔다. 메리 고모는 벨 고모의 무모한 행동에 짜증이 나서 그저 빨리 집에 데려가고 싶을 뿐이었다. 벨 고모는 여행 중에 가난한 이들에게 옷을 나눠주었기에 부두에 도착했을 때는 작은 옷가방 하나뿐이었다. 워낙 지저분한 행색으로 나타났기에 메리 고모는 벨 고모를 알아보지 못했다고 한다.

메리 고모는 벨 고모를 집으로 데려가 단정하게 꾸미고 사회적 신분에 어울리는 옷을 사서 입혔다. 하지만 미국 방문 기간 내내 벨 고모는 늘 그랬던 것처럼 제멋대로 행동했다. 가엾은 메리 고모는 짜증이 났지만 어쩔 도리가 없었다. 메리 고모는 벨 고모의 고아원 기금 모금을 돕기 위해 발 벗고 나섰다. 하지만 벨 고모는 메리 고모가 원하는 모습으로 상류 사회 구성원들에게 좋은 인상을 남기지는 못했다. 물론 벨 고모는 모임에서 단체 기도를 인도하고, 자신의 신앙을 간증하고, 고아원 직원들이 고아들을 위해 얼마나 중요한 일을 하는지 설명하는 일에는 능숙했다. 그러나 메리 고모의 지인들이 익히 알고 있는 '예의 바른' 여성의 행실을 보여주지는 못했다.

어느 날 벨 고모는 몇 시간 동안 외출했다가 돌아왔는데 새 스타킹에 어울리지 않게 낡아빠진 신발을 신고 있었다. 메리 고모는 두 팔을 공중으로 쳐들며 물었다.

"벨, 어떻게 된 거야? 얼마 전에 내가 새 신발을 사줬잖아! 대체 무슨 일이 있었던 거야?"

벨 고모는 미소를 지으며 웃어넘겼다.

"어, 이 신발도 괜찮아. 새 친구를 사귀었는데 그 친구가 신발이 필요했거든. 그 친구는 길거리에서 생활하며 힘들게 살고 있어. 게다가 발 크기도 나와 거의 같았어."

"벨! 신발을 맞바꿨단 말이야? 이 신발은 구멍투성이잖아. 이 신발 가지고 어떻게 겨울을 나겠어? 새 신발을 또 사러 가야잖아?"

몇 분 후 메리 고모는 벨 고모를 데리고 나가서 다시 한 번 새 신발을 사주었다. 벨 고모가 자신의 신발을 가난한 이에게 선물할 때부터 예상한 대로.

우리 가족은 이 이야기를 듣고 다들 웃음을 터뜨렸다. 메리 고모도 함께 웃었다. 우리 가족사의 중요한 기록인 이 이야기는 벨 고모가 어떤 신념을 지녔는지를 보여주는 많은 사례 중 하나일 뿐이었다.

벨 고모는 열린 마음으로 베푼 것은 무엇이든 다시 돌아온다고 굳게 믿었다. 이런 모습이 우리 모두 벨 고모를 사랑하는 이유 중 하나였다. 벨 고모는 우리가 언제든 기적을 일으킬 수 있음을 상기시켰다. 우리 에너지가 어떻게 세상과 더불어 흐르는지를 이해하면 되었다.

뭔가를 얻으려면 세상의 본질에 다가가야 한다. 다시 말해 우리가 지닌 것을 전부 내줄 때 생명은 우리에게 에너지를 돌려주기 시작한다. 마치 온 세상이라는 거대한 '은행'이 "정말로 대출이 필요하십니까?"라고 우리에게 묻는 것과 같다. 우리가 그렇다고 대답하는 순간 우리의 바람은 이루어진다.

우주의 섭리에 의지하는 방법이 무조건 성공을 보장하지는 않는다. 메리 고모가 벨 고모에게 새 신발을 다시 사주지 않았을 수도 있다. 물론 그랬더라도 벨 고모는 구멍 난 신발을 신고 불만 없이 지냈을 것이다. 벨 고모는 분명 그런 위험을 예상했고 기꺼이 감당했을 사람이다. 이것이 예상된 위험을 감수한다는 의미다.

강하게 살려면 어느 정도 위험을 감수하는 일이 반드시 필요하다. 기꺼이 위험을 감수하며 에너지를 쏟지 않는 사람은 그 에너지를 지키려고만 애쓸 것이다. 그러면 자신의 야성과 단절되고 만다. 위험을 무릅쓰지 않고 조심하기만 하면 오히려 두려움에 사로잡혀서 지닌 것을 모두 잃을 뿐이다.

그렇다면 어떤 위험을 감수할 가치가 있는지 어떻게 알 수 있을까? 에너지를 어떻게 쓰면 더 많은 에너지를 얻을 수 있을까?

이 질문들의 대답은 개인마다 차이가 있다. 개인마다 영혼이 걸어가야 할 여정이 다르기 때문이다. 어떤 비극이 또는 어떤 기적이 우리에게 닥칠지 우리로서는 알 길이 없다. 우리는 인생에서 놀라운 사건을 경험하고 각 사건은 우리 영혼이 걸어갈 여정의 일부다. 그렇기에 나는 이 책에서 당신이 누구인지, 무엇을 하러 이 세상에 왔는지 이해할 수 있도록 안내했다. 그

나이 들수록 행복해지는 인생의 태도에 관하여

래야 내면의 의사와 만날 수 있고 여러 질문에 스스로 답할 수 있다.

아울러 이 문제에 관해 한 가지 조언을 하고 싶다. 에너지를 쏟을 가치가 거의 없는 일도 있다. 지난 일을 한탄하거나 자기 연민에 빠져 부정적 감정을 키우는 것은 우리에게 거의 쓸모없는 일이다. 현재와 미래를 변화시키는 데도 거의 도움이 안 된다. 이 사실이 명확하게 전달되었기를 바란다. 이 사실을 이해하는 데 나머지 5가지 비밀 역시 도움이 될 것이다.

반면에 생기를 얻는 일에는 언제나 에너지를 쓸 가치가 있다. 오빠 칼은 국제 보건 분야에서 일하는 것을 좋아했다. 오빠는 고통스러운 종양으로 투병하던 90대까지도 강연을 그만두지 않았다. 2010년 세상을 떠난 오빠는 죽기 나흘 전에 마지막으로 연단에 섰다.

에너지를 어디에 써야 하는지 알려면 자신의 삶에서 어떤 일이 성과를 내며 진전을 보이는지 또는 어떤 일이 지지부진하며 막혀 있는지 알아야 한다. 뭔가 진전이 없는 느낌이 든다면 진전을 보이는 일에 에너지를 쓰자. 막혀 있는 곳에 에너지를 낭비할 필요는 없다.

사랑하는 일에는 언제나 에너지를 쓸 가치가 있다. 여기에는 예외가 없다. 사랑하는 대상, 사랑하는 사람, 사랑하는 방식에 에너지를 쓰자. 사랑은 끝없는 생명력의 원천이고, 우리에게 항상 이롭다.

좋은 공동체를 일구는 일에도 에너지를 쓸 가치가 있다. 마거릿 언니는 인생의 마지막 몇 년을 은퇴자 공동체 마을에서 지내게 되리라는 사실을 알고 실망했다. 하지만 언니는 그 시간을 최대한 유익하게 보내기로 했다. 새로운 친구를 사귀고 밴드에 가입해 어려서 아야에게 배운 실력으로 드럼을 연주했다. 언니는 새로운 환경에서 자신의 공동체를 반겼기에 행복을 찾았고, 마지막 순간에는 자기 곁에 아야가 찾아왔다며 노래를 부르면서 죽음을 맞았다.

어떤 상황에서든 가르침을 구하는 자세도 에너지를 써야 할 곳을 찾는 데 도움이 된다. 이 사실을 잘 아는 환자일수록 통증을 잘 이겨내기 마련이다. 이는 80년 동안 의사로 일하면서 내가 목격한 사실이다. 내 친구이자 환자였던 바비 울프가 좋은 본보기다.

바비는 나를 만나기 수십 년 전, 그러니까 갓난아기였을 때 뜨거운 타르가 담긴 통에 빠지는 사고를 당해 급히 응급실에 실려 갔다. 응급실 의사들은 어린 바비의 생명을 구할 수 있었지만 바비는 한쪽 신장과 나머지 한쪽 신장의 절반 이상을 잃었다. 바비는 4분의 1만 남은 신장에 투석기를 연결한 채 유년기 대부분을 병원에서 지냈다. 차츰 상황이 바뀌어서 주말에는 집에서 지낼 수 있게 되었고, 나중에는 학교에도 다닐 수 있게 되었다. 하지만 튜브와 기저귀를 연결한 특수 장치를 착용해야만 했다. 바비는 건강이 좋지 않을뿐더러 다른 아이들과 교류한 경험이 부족했기에 친구를 사귀기가 쉽지 않았다. 더구나 의료진은 바비에게 정상적인 생활이 가능하지 않으리라는 의견을 자주 전달했다.

다행히 바비는 의료진의 말을 믿지 않았다.

바비는 고등학교 때 운동선수가 되었다. 그 무렵 바비의 몸은 한쪽의 빈 공간을 보완하느라 척추가 굽기 시작하면서 척추측만증이 생겼다. 그럼에도 바비는 스포츠 활동에 다양하게 참여했다. 여러 팀을 거치며 또래 소녀들과 유대를 형성한 덕분에 자신의 신체 조건에 가해지는 사회적 낙인을 극복하고 도리어 자신의 신념을 사람들에게 보여줄 수 있었다. 바비는 자신이 남과 다르다는 사실을 부끄럽게 여기지 않았다. 그보다 자신이 살아 있는 것 자체가 기적이라고 믿었다.

바비는 어린 나이에 역경을 이겨내면서 놀라울 정도로 자신감 있는 사람으로 변모했다. 자신의 에너지를 쏟을 가치가 있는 일과 그렇지 않은 일을 구별하는 방법을 일찍부터 배운 덕분이었다. 다른 사람들이 자신을 어떻게 생각하는지 또는 의료진이 자신의 몸 상태에 관해 무슨 말을 하는지 거의 신경 쓰지 않았다. 대신에 자신의 몸으로 가능한 일이 무엇인지 탐구하는 데 생명력을 쏟았다. 친구들과 교류하고 아들을 기르는 데 사랑을 쏟았다.

18장에서 척추를 재건한 수전 역시 다른 사람들의 생각에 신경 쓰지 않았다. 치유에는 자신이 어떤 생각을 품는지가 도움이 되지 남이 어떻게 생각하는지는 도움이 되지 않았기 때문이다. 덕분에 자신의 직관력을 깊이 신뢰하게 되었다. 수전은 교직에서 은퇴한 노년기에는 학교 폭력을 근절하는 일에 자신의 생명력을 쏟았다. 의미 있는 일에 애정을 쏟았기에 일상에서 생기를 얻었다. 세상을 떠날 때는 자신의 몸에서 어떤 기적이 일어났기에 의료진이 불가능하다는 삶을 살았는지 학자들이 연구할 수 있도록 시신 기증 의사를 밝혔다.

바비와 수전은 각자 경험한 역경을 계기로 자신의 고유한 영혼의 성장에 무엇이 중요한지 파악했다. 그리고 그 중요한 일에 에너지를 마음껏 썼다. 그 대가로 두 사람은 풍요롭고 놀라운 삶을 선물로 받았다.

에너지를 쓸 가치가 있다고 생각하는 일은 사람마다 다르고 같은 사람이라도 그때그때 시기에 따라 다르다. 자신의 생명력을 어디에, 어떻게 쏟을지 파악하려면 내면의 목소리에 귀

나이 들수록 행복해지는 인생의 태도에 관하여

기울이는 법을 배우는 것이 중요하다. 무엇보다 진정한 의미에서 삶을 '살아보아야' 어디에 에너지를 써야 하는지 이해할 수 있다. 우리는 삶과 상호작용하도록 태어났다. 살면서 해야 할 일은 단순하다. 성공할 때까지 시행착오를 거듭해야만 한다.

당신의 삶에서 에너지를 쓸 가치가 있는 일이 무엇인지 나는 알지 못한다. 당신 자신의 삶만이 그 일이 무엇인지 말해줄 수 있다.

시행착오를 겪으며 살아가면 매 순간이 중요한 질문에 대답하는 기회가 된다. "이 일에는 생명력을 쏟을 가치가 있는가?" 또는 "저 일에는 생명력을 쏟을 가치가 있는가?" 이 질문에 답하면서 당신은 더는 에너지를 쓰지 않아도 되는 일을 발견하게 될 것이다. 중요하지 않은 일은 오래전 어머니가 우리에게 가르쳐준 것처럼 "별것 아냐"라고 말하고 놓아버리면 된다. 이 과정은 그 자체로 아름답다. 이 과정을 거치면서 우리는 차츰 생기를 되찾는다.

에너지를 쏟을 가치가 있는지 묻다보면 우리의 생명력을 고갈시키는 생각이나 일을 만나기 마련이다. 이런 요소를 자신의 삶에서 쉽게 제거하고 앞으로 나아갈 수도 있다.

하지만 생명력을 고갈시키는 활동이나 장소 또는 사람을 파악했음에도 간단히 제거할 수 없거나 제거하고 싶지 않을 때도 있다. 이때는 어떻게 해야 할까? 이런 요소를 완전히 버리지 않으면서 그것과의 관계를 변화시킬 방법을 어떻게 찾을 수 있을까?

나이 들수록 행복해지는 인생의 태도에 관하여

‡

Chapter 34

모든 것을
긍정적인 관점에서
바라보라

이 책에서 설명한 여러 비밀과 마찬가지로 여섯 번째 비밀 역시 관점이 중요하다.

내가 에너지를 마음껏 쓰는 방법에 관해 설명하면 내 의도와는 정반대로 해석해 에너지를 '아끼는' 방법을 생각하는 환자가 많다. 에너지를 아끼는 것이 아니라 '쓰는' 것이 핵심이다.

에너지를 아끼기만 하는 사람은 자신이 지닌 에너지가 부족하다는 부정적인 관점에서 생각한다. 부정적인 관점에 너무 익숙한 나머지 자신이 부정적인 관점을 품고 있다는 사실조차 깨닫지 못한다. 하지만 나는 긍정적인 관점에서 바라본다. 말

그대로 '모든 것'을 긍정적 관점에서 바라본다.

모든 것을 긍정적인 관점에서 바라본다는 의미는 특정한 활동이나 장소, 사람이 우리 에너지를 고갈시킨다는 사실을 알아차리더라도 그것들을 우리 삶에서 반드시 제거할 필요가 없다는 말이다. 그런 대상에는 부정적인 에너지 대신 긍정적인 에너지를 쓰도록 의식적으로 노력할 필요가 있다. 그런 대상과 상호작용할 때는 상황을 통제해 어떻게 부정적인 상호작용을 긍정적인 상호작용으로 전환할지 결정해야 한다.

아마 내 인생에서 가장 힘들었던 경험은 이혼의 상처를 참고 견디는 일이었을 것이다. 이혼당한 상황에서도 '기뻐하기'로 마음을 바꾸었지만 그 후로도 오래도록 나는 이혼과 관련해 긍정적인 에너지를 쏟기가 어려웠다. 물론 앞으로 남은 인생에는 긍정적인 에너지를 쏟고, 내가 아직 모르는 모든 일에는 감사할 수 있었다. 하지만 내가 이혼한 사실과 여기에 연루된 사람들을 긍정적으로 바라보기는 너무 힘들었다.

당시에 빌과 빌의 새 아내는 물리적 의미에서 내 삶의 일부가 아니었다. 우리는 서로 얼굴을 마주칠 일이 거의 없었다. 하지만 감정적으로나 정신적으로는 두 사람이 내 삶의 많은 부분을 차지했다.

빌의 새 아내를 생각하는 것이 내 에너지를 고갈시킬 뿐 아무 도움이 되지 않는다는 사실, 그리고 어차피 그 여성에게 내가 빚진 것이 하나도 없다는 사실을 다행히 나는 일찍 깨달았다. 나는 흐르는 물에 꽃을 띄우는 손동작과 함께 "별것 아냐"라고 말하며 빌의 새 아내를 내 마음에서 놓아주었다. 그 여성이 불행해지기를 바라지 않았지만 그 여성에게 내 에너지를 조금도 허비하고 싶지 않았다. 이 선택만으로 내 생명력을 다른 일에 더 많이 쏟을 수 있었다.

하지만 빌을 내 인생에서 제거하고 싶지는 않았다. 지난날 빌과 결혼식을 올렸을 때 나는 빌을 영원히 사랑하겠노라고 서약했다. 비록 결혼생활은 끝났지만 그 서약마저 끝난 것은 아니었다.

나는 빌의 결정을 용서하기로 했다. 하지만 빌을 향해서는 여전히 부정적인 생각이나 감정이 일었고 부정적인 일에 에너지를 쓰는 탓에 내가 과거와 달리 활기가 줄어들고 삶에 적극적으로 참여하지 않고 있음을 깨달았다.

빌은 나를 떠났지만 매일 아침 나는 병원에 갈 때마다 빌을 생각했다. 저녁 무렵 사구아로선인장의 실루엣 뒤로 주황빛과 분홍빛 석양이 사막에 펼쳐지는 광경을 바라볼 때도 빌을 생각했다. 빌이 더는 내가 알던 빌이 아니라는 사실이 슬펐다. 나는 세상을 원망하지 않기로 했고 이혼이라는 비극 속에서도 가르침을 구하며 기뻐하기로 마음먹었지만 마음의 상처만은 떠나보내지 못했다. 이혼 생각에 내 에너지가 고갈되고 있었다. 아무리 생기를 채워도 밑 빠진 독에 물 붓기 같았다. 우리 결혼생활을 떠올릴 때 우리가 어떻게 이혼하게 되었고 이 일로 내가 어떤 상처를 입었는지밖에 기억나지 않을 것을 생각하니 처량하고 슬펐다.

이렇게 지내던 나는 이혼과 관련해 새로운 깨달음을 얻었다. 일흔아홉 번째 생일날 저녁에 나는 꿈을 꾸었다.

꿈에서 나는 빌과 함께 아이들을 키우던 집의 커다란 떡갈나무 탁자 앞에 앉아 있었다. 빌도 아이들도 있었고, 어머니도 있었다. 어머니가 내게 다가와 볼에 입을 맞추며 말씀했다.

"이제 빌에게 그만 가보라고 하렴."

나는 빌을 향해 말했다.

"이제 그만 돌아가는 게 좋겠어요."

빌은 일어서서 내게 작별 인사를 하고 문 쪽으로 걸어갔다. 그제야 빌의 손에 은색 밧줄이 100개나 들려 있는 것이 눈에 들어왔다. 그 은색 밧줄은 내 몸을 칭칭 동여매고 있었다. 나는 밧줄에 이끌려 자리에서 일어났고 내 의지와 상관없이 빌을 따라가고 있었다. 아무리 몸부림쳐도 벗어날 수가 없었다.

그때 온 식구가 모두 자리에서 일어났는데 손에는 가위를 하나씩 들고 있었다.

식구들은 내가 밧줄에서 풀려날 때까지 저마다 가위로 은색 밧줄을 잘랐다. 빌은 자신의 손에 밧줄이 들려 있는 줄도 모르는 듯 밧줄에 전혀 신경 쓰지 않았고, 문밖으로 나가 차도로 내려갔다. 빌은 차에 올라타더니 그대로 차를 몰고 떠났다.

잠에서 깨어났을 때 나는 그 밧줄이 부정적인 에너지를 상징한다는 사실을 깨달았다. 밧줄은 우리 사이를 단단히 묶어주는 '유대감'을 상징하지 않았다.

그 후 몇 년간 나는 순수한 사랑으로 결혼했던 빌에게 사랑의 마음을 보냈다. 이혼 후에도 지난날 사랑했던 빌에게 사랑의 마음을 보내고 싶은 마음이 있었지만 그러지 못했다. 그러나 이제는 그 마음을 전할 수 있게 되었다. 지난 결혼생활의 추억, 우리가 함께 보낸 좋은 시간, 아이들과 나누었던 재미난 이야기, 함께 일하며 거둔 성과와 놀라움을 떠올리며 내가 알던 과거의 빌에게 사랑하는 마음을 전했다.

이와 동시에 나를 떠나버린 빌에게는 더는 생명력을 낭비하지 않았다. 그 빌은 내가 알지 못하는 사람이었기 때문이다. 나는 내게 유익한 일에 에너지를 쓰고 그러지 않은 일에는 에너지를 쓰지 않았다. 빌에게 에너지를 쓸 때는 내가 어떤 에너지를 쓰는지 항상 의식했다. 내 생명력을 고갈시키는 부정적인 에너지가 아니라 내 생명력을 키우는 긍정적인 에너지만 썼다.

오늘날 빌 맥게리를 떠올릴 때 가장 기억에 남는 것은 내가 보낸 사랑의 마음이다.

당신이 에너지를 소비하는 방식에 이처럼 차이가 있음을 알아차렸다면 나처럼 긍정적인 에너지를 쓰는 것이 좋다. 어떤 활동에서 마음에 들지 않은 요소가 있지만 대체로 마음에 들기 때문에 그 활동을 중단하고 싶지 않다면 불만스러운 요소에 부정적인 에너지를 쏟지 않도록 시도해보라. 한 사람의 어떤 면이 마음에 들지 않더라도 그 사람이 당신의 삶에 계속 남아 있기 바란다면 그 사람과 관계 맺는 방식을, 그 사람을 대하는 행동뿐 아니라 감정과 생각까지 바꾸어보라. 그 사람에게서 당신이 '좋아할' 만한 점을 찾아보자. 최선을 다해 마음에 드는 점을 찾아서 거기에 에너지를 쏟자. 당신이 좋아하는 요소에 생명력을 투자하자.

자신이 좋아하는 것에 생명력을 투자하는 방법은 여러 가지다. 한 친한 친구는 운 좋게 마당이 넓은 집에서 오래 살다가 작은 아파트로 이사했다. 처음에는 아파트에서 지내는 것이 괴로웠다. 친구는 정원을 가꾸던 시절이 그리웠다. 창밖으로 바라보던 이웃집 마당이 그리웠고, 벽돌과 콘크리트로 뒤덮인 새로운 풍경이 싫었다. 그래서 실내에서 기를 화초를 하나 샀다.

나이 들수록 행복해지는 인생의 태도에 관하여

이어서 또 하나를 샀고, 그렇게 화초 수가 계속 늘어났다. 발코니에 작은 화단을 만들고 방울토마토도 심었다. 친구는 이 작은 실내 정원에 자신의 에너지를 전부 쏟았다. 실내를 초록색으로 가득 채우고 나자 이전 집과 마찬가지로 아파트에 애정이 생겼다.

내 환자 중에 에릭은 코로나 팬데믹 이후 자신의 근무 방식을 재고하게 되었다. 에릭은 재택근무가 마음에 들었고 사무실로 돌아가고 싶지 않았다. 하지만 상사의 생각은 달랐다. 재택근무 조치가 해제되자 에릭은 다시 아침 9시부터 오후 5시까지 사무실에서 근무해야 했다. 경제적인 이유로 직장을 그만둘 수는 없었기에 에릭은 재택근무에서 가장 좋았던 점이 무엇인지 생각했다. 이웃과 소소한 일상을 나누며 유대를 형성하는 것이 좋았고, 반려견과 더 많은 시간을 보내는 것이 즐거웠다. 반면에 사무실에서 진행하는 아침 회의는 지루하고 의미가 없다고 생각했다.

에릭은 이 사실을 상사에게 설명했고, 두 사람은 점심시간에 타 부서 직원들과 업무 외적으로 교류할 수 있는 작은 행사를 마련했다. 이렇게 친목을 도모한 덕분에 사람들은 사무실에서 마주치면 서로 알은체했고, 아침 회의 시간에도 활발하게 의견을 주고받았다. 에릭은 변화를 느꼈다. 동료들과 소통하는

데 에너지를 쏟으니 회의가 지루하지 않고 회의가 끝나기만을 기다리는 대신 오히려 기대되기 시작했다. 가장 좋았던 점은 상사가 에릭의 반려견을 일주일에 두 번 정도 함께 출근하도록 허락했다는 것이다. 동료 직원들도 모두 반려견을 반겨주었고 즐거워했다.

이 사례에서도 드러나듯 우리가 행복해지려면 외적인 것보다 내적인 것을 바꾸어야 할 때가 많다. 대개 내적인 관심의 변화가 우리를 자유롭게 한다.

Chapter 35

‡

삶과 싸우지 말고 긍정적인 면에 집중하라

자신이 부정적인 대상에 주의를 기울이고 있음을 알아차렸다면 이제 선택해야 한다. 그 대상이 되는 활동이나 사람, 생각 또는 장소로부터 주의를 돌릴 것인가? 아니면 계속 주의를 기울일 것인가? 만약 그 대상에 주의를 계속 기울이기로 결정했다면 그다음 할 일은 그 대상에서 긍정적인 면을 찾아 거기에 집중하는 것이다. 자신에게 '중요한 것'에 주의를 기울여야 한다. 부정적인 생각을 하며 주어진 삶과 싸우지 말고 긍정적인 에너지를 쏟는 것이 좋다.

배리는 나와 만나기 오래전에 이미 만성피로증후군 진단

을 받았다. 나를 만날 당시 배리는 70대였고 새 손주를 본 지 얼마 되지 않았다. 만성피로는 엡스타인바 바이러스 같은 잠복성 바이러스나 라임병을 유발하는 진드기 매개 박테리아로 인해 발생하는 경우가 많다. 하지만 이 바이러스와 박테리아가 체내에 있더라도 장기적으로 고통을 '겪지 않는' 사람이 많다. 이들은 고통을 겪는 환자들과는 에너지를 다르게 사용했다. 그래서 나는 이 병을 치료할 때 병원체뿐 아니라 환자가 에너지를 어디에 쓰고 있는지도 살핀다.

내 진료실을 찾은 배리는 의자에 몸을 깊숙이 기대어 앉았다. 배리는 머리카락이 대부분 희고 과거에 비해 피부가 탄력을 잃었지만 외모보다 행동에서 여느 70대 노인보다 훨씬 더 늙어 보였다.

배리는 자신의 증상을 설명했다. 아무리 잠을 자도 기운이 돌아오지 않았다. 배리는 오전에 거실 안락의자에 가만히 앉아 뉴스를 시청하는 일이 많아졌다. 그사이 아내는 혼자서 정원을 가꾸거나 친구들을 만나 브리지 카드 게임을 즐기는데 과거에는 부부가 함께했던 활동들이다.

"아내는 30년 전보다 동작이 조금 느려지긴 했지만 여전히 활동적이에요. 그러니까 나보다 훨씬 활동적이라는 말입니다. 아내는 아침에 일어나면 곧장 몸을 움직여요. 이런저런 일

을 처리하고, 친구들에게 전화해 이야기를 나눠요. 나는 생각
하죠. '이게 그건가? 나이 들어 찾아온다는 제2의 황금기?' 나
만 그냥 늙어버린 걸까요?"

이렇게 묻는 배리의 눈동자가 흔들렸다. 나이가 스무 살이
나 더 많은 내게 이런 질문을 했다는 사실을 문득 깨달았기 때
문이었다.

나는 배리가 진료실에 걸어들어오는 모습을 눈여겨보았
다. 발을 살짝 끌고 어깨가 구부정한 모습이 눈에 띄었다. 뭔가
문제가 있는 것이 분명했다. 배리는 생기를 잃어버린 것 같았
다. 카드 게임에만 참여하지 않은 것이 아니었다. 주변에서 벌
어지는 많은 일에 참여하지 않았다.

"그럼 평소 어디에 에너지를 쓰나요?"

내가 물었다. 배리는 얼굴을 살짝 찡그리며 코웃음을 치곤
건조한 어조로 말했다.

"무슨 에너지요?"

그러더니 다시 미소를 지으면서 되물었다.

"에너지를 '쓴다'는 게 정확히 무슨 말이죠? 선생님도 나
더러 휴식을 취해야 한다고 말씀했잖아요."

"맞아요. 하지만 '쉬지 않을 때'는 어떤 일을 하나요? 요
즘 시간을 보내는 방식이 마음에 드나요? 당신이 에너지를 쏟

는 일에서 활력을 얻나요?"

"그런 식으로는 생각해본 적 없어요. 난 에너지를 아끼고 보존해야 한다고 생각했어요."

배리는 무릎에 올린 두 손을 비비며 대답했다. 배리는 긴장한 듯 불편해 보였다.

나는 환자를 만나면 늘 그렇듯이 배리에게도 어린 시절을 어떻게 보냈는지 묻기 시작했다. 배리가 어떤 관점에서 삶을 바라보는지 이해하고 싶었다. 배리는 왜 에너지가 부족할까봐 염려했을까?

배리는 어머니가 위험한 일을 몹시 싫어했다고 말했다. 어머니가 불안감이 커서 그랬음을 지금에야 이해하고 어머니를 탓하지 않지만 배리의 유년기는 밖에서 놀 때 항상 장갑을 착용해야만 했던 내 아들 칼의 친구 해리의 유년기와 다르지 않았다. 배리의 어머니는 놀이기구에 너무 높이 올라가지 말라고 배리에게 소리치곤 했다. 배리 혼자 집 밖에 나가 노는 것을 허락하지 않았고, 심지어 앞마당에 나가는 것조차 꺼려할 만큼 불안해했다. 특히 차가 다니지 않는 집 근처 막다른 골목에서 자전거를 타는 것도 허락하지 않았던 일을 배리는 생생하게 기억했다. 이 일이 있은 후 얼마 지나지 않아 배리는 자전거 타기를 그만두었다. 다른 아이들이 자전거를 타고 마을을 돌아다닐 때 배리는 거의 집에만 머물렀다.

"혼자 있는 게 좋았던 것 같아요."

배리는 웃으며 말했다. 하지만 곧 진지한 표정으로 이렇게 말했다.

"사실은 혼자 지내면서 애들한테 뒤처지는 것 같아 싫었답니다. 돌이켜보면 난 집 밖에 나가 모험을 하고 싶었어요."

10대가 되어서는 아이들과 훨씬 많은 시간을 보내기 시작했다. 배리는 친구들과 시간을 보내게 된 것이 좋았다. 하지만 자신이 원하는 활동을 하는 것이 아니라 친구가 하는 활동에 그저 따라다니고 있는 자신을 발견했다. 한 친구가 농구팀에 들어가면 배리도 농구팀에 들어갔다. 또 한 친구가 어떤 대학에 입학하자 배리도 같은 대학에 입학했다.

"내가 정말로 좋아하는 게 뭔지 모르겠어요. 글래디스 선생님. 친구들이 뭘 좋아하는지도 알고, 내가 뭘 좋아하기를 사람들이 바라는지도 알아요. 하지만 '내가' 정말로 좋아하는 게 뭔지는 모르겠어요. 난 사람들을 실망시키고 싶지 않아요. 특히 아내를 실망시키고 싶지 않아요."

그날 배리는 설령 아내를 실망시키더라도 자신이 정말로 좋아하는 일이 무엇인지 나와 함께 알아내기로 결심했다.

나는 먼저 배리가 에너지를 아끼는 방법이 아니라 에너지를 쓰는 방법을 생각하도록 권했다. 배리는 뉴스 시청이 자신에게 도움이 되지 않는다는 사실을 깨닫고 의자에 앉아 있는 시간을 활용해 자신의 삶을 소재로 이야기를 쓰기 시작했다. 기억나는 모든 이야기를 쓰고 나자 배리는 만약 자신이 탐험을 했더라면 갔을 만한 장소와 그곳에서 무엇을 했을지 상상하면서 새로운 이야기를 만들어내기 시작했다. 배리는 성인이 된 자녀와 어린 손주들에게 이 이야기를 큰 소리로 낭독하는 것을 즐기게 되었다.

은퇴하고 나서는 일정이 허락하는 대로 몇 달 동안 휴가를 내어 혼자 숲속 오두막으로 떠나거나 해변으로 휴가를 떠났다. 배리는 한 번도 가보지 못한 곳으로 국내 여행을 떠나기도 하고 해외여행도 떠났다. 아내가 혼자서 정원을 관리하기가 벅차다고 판단한 배리는 자신이 여행하는 동안 아내가 관리할 수 있을 정도의 정원이 딸린 작은 집으로 이사 가기로 했다.

1년쯤 지나 다시 나를 찾은 배리는 과거와 견주어볼 때 에너지가 넘친다고 말했다. 혼자 여행하는 동안 60여 년 만에 처음으로 다시 자전거를 타기 시작했다. 글을 쓰고 다듬는 일을 즐겼다. 물론 마흔 살 때보다 더 많이 휴식을 취하는 면도 있지만 어쨌든 몸이 훨씬 덜 피로했다. 삶이 만족스러워졌고 남은 인생을 알차게 보내려고 대비하는 일에 여가를 활용했다.

나이 들수록 행복해지는 인생의 태도에 관하여

게다가 아내 역시 훨씬 행복해한다고 했다. 배리가 거실 안락의자에 앉아서 꼼짝 않고 시간을 보내던 시절에는 아내가 집안의 공동 책임을 대부분 혼자 떠안게 되면서 아내 역시 일상에 지루함을 느꼈다. 이제 아내는 작은 집에 이사 와서 자그마한 정원을 관리하게 된 것에 만족했다. 정원에서 혼자만의 시간을 즐겼다. 무엇보다 남편을 걱정하지 않아도 될 만큼 남편이 여러 활동에 에너지를 쓰며 행복하게 사는 것을 보고 안도했다. 배리는 결혼생활이 새로운 황금기를 맞은 것 같다고 느꼈고, 자녀들도 부모가 훨씬 활기차게 지내는 모습을 반기는 것 같다고 설명했다.

70대에 접어든 배리는 자신에게 기쁨과 삶의 의미를 가져다주는 일에 에너지를 쓰기 시작했고, 그러자 에너지가 돌아온다는 사실을 깨달았다. 배리는 인생이 즐거워지고 몸이 더 좋아졌다. 그래도 카드 게임은 다시 하지 않았다. 브리지 카드 게임은 재미가 없어졌기 때문이다. 아내는 여동생을 초대해 브리지 카드 게임을 했고, 배리는 두 사람이 카드 게임을 하는 동안 햇살을 받으며 자전거를 타고 동네를 한 바퀴 돌았다.

살면서 하는 일에 의욕을 느끼지 못해 힘들다면 배리의 사례처럼 그 일이 정말로 자신이 하고 싶어서 하는 일인지 자문해보는 것이 좋다.

"그 일을 하면 즐거운가? 그 일을 할수록 에너지가 새롭게 생기는가? 아니면 에너지가 없어지는가? 그 일을 할 때 사랑하는 마음이 커지는가? 생기가 솟는가? 주변 사람과 활발하게 교류하는가? 살아 있다는 느낌을 받는가?"

이 질문에 쉽게 대답하지 못한다면 내가 앞서 언급한 나머지 5가지 비밀에 따라 문제점을 짚어보자. 5가지 비밀에 따라 어떤 일을 할 때 생명력을 느끼는지 파악해보자. 그런 다음 다시 질문으로 돌아가서 답변에 어떤 변화가 생겼는지 살펴보자.

이 작업을 완료했다면 이제 선택할 차례다.

"어떤 일이 하고 싶은가? 그 일을 어떻게 시작할 것인가? 지금이라도 닮고 싶은 인물이 있는가? 탐험하고 싶은 곳이 있는가? 배우고 싶은 지식이나 도전하고 싶은 미해결 문제가 있는가?"

반복되는 일상의 루틴에 약간의 변화를 주는 것도 좋다. 자기에게 도움이 되는 삶의 주기를 찾아 거기에 따르자. 일상에 작은 변화를 주어 활력을 얻고 나면 자신의 선택이 새로운 에너지를 얻는 원천임을 깨닫게 된다. 자신이 하는 활동과 자신이 맺는 관계가 자신이 지닌 생명력을 늘리는 데 일조한다는 사실을 깨닫는다.

혹시 위험한 일은 피해야 한다거나 에너지를 아껴야만 한

나이 들수록 행복해지는 인생의 태도에 관하여

다는 잘못된 믿음을 지니고 있지는 않은가? 이런 믿음이 자신에게 도움이 되는가? 잘못된 믿음을 교정하는 데 관점의 전환이 어떻게 도움이 되는가?

생기를 느끼게 해주는 일을 할 때 우리를 둘러싼 자연의 흐름에 합류하게 된다. 태양은 아침마다 떠오르며 자신의 에너지가 고갈될 것을 걱정하지 않는다. 태양은 자신이 에너지의 근원임을 알고, 그 에너지가 결코 고갈되지 않으리라는 사실을 안다. 생명이 있는 한 에너지는 존재한다. 우리가 할 일은 그 에너지를 중요한 일에 투자하는 것이다.

긍정적인 면에 집중하기 연습

· I ·

당신이 지금까지 에너지를 쏟았던 활동이나 사람, 장소를 떠올린다. 무엇 때문에 에너지가 고갈되었는가? 어디에 에너지를 투자할 때 에너지를 돌려받았는가?

· 2 ·

이번에는 생각만 하지 말고 '느낌'에 집중한다. 방금 떠올린 활동이나 사람, 장소를 다시 떠올리되 단지 생각만 하는 것이 아니라 몸으로 느껴본다. 에너지가 흘러넘치는가. 아니면 줄어드는가? 생명력이 증가하는가. 아니면 감소하는가? 이 질문에 대답하기 쉽지 않겠지만 앞에서 소개한 연습들을 실천하고 나면 충분히 답할 수 있을 것이다. 내면의 자아가 이 질문에 어떻게 대답하는지 귀 기울여보라.

· 3 ·

2단계에서 느낀 점을 바탕으로 자신에게 더 많은 에너지를 돌려주는 활동이나 사람 또는 장소를 의식적으로 하나 고른다. 생기를 얻게 해주는 대상을 어떻게 하면 삶에서 더 늘려갈 수 있을까? 그런 활동에 시간을 더 많이 할애하고, 그런 사람에게 더 자주 연락하고, 그런 장소에서 더 많은 시간을 보낼 방법은 무엇인가? 우선 간단한 것부터 변화를 일으키며 그 방향으로 나아간다.

· 4 ·

2단계로 다시 돌아가 에너지를 고갈시키는 사람이나 장소, 활동을 떠올린다. 배리가 그만둔 브리지 게임처럼 더는 에너지를 쓰지 않아도 될 것 같은 대상을 하나 떠올린다. 시도하기 쉬운 것부터 고르자. 내면의 목소리가 길을 안내할 것이다. 이렇게 고른 대상을 삶에서 제거하려면 어떻게 해야 할까? 자신에게 도움이 되지 않는 대상을 감사하는 마음과 사랑하는 마음으로 놓아버릴 수 있을까?

· 5 ·

에너지를 고갈시킬 뿐 도움이 되지 않는다는 사실을 알지만 그냥 놓아버릴 수 없는 대상 또는 놓아버리고 싶지 않은 대상이 있는가? 그 대상에 생명력을 소비하는 방식을 어떻게 바꿀 수 있을지 생각해보자. 문제가 되는 사람을 생각하는 관점을 바꿀 수 있는가? 문제가 되는 장소에서 시간을 보내는 방식을 조정할 수 있는가? 또는 문제가 되는 활동에 쏟는 부정적 에너지를 긍정적 에너지로 바꿀 수 있는가?

앞서 언급한 문제를 생각해보았거나 생각한 바를 메모지에 적었다면 이제 두 팔을 활짝 벌리고 생명력을 끌어안는다고 상상해보자. 마음에서 흘러나와 손끝으로 흘러가는 삶의 무한한 에너지를 느껴보라. 인생이 가져다주는 기쁨과 슬픔, 역경과 배움, 성공과 실패를 모두 받아들이자. 인생이라는 소중한 선물을 받았다는 사실 자체에 기뻐하자. 아침에 일어났을 때, 또는 잠자리에 들기 전에 이 훈련을 실천하며 당신의 삶에 흐르는 야성적인 생명력을 모두 받아들이자.

나가며

†

인생에
너무 늙은 나이는 없다

1960년 초 어느 날 저녁, 빌과 나는 '남편 참여 분만'을 다루는 강연에 참석했다. 당시 의료계에서 이 아이디어는 거의 혁명적이었다. 분만 과정의 주도권을 병원이 아니라 임산부와 그 여성의 파트너, 그리고 그 여성이 선택한 조산사에게 돌려주는 최신 분만법에 찬성하는 의사들 그리고 조산사들과 함께할 수 있어서 나는 설레었다. 당시 나는 여섯째 아이를 임신한 지 38주 정도 되었다. 나는 다섯째 아이를 가정 분만으로 무사히 출산한 경험이 있었기에 당시 배 속에 있는 아이도 그렇게 낳을 계획이었다.

나는 배 속 아기를 사랑스럽게 내려다보았다. 그러다가 뭔가 잘못되었음을 깨달았다.

나는 본능적으로 손으로 배를 감쌌고 배 속 아기 때문에 배가 부풀어 오른 것을 느꼈다. 수백 번 넘게 출산을 도우며 단련된 내 손은 내 의심이 맞았음을 확인시켜주었다. 조만간 세상에 나올 아기는 머리가 아니라 엉덩이가 자궁 입구로 향해 있었다. 아기의 조그만 머리가 내 흉곽 주위에서 느껴졌다. 머리가 아래쪽으로 향해야 하는데 정반대 자세였다.

전에도 배 속의 태아 위치를 교정한 적은 많았지만 이렇게 출산이 임박한 시기에, 더구나 내 아이의 위치를 교정해본 일은 없었다. 물론 둔위臀位 태아라도 건강하게 태어난다. 하지만 둔위 상태에서는 분만이 까다로워질 수밖에 없었다. 나는 태아의 위치를 빨리 돌려놓고 싶었다. 강사가 이야기하는 동안 나는 이 문제가 심각한 수준으로 커지지 않도록 상황을 신속하게 해결하려고 노력했다. 나는 아기가 세상에 나오기 전에 늘 하던 대로 행동했다. 즉 아기에게 말을 걸었다.

"아가야, 엄마 말 좀 들어보렴."

나는 배 속 아기에게 속으로 말했다. 한 손은 아기의 머리, 다른 한 손은 엉덩이가 위치한 곳에 살포시 얹었다.

"아가야, 넌 얼마 안 있으면 세상에 나와야 해. 너도 힘들

나이 들수록 행복해지는 인생의 태도에 관하여

고 나도 힘들겠지만 우린 해낼 수 있단다. 분명 멋진 경험이 될 거야. 그러려면 네가 자세를 바꿔야 해. 진통이 오면 네 머리가 아래쪽에 있어야 하거든. 엄마는 네가 생명을 향해 방향을 바꾸기를 원해."

아울러 나 자신을 다독였다. 의사가 아니라 엄마인 글래디스는 이 상황을 걱정하고 있었다. 하지만 의사인 글래디스는 상황을 잘 알고 있었기에 이렇게 말했다.

"걱정하지 마. 두려워할 건 아무것도 없어. 어차피 벌어진 일은 벌어진 일이야. 지금 문제가 발생했다면 지금이 손을 써야 할 때야."

두려움에 사로잡힌 사람은 너무 늦었다고 생각하기 마련이다. 노력이 부족하고, 자질이 부족하고, 경험이 부족하다고 생각한다. 배움이 부족하고, 벌어놓은 돈이 부족하다고 생각한다. 두려움에 사로잡힌 사람은 남들은 저만치 앞에 있는데 자신은 뒤처져 있다고 생각하거나 시간이 부족하다고 생각한다.

하지만 사랑에는 언제나 적절한 때가 있다. 인생에도 언제나 적절한 때가 있다. 우리는 이 적절한 때를 존중해야 한다.

우리는 인생에서 가장 중요한 순간에 시간의 힘을 목격한다. 우리는 아기가 태어날 때 이 힘을 목격한다. 또 사랑하는 이를 여의고 애통해할 때도 이 힘을 목격한다. 심신을 치유할 때도 이 힘을 목격한다.

내가 이 책에서 소개한 삶의 가르침을 당신의 삶에도 적용하기를 바란다. 내가 소개한 6가지 비밀 중에 각자 더 공감하는 비밀이 있을 것이다. 삶을 헤쳐나가면서 각 비밀을 실천할 때 어떻게 당신의 관점이 변화하는지 지켜보길 바란다. 어쩌면 두려움이 머리를 쳐들며 자신을 의심할지도 모른다.

"이것을 실천하기에는 너무 늦은 게 아닐까?"

"나는 이미 때를 놓쳐버린 게 아닐까?"

이 나이가 되고 보니 누군가 이런 말을 할 때마다 웃음이 난다.

"내가 너무 늙었나요?"

인생을 돌아볼 만큼 오랜 세월을 살수록 이런 질문이 우습게 다가온다.

1년 전 장난기 많고 발랄한 증손녀 매기 메이Maggie Mae가 다섯 살이 되었다. 이 아이는 집 안을 리본과 풍선으로 치장하고 자신을 공주님처럼 대우하는 생일 파티를 원했다. 매기는 자신의 생일을 축하하려고 식구들에게 특별한 임무와 역할을 부과했다. 아빠에게는 집 청소를 맡겼고, 두 살배기 남동생은 어린이집에 가지 않고 집에 머물도록 했다. 할머니는 갓 태어난 동생을 돌보도록 했고, 엄마는 케이크를 만들고 꾸미도록 했다. 생일 선물을 개봉하고, 아름답게 장식한 케이크를 먹어 치우고, 자신의 지휘 아래 행복한 하루가 끝나갈 무렵 매기의 눈빛이 점점 어두워졌다. 식구들은 매기에게 무슨 문제가 있는 지 물었다. 그러자 매기가 대답했다.

"이제 전 다섯 살이에요. 네 살로 살던 시절은 끝났어요. 이제 철이 들어야죠."

매기는 어른이 되는 일을 매우 진지하게 받아들였다. 이 튼날 아침 식탁에서 아빠가 토스트에 바를 잼을 건네자 매기는 이렇게 말했다.

"아빠의 자상함에 진심으로 감사드려요."

매기에게 이런 표현을 가르쳐주거나 이렇게 말하라고 시 킨 사람은 아무도 없었다. 다섯 살이 되었으니 그 나이답게 행 동하려고 스스로 마음먹은 것이었다.

인생을 사는 일 또는 나이 들어가는 과정을 이런 식으로 바라보는 사람이 많다. 한 해가 지나는 것을 좋은 시절이 끝났 다는 선언으로 받아들이고 이제 어른답게 진지해져야 할 때라 고 여기는 것 같다. 특정한 나이나 단계에 이르면 성장이 멈추 거나 치료가 불가능하거나 행동과 생각을 더는 바꿀 수 없다고 여기는 이들도 많다. 청춘을 떠올릴 때면 재미있게도 청춘이 항상 우리에게서 도망치는 것처럼 보인다. 꼬맹이 매기조차 자신이 너무 나이 들었다고 생각했다!

하지만 우리의 성장은 멈추지 않는다. 병을 고치는 일은 언제나 가능하다. 변화를 도모하기에 적절치 않은 나이는 없다.

너무 늙어버린 것 같다고 걱정하는 환자들을 만날 때면 나는 한마디로 그 걱정을 털어버린다.

"너무 늙어서 못 할 것은 아무것도 없어요."

나 역시 내 나이가 되어서야 이 사실을 깨달았고, 내가 환자들보다 나이가 많으니 이런 말을 할 자격이 있다.

'나이 듦'을 바라보는 인간의 시선은 다소 혼란스럽다. 우리는 모두 언젠가 죽는다는 사실을 알고 있기에 하루하루가 그 끝을 향해 한 방향으로 나아가는 과정으로 생각한다. 하지만 시간이 지나면 뭔가를 시도하기에 '너무 늙었어'라는 생각이 얼마나 터무니없는지 깨닫기 시작한다. 다섯 살이 되었으니 어른이 되어야 한다고 말한 매기의 진지한 선언에 우리가 웃음을 터트리는 이유다.

나이가 들었다고 처음으로 인식한 때가 언제인지 기억하는가? 대다수는 꽤 오래전 일로 기억할 것이다. '악기를 처음 배우기에는 너무 늙었어. 다시 학교에 다니기에는 너무 늙었어. 이제 와 직업을 바꾸기에는 너무 늙었어. 관계를 되돌리기에는 너무 늙었어'라고 생각했던 순간을 기억하는가?

지금에 와서 돌이켜보면 그때 우리는 과연 '너무 늙었을까?'

만약 그때 우리가 너무 늙은 것이 아니었다고 생각한다면 지금은 '너무 늙었어'라고 어떻게 확신할 수 있는가?

그동안 수많은 임산부를 상담하고 분만 과정을 함께했는데 이들 중 상당수가 너무 늙어서 아이를 낳을 수 없다는 말을 들었다고 했다. 그중에는 의대 동기도 있었다. 이 친구는 다섯 번의 유산 끝에 40대 후반에 다시 임신해 우량한 남자아이를 출산했다. 나는 이런 사례를 너무 많이 보았기에 더는 기적이라고 생각하지 않는다. 실제로 우리 집안에는 고모할머니 한 분이 예순 살에, 다른 한 분은 예순두 살에 출산했다는 가족사가 전해온다! 나는 이것이 세상의 신비 중 하나라고 생각한다.

모든 여성이 특정한 나이를 넘어서도 아기를 낳을 수 있다는 말이 아니다. 특정 연령대 이후에는 출산 가능성이 줄어들거나 사라진다. 아이를 낳는 일은 신비로운 일이다. 이런 일은 우리의 통제를 벗어난다. 이럴 때는 그저 감사하는 마음과 희망을 품고 어떤 결과가 나올지 지켜봐야 한다.

신비한 일이 벌어지는 이유 중 하나는 우리가 세상의 비밀을 전부 알고 있는 것이 아니기 때문이다. 우리가 이해할 수 없고 설명하지 못하는 일이 세상에는 존재한다. 나는 나이가 들수록 세상에서 벌어지는 일에 경외감을 품는 것이 얼마나 중요한지 깨닫는다. 경외하는 마음이 나를 젊게 만든다. 앞으로 자기 앞에 어떤 일이 펼쳐질지 모른다는 마음이 우리 영혼을 이롭게 한다.

'너무 늙어서 할 수 없어'라는 생각을 뒤집어보면 어떨까? 하고 싶은 일을 하기에는 너무 많은 세월을 '낭비했다'고 생각할 것이 아니라 사실은 그 일을 할 수 있도록 그만큼 오래 준비한 시간이었다고 생각하면 어떨까?

나는 줄곧 신에게 내 계획을 말했는데 신이 도무지 들어주지를 않는다고 농담하곤 한다. 나는 세상의 때를 이해하는데 세상은 나의 때를 이해하지 못한다고 투정 부린다는 말이다.

내가 계획한 시간과 세상의 시간은 다르게 작동한다.

잔뜩 부은 발목이나 태산만큼 부풀어 오른 배를 가리키며 내게 간청하는 임산부를 여러 번 만났다.

"아기가 빨리 좀 나오면 좋겠어요. 당장요!"

이때 내 답변은 간단하다.

"때가 되면 아기가 알아서 나올 거예요. 내가 장담하죠."

아기가 준비되기 전에 아기를 꺼내야만 할 때도 있지만 그 선택은 일반적으로 아기에게는 최선이 아니다. 배 속에서 무슨 일이 일어나는지는 정확히 모르지만 아마 중요한 일이 일어나

나이 들수록 행복해지는 인생의 태도에 관하여

고 있을 것이다.

요즘 사람들은 눈앞에 드러나는 결과에 지나치게 주의를 집중한다. 우리는 뭔가가 실현되는 순간에 가장 관심이 많다. 책을 출간하는 순간, 집을 사는 순간, 상을 받는 순간에 가장 큰 관심을 보인다.

하지만 결과물은 일어나는 일의 한 측면에 불과하다. 깊고 에너지 넘치는 세상의 이면에서는 우리가 결과로 드러낼 온갖 것이 잉태해 자라고 있다. 작가는 한 권의 책을 세상에 내놓기 전에 다양한 경험을 축적한다. 주택을 구매하기까지 우리는 오랫동안 돈을 저축한다. 영예로운 상을 받기까지 우리는 배우고 누군가에게 영감을 주는 일을 실천한다.

최종 결과물을 생산하기까지의 이 모든 과정을 나는 "여성적 잉태femifesting"('여성의'를 뜻하는 feminine과 '나타냄'을 뜻하는 manifesting을 결합해 저자가 만든 말—옮긴이)라고 부른다. 여성적 잉태란 자궁 속에서 벌어지는 일을 가리키기도 하고, 살아가는 동안 우리의 생명력에서 벌어지는 일을 가리키기도 한다. 우리는 많은 것을 배우고, 준비하고, 쌓아나간다. 삶을 긍정하고 앞으로 나아가는 일에서 중요한 부분은 설령 무슨 일이 벌어지고 있는지 알지 못하더라도 이 모든 과정이 여성적 잉태임을 받아들이는 자세다.

우리 자신은 준비를 마쳤을지라도 때로는 어떤 사람 또는 어떤 대상 또는 이 세상이 아직 여성적 잉태 상태에서 우리가 제공하려는 것을 받아들일 준비를 하고 있을지도 모른다.

벨 고모가 인도를 완전히 떠나 미국에 정착했을 때의 일이다. 한 교회의 예배에 참석했다가 아내를 여읜 지 얼마 되지 않은 에드라는 목사를 만났다. 벨 고모는 결혼 적령기를 한참 지났고 남성에게 관심도 없었다. 그래서 나는 벨 고모가 결혼 생각이 없다고만 여겼다. 하지만 벨 고모는 에드와 사랑에 빠졌고 한 달 후 두 사람은 행복한 결혼식을 올렸다. 벨과 에드는 함께 새로운 인생을 시작했다.

두 사람이 더 일찍 만났더라면 에드는 유부남이었을 것이다. 벨 고모가 더 젊었더라면 고모는 뉴욕시 변두리에 정착하는 데 관심이 없었을지 모른다. 두 사람이 마침내 서로 만나기 전까지 두 사람은 각자 자신들의 일로 매우 바빴다. 그러니까 두 사람의 만남은 이례적이기는 하지만 시의적절했다.

열대 지방에서는 이런 일을 "코코넛 타임coconut time"이라고 한다. 코코넛 열매는 떨어질 준비가 되면 떨어진다. 언제 떨어질지 궁금해하며 에너지를 낭비할 수는 있지만 언제 떨어질지는 정확히 알 수 없다. 가끔은 코코넛이 도대체 왜 떨어지지 않나 싶을 정도로 늦게 떨어질 때도 있다. 어쨌든 그 시기를 아

나이 들수록 행복해지는 인생의 태도에 관하여

는 것은 우리 일도 아니고, 우리가 그 시기를 알려고 애쓴들 아무 이득도 없다. 삶은 앞으로 흐를 뿐이며, 삶과 함께 흘러갈지 아니면 멈춰 있을지 선택은 우리에게 달렸다.

내가 어릴 때 아버지는 만사에는 때가 있음을 보여주는 일화를 들려주곤 했다. 어느 날 아버지는 친한 친구인 해리 딘 아저씨와 악어 사냥을 나갔다. 두 분은 '식인 악어'를 잡아달라는 요청을 종종 받았다. 식인 악어는 늙어서 다른 동물을 사냥하기에는 속도가 느렸는데 인간을 한번 잡아먹고 나면 인간을 쉬운 먹잇감으로 인식하게 된다고 했다. 식인 악어는 여러 마을에 출현했고 때로는 여러 마리가 일가족을 공격한 적도 있었다. 해리 아저씨와 아버지는 용감하고 강인하며 사격 실력이 좋기로 유명했기에 악어 소식을 들으면 가능한 한 신속하게 제거하려고 함께 사냥을 떠나곤 했다.

두 분은 식인 악어를 찾아서 죽인 다음 사체를 최대한 활용하려고 배를 갈랐다. 악어의 배 속에서 제일 먼저 발견한 것은 보석 더미였다. 보석이 있다는 것은 식인 상어가 분명하다는 것이기에 두 분은 두려움과 안도감을 동시에 느꼈다. 그 식인 악어에게 당한 피해자 중 한 사람이 부유한 여성이었다고 한다. 악어 배 속을 뒤지면서 또 다른 것을 발견했는데 바로 거북이였다. 거북이는 악어 배 속에서 산성 물질에 노출된 탓에 온몸이 새하얗게 변해 있었다. 아버지와 해리 아저씨는 거북이를 보고 깜짝 놀랐다.

더 충격적인 일은 그다음에 벌어졌다. 거북이가 움직이기 시작한 것이다. 거북이는 껍질 밖으로 머리를 쭉 뻗은 후 네 발로 일어나 천천히 비틀거리며 걸어 나갔다.

아버지는 우리가 어렸을 때 이 이야기를 반복해서 들려주었다. 우리는 이 이야기를 좋아했고, 아버지는 모두 사실이라고 강조했다.

"거북이 관점에서 생각해봐! 거북이는 구조될 거라고는 꿈에도 몰랐을 거야! 그러니 상황이 암담하고 포기하고 싶을 때도 그 거북이를 떠올리면서 버텨보렴."

어렸을 때 우리는 버티는 법을 배웠다. 인생에서 가장 힘든 순간, 악어 배 속에 갇힌 듯 암담하게 느껴지는 순간에 그 거북이를 자주 떠올렸다. 또 내가 계획한 시간과 세상의 시간이 어째서 다른지 이해하지 못할 때도 그 거북이를 생각했다. 모든 일에는 각각의 때가 있고 그때를 아는 것은 우리 소관이 아니다.

치유에도 때가 있다. 환자들을 보면 치유를 가능케 하는 은밀한 요소가 바로 시간의 힘일 때가 많다.

때로 우리는 일이 신속히 진행되기를 바라지만 일은 정확

나이 들수록 행복해지는 인생의 태도에 관하여

히 순리대로 진행된다. 우리가 빨리빨리 결과를 보려고 집착하지 않는다면 기대보다 일이 더뎌도 여성적 잉태로 이해하고 받아들이기가 수월해진다.

여성적 잉태를 고려하면 우리에게는 이전에 몰랐던 새로운 가능성이 열린다. 만약 시간이 오래 걸릴수록 더 나은 결과를 얻는다면 어떨까? 이것은 무엇을 의미할까? 항상 젊어지려고 애쓰고 지나간 시간을 아쉬워하는 것이 아니라 노화 과정을 순순히 받아들이고 나이 들수록 우리 삶이 더 나아질 수 있다는 가능성을 열어둔다면 어떨까?

근본적으로 사고를 전환하는 것은 어떨까? 젊음에 집착하는 문화에서 사람들이 흔히 믿는 바와는 달리 몸이 늙어갈수록 우리는 더 '나은' 존재가 될 수 있다고 말이다. 실제로 우리는 이렇게 사고를 전환해야 한다!

이 관점에서 보면 나이 들수록 중요한 일은 이미 상실한 또는 떨어진 기능을 보완하는 일이 아니라 진정한 자아를 받아들이는 일이다. 해가 지날수록 우리는 삶의 목적에 더 가까워진다.

나이 들수록 진정한 자아를 받아들이는 일이 중요하다는 사실을 나는 아흔세 살에 내 목소리로 책을 쓰면서 다시 깨달았다.

한번은 꿈을 꾸었는데 어린 내가 일요일에 찬송가가 아닌 노래를 부르고 있었다. 우리 집에서는 그런 노래를 안 좋게 보았기 때문에 부모님에게 들켜서 혼이 날까봐 걱정했다. 그런데 예수님이 나타나 웃으시더니 내게 계속 노래를 부르라고 격려하셨다. 나는 깜짝 놀라 잠에서 깼다.

당시 나는 수십 년 동안 의사이자 전인의학 분야의 지도자로서 일하고 있었다. 나는 엄마이자 할머니였고 증조할머니이기도 했다. 나는 오랫동안 내 목소리를 내왔다. 환자를 진료하고, 학술 대회에서 의견을 발표하고, 아이들에게 자장가를 불러주었다. 하지만 내 목소리를 신뢰하는 법을 배우지 못했다. 내 직관을 신뢰하는 법도 배우지 못했다. 그때까지 이 지구에서 90년이 넘는 세월을 살았지만 나는 내가 전하는 메시지가 그만한 가치가 있는지, 그 메시지를 적절히 전달하는 능력이 내게 있는지 여전히 의심하고 있었다.

꿈에서 알려준 대로 내가 부르는 노래가 찬송가가 아니어도 기쁜 마음으로 하는 노래라면 '항상' 좋은 일이었다! 만약 내가 그 꿈을 꾸고 내 목소리를 신뢰하는 법을 깨닫지 못했다면 여전히 이 책을 완성하지 못했을 것이다. 내가 이 책을 세상에 내기까지 그만큼의 세월이 필요했다는 뜻이다.

아버지는 당신 인생의 마지막 몇 년이 어떻게 흘러갈지 짐

작도 못 했을 것이다. 처음에 어머니가 세상을 떠난 후 우리는 다들 아버지가 어떻게 지낼지 걱정했다. 두 분이 너무나 오랜 세월 동안 금실 좋은 부부로 살았기 때문이다. 두 분은 그저 부부로만 지낸 것이 아니었다. 두 분은 동료이자 친구이자 동지였다. 두 분은 평범치 않은 삶을 살아왔기 때문에 평범한 길을 선택한 사람들과 관계를 맺기가 훨씬 어려웠을 것이다. 나는 아버지가 외롭게 지내지 않기를 바랐다.

그런데 모두가 놀랄 일이 생겼다. 아버지는 우리가 마더 대니얼스Mother Daniels라 부르던 안사돈과 친구가 되었고, 곧 결혼할 거라고 발표했다. 우리는 모두 그 소식에 기뻐했다. 의대에 다니던 내 조카도 이 결혼식으로 재미난 일을 겪었다. 조카는 결혼식에 참석하려면 교수들에게 허락을 받아야 했기에 할아버지께서 결혼하신다고 말했다. 그러자 다들 이렇게 말했다.

"그래, 결혼하실 때가 되긴 했지?"

어머니는 생전에 아버지와 즐거운 일도 많았지만 힘든 일도 많았다. 두 분은 그야말로 사명에 충실한 삶을 살았다. 마더 대니얼스의 첫 번째 결혼생활도 부모님의 결혼생활과 비슷하게 안정되고 강하고 견고했다. 하지만 아버지와 마더 대니얼스는 재혼하면서 이전과 다르게 결혼생활을 보내기로 합의했다. 두 분은 힘든 일은 되도록 멀리하고 재미나게 사는 것을 목표로 세웠다. 두 분은 평생 제대로 놀아본 적이 없다고 느꼈다. 아버지가 세상을 떠나기 직전 2년 동안은 마더 대니얼스는 자수를 뜨며 지냈고 아버지는 체스를 두었다. 두 분은 즐겁게 시간을 보냈다.

마지막 순간이 임박했음을 깨달은 아버지는 어머니 곁에 묻히고 싶다고 말했고, 마더 대니얼스는 그 마음을 이해해주었다. 두 분은 애리조나주로 갔고 아버지는 곧장 병원에 입원해 지내다가 돌아가셨다. 마더 대니얼스는 아버지가 임종하는 순간 찬송가를 불러주었다. 아버지는 소리를 내지 못했지만 입 모양으로 찬송가를 따라 부르다가 눈을 감았다. 그날 집으로 돌아오는 길에 마더 대니얼스와 나는 천국에서는 모든 사람이 즐겁게 노래를 부를 것이라는 이야기를 나누었다. 우리 가족은 아버지를 어머니에게 놓아 보내준 마더 대니얼스의 따뜻한 배려에 감복했다. 어머니는 천국에서 반갑게 아버지를 맞아주었을 것이다.

어머니와 길고 행복한 결혼생활을 마친 후 마더 대니얼스와 보낸 몇 해는 아버지 인생에서 금상첨화 같은 마무리였다.

감사하게도 내 인생에서 최근 몇 년은 정말 놀라운 시간이다. 가족은 구성원이 더 늘어났다. 또 나 자신을 더 많이 알게 되었다. 내 인생은 아직 끝나지 않았다. 사실 매일 아침 일어날 때마다 나는 똑같은 생각을 품는다.

"좋아. 오늘은 뭘 배울까?"

배움은 다음 목표 성취에 도움을 주고, 다음 목표를 성취하려는 노력은 삶을 더 활기차게 만든다.

다음 목표를 향해 계속 나아가는 방법 가운데 하나는 10년 계획 세우기다. 왜 10년 계획을 세워야 할까? 인생 전체 계획을 세우려면 너무 벅차기 때문이다. 마찬가지로 목표 기간이 너무 짧아도 아무것도 해내지 못할 것 같은 무력감을 느끼게 된다. 계획 세우기는 간단하다. 지금 당장 할 수 있다. 펜과 종이를 꺼내 앞으로 10년 안에 하고 싶은 일을 적으면 된다.

10년 계획이면 어떤 목표든 세울 여지가 있다. 이 기간이면 여성적 잉태를 거쳐 열매를 맺기 충분하다. 10년이면 우리 생명력을 계속 활성화하기 좋을 만큼 멀다. 또 목표를 달성하고 나서 먼지를 툴툴 털어내고 새 계획을 수립하기 좋을 만큼 가깝다.

현재 나의 10년 계획은 오랫동안 품어온 꿈을 실현하는 것이다. 1970년대부터 나는 사람들이 함께 모여 건강을 실천하고 활력 넘치는 삶을 살아가는 '생활의학 마을'을 구상해왔다. 이 마을은 사람의 몸을 고치는 단순한 치유 센터가 아니라 우리 몸을 신과 연결된 신성한 장소로 여기고 존중하는 공동체가 될 것이다. 이 마을에서는 사람들이 삶과 전쟁을 벌이는 것이 아니라 삶을 사랑할 것이다. 이 마을에서 우리는 충만한 삶을 향해 나아갈 것이다. 각자 따로가 아니라 함께.

계획을 세울 때는 명확한 목표를 세우되 불확실성의 여지를 충분히 남겨두는 것이 좋다. 언제 상황이 갑자기 바뀔지, 또 고집스럽게 변화에 저항하던 것들이 언제 새로운 변화를 받아들일지 알 수 없기 때문이다.

몸과 마음이 언제 저절로 치유될지 우리는 알 길이 없다. 언제 용서의 축복을 받을지, 꿈이 언제 어둠을 뚫고 나와 마침내 눈앞에서 실현될지 우리는 모른다.

우리가 확실히 아는 것이 있다면 뭔가 중요한 일이 일어나고 있으며, 우리 각자는 그 일에 없어서는 안 되는 존재라는 것이다.

'남편 참여 분만' 강연에서 빌이 강연에 집중하고 있는 동안 나는 조용히 아기와 대화를 나누었다. 내가 배를 두 손으로 감싸고 있는 동안 무슨 일이 일어나는지 빌은 전혀 몰랐을 것이다. 때가 되었다고 느꼈을 때 나는 아기 엉덩이 쪽을 부드럽게 압박하기 시작했다. 그러는 동안에도 나는 계속 아기에게 말을 걸었다.

"잘 들어봐, 아가야. 내가 방향을 알려줄 수 있지만 움직

나이 들수록 행복해지는 인생의 태도에 관하여

이는 건 네가 해야 해. 네가 지금 움직여야 해. 엉덩이를 위쪽으로 올리고 머리를 아래쪽으로 내리렴. 이제 네 삶을 시작할 시간이야!"

갑자기 아기가 내 손 밑에서 안도하는 것을 느꼈다. 아기는 물에서 튀어 오른 물고기가 몸을 뒤집듯이 자궁 속에서 몸을 뒤집었다. 아기는 30초 사이에 머리를 아래로 내리고 엉덩이를 위로 세웠다. 나는 아기의 새로운 자세에 적응하며 의자에 몸을 기대고 싱긋 웃었다.

2주 후 나는 아기와 함께 진통을 겪었다. 사랑하는 가족이 지켜보는 가운데 나는 놀랍고 멋진 세상에 태어난 아들 데이비드David를 기쁘게 맞았다.

이 책에서 내가 나눈 비밀과 이야기가 모쪼록 당신의 마음에 울림을 주었기를 바란다. 혹시 지금 당장은 아니라도 언젠가는 꼭 그런 날이 오기를 바란다. 내가 102년을 살아오면서 인생에서 배운 가장 소중한 가르침을 이 책에 담았다. 이 가르침을 당신에게 선물하니 기쁜 마음으로 받아주기 바란다.

배 속 아기의 위치를 돌려놓으려고 애썼던 것처럼 나는 당신이 삶을 긍정하며 앞으로 나아가도록 관점을 돌려놓으려고 이 책을 썼다. 삶을 긍정하고 앞으로 나아가는 일은 단발성 사건으로 끝나는 것이 아니라 반복해서 실천해야 하는 일이다.

근본적인 관점 전환이 일어난 이후에도 꾸준히 방향을 바꾸는 노력이 필요하다. '삶 안에 우리가 있다'라는 생각에서 '우리 안에 삶이 있다'라는 생각으로 사고를 전환해야 한다. 다시 말해 외부의 삶이 우리를 주도하는 것이 아니라 우리 안의 생각과 믿음이 삶을 주도하는 방향으로 나아가야 한다.

당신은 지금 생명력과 단단히 결속되지 못해 삶이 흔들리고 있을지도 모른다. 어쩌면 고단한 현실에서 안간힘을 쓰고 있을지도 모른다. 아니면 대다수가 그렇듯이 기쁜 순간과 우울한 순간을 오가며 그사이 어디에선가 삶의 의미를 찾고 있을지도 모른다. 당신이 지금 어떤 상황에 있든 간에 당신 안에 있는 생명력을 향해 눈을 돌릴 때다. 아직 늦지 않았다.

당신 안에 어떤 생명력이 있는지 전혀 몰랐든 아니면 그동안 잊고 있었든 상관없다. 생명력은 늘 당신 안에 있다.

생명력은 당신의 몸과 영혼 안에서 지금도 살아 숨 쉬며 당신의 선택을 기다리고 있다.

나이 들수록 행복해지는 인생의 태도에 관하여

：감사의 말 ：

이 책을 마무리할 즈음에 꿈을 꾸었다.

　내가 시상식에 참석한 꿈이었다. 모든 참가자는 저마다 테이블 주위에 둘러앉았고 무대 위에서 어떤 사람이 수상자를 발표하려고 했다. 내 테이블은 맨 뒤쪽에 있었다. 진행자가 나를 호명하며 상을 받으러 올라오라고 했다. 내가 일어나자 시상식장에 있던 모든 사람이 나를 쳐다보며 박수를 치기 시작했다.

　그 순간 내가 목부터 허리까지 단추가 달린 긴 드레스를 입고 있다는 사실을 깨달았다. 동시에 그 단추가 전부 풀려 있다는 사실도 깨달았다.

나는 놀라서 이러지도 저러지도 못했다. 단추가 풀린 채로 어떻게 무대 앞으로 나갈 수 있겠는가? 단추에 손이 닿지 않았고, 설령 손이 닿더라도 단추를 일일이 끼우려면 시간이 너무 지체될 터였다. 모든 사람이 어서 내가 무대에 올라 수상 소감을 밝히기를 기다리며 지켜봤다.

그때 알 수 없는 믿음이 생겼다. 희망이 느껴졌다. 깊고 진실한 뭔가가, 나를 초월한 뭔가가 내게 그냥 걸어 나가라고 속삭였다. 그래서 앞으로 걸어갔다.

테이블에서 앞으로 나가는데 누군가 내 뒤에서 손을 뻗어 아래쪽 단추를 채우는 것이 느껴져 깜짝 놀랐다. 몇 발자국 더 걸어가니 또 다른 손이 다음 단추를 채우는 것이 느껴졌다.

나는 사람들이 박수를 치는 동안 계속 앞으로 걸었고, 사람을 지나칠 때마다 또 다른 손이 내 단추를 채우는 것이 느껴졌다. 무대에 다다를 즈음에는 아래에서 위로 모든 단추가 채워졌다. 나는 안도감과 감사함을 느꼈다. 나는 그제야 시상식에 온 목적을 무사히 마칠 수 있었다. 무대에 올라서 몇 마디 인사말을 하고 미소를 지으며 상을 받은 것이다.

하지만 꿈에서 보았듯이 이 일은 나 혼자서 할 수 없었다. 아마 우리 중 누구도 혼자 할 수는 없을 것이다. 가장 위대한 일은 사람들이 연대해서 함께 이루는 일이다. 적어도 내가 삶에서 이룬 위대한 일은 분명 그런 식으로 완수했다. 정말로 멋지지 않은가?

이 책을 완성할 수 있도록 단추를 하나하나 채워준 모든 분께 깊은 감사를 드린다. 그분들이 있었기에 내가 이해한 내용을 세상에 알릴 수 있었다. 그분들의 도움이 있었기에 이 책이 탄생할 수 있었다.

무조건적인 사랑뿐 아니라 의사의 신성한 역할을 가르쳐준 어머니와 아버지, 베스 시엘 테일러 박사와 존 C. 테일러 박사께 감사한다. 훌륭한 세 남자 형제 존, 칼, 고든 그리고 죽는 날까지 나의 가장 소중한 친구로 남아준 사랑하는 언니 마거릿과 함께 성장할 수 있었던 것에 감사한다. 세계 최고의 유모였던 아야와 우리 모두의 생일 케이크를 만들어주고 카레를 좋아하도록 가르쳐준 아야의 남편 다르에게 감사한다. 소박한 삶이 얼마나 좋은 삶이 될 수 있는지 보여준 마을 주민과 아이들, 그리고 야외 의료 캠프에서 도움을 준 모든 분께 감사한다. 내게 인내심을 갖고 믿음을 잃지 말라고 말씀해준 벨 고모와 내가 모험심을 갖도록 영감을 준 해리 딘 아저씨께 감사한다. 10대 시절과 청년기까지 독서법을 가르쳐주고 격려해준 맥기 선생님께 감사한다. 이분들 덕분에 유년기를 무사히 보내고 멋진 인생을 살 수 있었다.

천사처럼 노래를 불러준 대학 동기 자드위가 쿠슈너와 이 방인의 시각을 공유하는 인생관으로 외로움을 덜 느끼게 해준 프랑스 출신 대학교 룸메이트 자키 샤발 박사에게 감사한다. 부모님과 떨어져 대학에 다닐 때 언니과 내게 큰 힘이 되어준 고모 루, 클래라, 리디아, 그리고 신시내티의 시엘 가족에게도 감사한다. 남편 빌 맥게리와의 인연을 이어주며 우리의 친척이 된 앨버트와 루이즈 저피에게도 감사한다.

웰스빌에서 우리를 구하러 와준 카인 부인에게도 감사한다. 당신은 아야 이후로 내가 만나본 최고의 가사 도우미였다. 집안일과 빵 굽기, 엄격한 육아에 관해 독일식 관점을 지닌 당신이 있었기에 가장 분주했던 시절을 버틸 수 있었다. 친한 친구가 되어준 시숙과 동서인 존과 어마 맥게리 부부에게도 감사한다. 두 분은 테이스티 프리즈Tastee Freez 아이스크림 체인점을 운영했지만, 우리 아이들에게 가장 큰 선물은 두 분 집에 텔레비전이 있었다는 사실이다. 두 분의 아들인 존 맥게리에게도 감사한다. 개인사로나 업무상으로나 우리를 많이 도와주었다. 내게 도움이 필요할 때면 항상 곁에 있어준 또 다른 시숙과 동서인 밥 맥게리 중령과 제인 맥게리 부부에게도 감사한다. 그리고 매우 힘든 시기에 내 곁을 지켜준 웰스빌 동료인 빌 박사와 에디스 길모어 박사 부부에게도 감사한다.

나이 들수록 행복해지는 인생의 태도에 관하여

레스터 배브코크와 빌리 배브코크는 애리조나주로 이사한 우리와 오랜 친구 사이로 내게 에드거 케이시Edgar Cayce를 소개해주기도 했다. 귀중한 가르침으로 내 철학에 깊은 영향을 미친 케이시에게 감사한다. 나의 소중한 친구가 된 그의 아들 휴 린 케이시에게도 감사한다. 휴 린의 업적을 계승하고 발전시켜준 찰스 토머스 케이시와 케빈 토데스키에게 감사드린다. 그 시절 우리 대가족의 일원이 되어주었던 피터 리들과 앨리스 리들 부부에게도 감사한다. 그리고 비영리 단체인 연구계몽협회Association for Research and Enlightenment, ARE의 '신을 찾아서' 스터디 그룹에서 해마다 함께 의견을 공유했던 모든 분이 평생 친구가 되었다는 사실도 말하고 싶다. 어느 주말 캘리포니아주 헤멧에서 빌과 나와 함께 미국전인의학협회American Holistic Medical Association, AHMA를 설립한 노먼 셜리 박사, 에버츠 루미스 박사, 제럴드 루니 박사에게 감사한다. 그리고 수십 년 동안 미국전인의학협회를 드나든 놀라운 사람들에게 모두 감사한다. 그리고 초심리학의학아카데미Academy of Parapsychology and Medicine의 학술 대회와 여러 행사를 주최하고, 조율하고, 참석하는 데 도움을 준 모든 이들에게 감사드린다. 일일이 열거할 수 없지만 전인의학이라는 패러다임 전환에 동참해준 수많은 훌륭한 의사들께 감사한다.

연구계몽협회 클리닉은 수많은 사람의 삶에 영향을 미칠수 있었다. 많은 사람이 이곳에 와서 배우고, 전 세계로 흩어져 배운 지식을 나누었다. 의사, 기술자, 간호사, 의료인, 직원, 환자, 자원봉사자, 후원자 등 연구계몽협회 클리닉을 거쳐 간 수많은 이들에게 진심으로 감사한다.

　　국제적인 활동을 할 수 있게 해준 오빠 칼과 그의 단체인 퓨처 제너레이션스Future Generations에 감사한다. 그리고 오랜 세월 나를 다독여주고, 가르쳐주고, 사랑해주며 오늘날의 나로 만들어준 전 세계의 모든 이들에게 다시 한 번 감사드린다.

　　자원봉사로 내 비서가 되어 내가 꿈을 이루도록 흔들리지 않고 내 곁에서 40년간 헌신했고 지금은 영면한 그레이스 페이지에게 깊은 감사의 말을 전한다.

　　스코츠데일 홀리스틱 메디컬 그룹Scottsdale Holistic Medical Group을 설립하는 데 도움을 준 이들, 특히 2주 만에 개원할 수 있도록 도와준 조지 안드리스, 레니 사이먼, 조 칼리슈, 그리고 오늘날까지도 그 놀라운 치유의 집에서 중심 역할을 맡고 있는 딸 헐린에게 뭐라 감사의 말을 전해야 할지 모르겠다. 또 그곳에서 일했거나 그곳 문을 드나들었을 모든 이들에게도 감사한다.

　　글래디스테일러맥게리의료재단Gladys Taylor McGarey Medical Foundation이었다가 오늘날 생활의학재단Foundation for Living

Medicine으로 불리는 재단의 전신인 베스테일러재단Beth Taylor Foundation의 설립에 참여한 분들과 이 훌륭한 재단의 이사회 위원으로 일한 분들에게도 감사한다. 일일이 열거할 수 없을 정도로 많지만 특히 바비 울프, 제롬 랜도, 펀 스튜어트 웰시, 바버라 하이네만, 로즈 윈터스에게 감사한다. 이들의 리더십 없이는 오늘날처럼 훌륭한 재단이 될 수 없었을 것이다.

음악적 재능으로 우리를 축복해준 이들, 특히 조이스 뷰커스, 스티브 핼펀, 스티브 매카티에게 경의를 표한다.

항상 앞일을 헤아리고 정서적으로나 실용적으로나 영적으로나 재정적으로 지원하며 내 곁을 지켜준 사람들, 특히 앤 매콤스, 다이앤 슈마허, 메리 앤 와이스, 프랜시스 테스너가 없었다면 나는 이 일을 해낼 수 없었을 것이다.

인스타그램을 이용해 내 메시지를 사람들에게 전할 수 있도록 도와준 케이티 하우저 박사와 수십 년 동안 친절하게 마사지 서비스를 제공해준 존 마셜에게 감사한다. 또 내게 배우고 내가 배운 것을 세상에 전파한 모든 수련생에게 알려주고 싶다. 여러분의 노력이 없었다면 내 성공은 공염불에 지나지 않았을 것이다.

카운슬 그로브 연구계몽협회 클리닉 심포지엄Council Grove and ARE Clinic Symposia, 초심리학의학아카데미 콘퍼런스, 아실

로마르에서 열린 연구계몽협회 콘퍼런스, 통합건강의학아카데미AIHM 심포지엄, 테라퓨틱 터치 간호사 그룹 심포지엄 Therapeutic Touch Nurses Group Symposia 등 해마다 내가 참여한 수많은 학술 대회를 이끌고 참석해준 모든 이들에게 감사한다. 나는 이 학술 대회들에서 많은 것을 배웠다. 다른 참석자들도 나처럼 많은 것을 배우는 시간이었기를 기도한다.

만토시 데브지, 도리스 솔브리그, 리타 데이븐포트, 제임스 매크리디, 미미 기네리, 말린 서머스, 린다 랜도, 린지 와그너, 다이앤 래드 등 스코츠데일과 그 너머의 많은 친구에게 감사한다. 나는 여러분의 사랑을 매우 소중하게 생각한다. 또 내가 언급하지 못한 모든 이들에게 감사한다.

나는 빌 맥게리와 부부로 지낸 세월을 소중히 여기며 그 시절을 조금도 후회하지 않는다. 나는 우리가 함께한 세월에 깊이 감사하고, 헤어진 후 내가 찾은 자유에도 깊이 감사한다. 우리가 함께한 시간은 내 인생은 물론 다른 많은 사람의 인생에도 매우 중요했다. 우리 두 사람이 함께한 시간은 매우 큰 무리를 형성하는 데 없어서는 안 되는 시간이었다.

매우 큰 무리에는 우리가 이룬 가족도 포함한다. 102번째 생일을 맞은 이튿날 아침, 아래층에서 들리는 아이들 목소리에 눈을 뜬 나는 '내가 죽어서 천국에 온 건가?'라는 생각이 들었다. 하지만 나는 여전히 살아 있었고, 아이들은 70대에 들어선 내 자녀들이었다. 나는 윌리엄 '칼' 맥게리 박사와 디디 맥게리, 존 맥게리 목사와 바비 맥게리 목사, 아날리아 맥게리, 로버트 맥게리와 리아 넬슨, 힐린 웨슬러 박사와 닉 리기다키스, 데이비드 맥게리 박사와 리 맥게리 박사 등 여섯 자녀와 그 파트너들에게 감사한다. 그리고 게이브리얼 테일러, 줄리아 맥게리, 티머시 맥게리, 존 맥게리, 마사 맥게리 박사, 대니얼 웨슬러 박사, 앤드루 웨슬러 박사, 한나 라비노비치 박사, 제시카 맥게벌리, 데이비드 맥게리 등 손주들에게도 감사한다. 나는 12명의 증손주(계속 늘어나는 중이다!)뿐 아니라 최근에 태어난 현손주들에게 지금도 매일 배우고 있다.

처음부터 나를 믿어준 에이전트인 더글러스 에이브럼스의 추진력이 없었다면 이 책은 탄생하지 못했을 것이다. 또한 레이철 노이만, 새러 레인원, 아이디어 아키텍츠Idea Architects의 모든 직원에게도 감사한다. 내 책이 아트리아 북스에서 출판되기까지 중요한 역할을 담당한 제니퍼 챈 트렌과 초기 인터뷰와 초고를 통해 내가 책을 쓸 방향을 명확히 하는 데 도움을 준 에스미 슈월 바이간드에게 감사한다. 내게 기회를 주고, 글의 형식을 바꾸고, 더 나은 책을 만들어준 아트리아 북스의 편집자 미셸 헤레라 멀리건에게 감사한다. 뛰어난 문장력을 보여준 새러 라이트, 세밀한 부분까지 신경 써준 린 앤더슨에게 감사한다. 이 모든 일을 맡아 처리해준 아들 존에게 특히 감사한다. 또 내 의도를 먼저 알아차리고 내가 한 말을 이해해 모든 말을 글로 옮겨 적은 캐서린 찬디카 리델에게도 감사한다.

내가 삶에서 겪은 모든 역경은 내 스승이었다. 이 모든 역경과 마주해 생기를 얻게 해준 모든 순간에 감사한다. 앞으로도 그런 순간을 계속 마주할 것이라고 나는 믿는다.

1   Aliya Alimujiang et al., "Association Between Life Purpose and Mortality Among US Adults Older than 50 Years," *JAMA Network Open* 2, no. 5 (May 24, 2019): e194270, https://doi.org/10.1001/jamanetworkopen.2019.4270.

2   Randy Cohen, Chirag Bavishi, and Alan Rozanski, "Purpose in Life and Its Relationship to All-Cause Mortality and Cardiovascular Events: A Meta-analysis," *Psychosomatic Medicine* 78, no. 2 (February-March 2016):122-33, https://doi.org/10.1097/psy.0000000000000274.

3   Patricia A. Boyle et al., "Effect of Purpose in Life on the Relation Between Alzheimer Disease Pathologic Changes on Cognitive Function in Advanced Age," *Archives of General Psychiatry* 69, no. 5 (May 2012):499-504, https://doi.org/10.1001/archgenpsychiatry.2011.1487.

4   Elsevier, "Volunteerism: Doing Good Does You Good," *Science Daily*, June 11, 2020, www.sciencedaily.com/releases/2020/06/200611094136.htm.

5   Yogini V. Chudasama, Kamlesh K. Khunti, Francesco Zaccardi, Alex V. Rowlands, Thomas Yates, Clare L. Gillies, Melanie J. Davies, and Nafeesa N. Dhalwani, "Physical Activity, Multimorbidity, and Life Expectancy: A UK Biobank Longitudinal Study." *BMC Med* 17, 108 (2019), https://doi.org/10.1186/s12916-019-1339-0.

6   Buettner, Dan, "Power 9: Reverse Engineering Longevity," Blue Zones, https://www.bluezones.com/2016/11/power-9/.

7   Ashish Sharma, Vishal Madaan, and Frederick D. Petty, "Exercise for Mental Health" (letter to the editor), *Primary Care Companion to the Journal of Clinical Psychiatry* 8, no. 2 (April 2006): 106, https://www.ncbi.nlm.nih.gov/pmc/articles/.

8   Laura Mandolesi et al., "Effects of Physical Exercise on Cognitive Functioning and Wellbeing: Biological and Psychological Benefits," *Frontiers in Psychology* 9 (April 2018): article 509, https://doi.org/10.3389/fpsyg.2018.00509.

9   Lucas V. Lima, Thiago S. S. Abner, and Kathleen A. Sluka, "Does Exercise Increase or Decrease Pain? Central Mechanisms Underlying These Two Phenomena," *Journal of Physiology* 595, no. 13 (July 2017): 4141-50, https://doi.org/10.1113/jp273355.

10 Elizabeth Blackburn and Elissa Epel, *The Telomere Effect: A Revolutionary Approach to Living Younger, Healthier, Longer*

(New York: Grand Central Publishing, 2017).

11   Daniel L. Surkalim et al., "The Prevalence of Loneliness Across 113 Countries: Systematic Review and Meta-Analysis," *BMJ*, February 9, 2022, e067068, https://doi.org/10.1136/bmj-2021-067068.

12   Julianne Holt Lunstad, "The Potential Public Health Relevance of Social Isolation and Loneliness: Prevalence, Epidemiology, and Risk Factors," *Public Policy & Aging Report* 27, no. 4 (2017): 127–30, https://academic.oup.com/ppar/article/27/4/127/4782506.

13   Nicole K. Valtorta et al., "Loneliness, Social Isolation and Risk of Cardiovascular Disease in the English Longitudinal Study of Ageing," *European Journal of Preventive Cardiology* 25, no. 13 (September 2018): 1387–96, https://doi.org/10.1177/2047487318792696.

14   Ashton Applewhite, *This Chair Rocks: A Manifesto Against Ageism* (reprint) (New York: Celadon Books, 2020).

15   Timothy W. Smith, Carolynne E. Baron, and Catherine M. Caska, "On Marriage and the Heart: Models, Methods, and Mechanisms in the Study of Close Relationships and Cardiovascular Disease," in *Interpersonal Relationships and Health: Social and Clinical Psychological Mechanisms*, eds. Christopher R. Agnew and Susan C. South (New York: Oxford

University Press, 2014), 34-70, https://doi.org/10.1093/acprof :oso/9780199936632.003.0003.

16 Liz Mineo, "Good Genes Are Nice, but Joy Is Better," *The Harvard Gazette*, April 11, 2017, https://news.harvard.edu/ gazette/story/2017/04/over-nearly-80-years-harvard-study-has-been-showing-how-to-live-a-healthy-and-happy-life/.

17 Elizabeth D. Kirby et al., "Acute Stress Enhances Adult Rat Hippocampal Neurogenesis and Activation of Newborn Neurons via Secreted Astrocytic FGF2," eLife, April 16, 2013, https:// doi.org/10.7554/elife.00362.

18 Michael W. Stroud et al., "The Relation Between Pain Beliefs, Negative Thoughts, and Psychosocial Functioning in Chronic Pain Patients," *Pain* 84, no. 2 (February 2000): 347-52, https:// doi.org/10.1016/s0304-3959(99)00226-2.

19 Gunnar Kaati et al., "Transgenerational Response to Nutrition, Early Life Circumstances and Longevity," *European Journal of Human Genetics* 15 (April 25, 2007): 784-90, https://doi. org/10.1038/sj.ejhg.5201832.

20 Jonas Hilty et al., "Plant Growth: The What, the How, and the Why," *New Phytologist* 232, no. 1 (October 2021): 25-41, https://doi.org/10.1111/nph.17610.